本书为国家社会科学基金项目"美好生活视域下乡村民生新需求与公共服务提升研究"（项目编号：19BSH157）和南京师范大学全国民政政策理论研究基地资助项目的成果。

本书受南京师范大学国家级一流本科专业建设点"行政管理"、江苏省重点学科"政治学"和南京师范大学校级重点学科"公共管理学"资助。

美好生活视域下
乡村民生改善研究

吴业苗 —— 著

图书在版编目(CIP)数据

美好生活视域下乡村民生改善研究/吴业苗著.—北京:北京大学出版社,2023.11

ISBN 978-7-301-34676-1

Ⅰ.①美… Ⅱ.①吴… Ⅲ.①农村—社会保障—研究—中国 Ⅳ.①F323.89

中国国家版本馆 CIP 数据核字(2023)第 231681 号

书　　　名	美好生活视域下乡村民生改善研究 MEIHAO SHENGHUO SHIYU XIA XIANGCUN MINSHENG GAISHAN YANJIU
著作责任者	吴业苗　著
责 任 编 辑	尹　璐
标 准 书 号	ISBN 978-7-301-34676-1
出 版 发 行	北京大学出版社
地　　　址	北京市海淀区成府路 205 号　100871
网　　　址	http://www.pup.cn　新浪微博:@北京大学出版社
电 子 邮 箱	zpup@pup.cn
电　　　话	邮购部 010-62752015　发行部 010-62750672　编辑部 021-62071998
印 刷 者	北京圣夫亚美印刷有限公司
经 销 者	新华书店
	730 毫米×980 毫米　16 开本　18.5 印张　275 千字 2023 年 11 月第 1 版　2023 年 11 月第 1 次印刷
定　　　价	68.00 元

未经许可,不得以任何方式复制或抄袭本书之部分或全部内容。
版权所有,侵权必究
举报电话:010-62752024　电子邮箱:fd@pup.cn
图书如有印装质量问题,请与出版部联系,电话:010-62756370

目 录

引　言		001

第一篇 乡村民生的发展情境与服务供给

第一章　新发展阶段乡村民生服务与发展 007
一、新发展阶段乡村民生服务与发展情境 007
二、乡村民生服务与发展的目标指向 013
三、提升乡村民生服务与发展的要求 020

第二章　乡村教育结构性困境与治理向度 031
一、乡村教育发展与城镇化 031
二、乡村教育城镇化的结构性问题 035
三、依附城镇：让乡村教育行稳致远 041

第三章　老人农业的民生痛点及其纾解 047
一、老人农业及其民生问题：缘起城镇化 047
二、四个维度：老人农业的结构性矛盾与困境 050
三、民生改善：老人农业发展的若干限度 057
四、愿景：让老人农业中的老人们安好 061

第四章　住有所居：乡村居住空间治理　064
一、乡村居住空间治理中的乱象　064

二、乡村居住空间治理中的合村并居之争　067

三、从城镇化情境看乡村居住空间治理中合村并居趋势　071

四、从利益博弈看乡村居住空间治理中的合村并居限度　074

五、以改善乡村民生为居住治理的准则　078

第五章　农村医疗卫生服务改进：农民需要与国家政策　082
一、农村医疗卫生研究的文献概述　082

二、国家出场：推进农村医疗卫生服务　086

三、现实困境：农村医疗卫生服务中的结构性问题　090

四、提升能力：农村医疗卫生服务再改进　094

五、国家力量再加大：满足农民医疗卫生需要　099

第二篇　乡村振兴与民生改善

第六章　乡村振兴中的农民问题与民生改善　105
一、研究问题的提出与文献评述　105

二、乡村振兴引擎：解决农民问题　108

三、乡村振兴抓手：改善乡村民生　112

四、乡村振兴遵循：满足农民意愿和要求　116

五、乡村振兴的"重中之重"　118

第七章　"民生为先"：乡村治理的基本遵循　121
一、增进民生福祉的乡村治理问题　121

二、从城乡分离到城乡融合发展：乡村治理中
　　　的民生情境转换　　　　　　　　　　　123

　　三、乡村振兴"错位"：放大乡村治理中的民生
　　　不确定性　　　　　　　　　　　　　　127

　　四、乡村治理中的民生服务：由不充分到优先
　　　与优质发展　　　　　　　　　　　　　130

　　五、乡村振兴：优先保障乡村民生　　　　　133

第八章　乡村振兴中的农民问题与政府应对　136
　　一、以农民为中心：乡村振兴的核心要义　　136
　　二、服务农民民生：政府为乡村振兴"划桨"　139
　　三、基于农民立场：让乡村振兴更友好　　　142

第三篇
城镇化发
展与民生
改善

第九章　乡村民生改善的城镇化向度　　　　149
　　一、回溯：低度城镇化下的乡村民生　　　　149
　　二、情境转换与新问题：快速城镇化下的乡村
　　　民生　　　　　　　　　　　　　　　　153
　　三、调适结构：乡村民生跟上城镇化发展　　156
　　四、让乡村民生搭上城镇化快车　　　　　　162

第十章　城镇化高质量发展的基本遵循：
　　　以人为核心与民生改善　　　　　　164
　　一、城镇化发展亟须补上民生短板　　　　　164
　　二、城镇化发展、以人为核心与民生改善的
　　　相关研究　　　　　　　　　　　　　　166
　　三、农民的城镇化情境与民生问题变化　　　169
　　四、检视农民"人的问题"：当前城镇化发展中
　　　的民生痛点　　　　　　　　　　　　　173

五、促进城镇化与民生共同发展　　179

第十一章　城镇化进程中小农户分化、升级与民生改善　　183
　　一、小农户及其新形态　　183
　　二、小农户生产中的结构性矛盾　　187
　　三、小农户升级的着力点与关键点　　192
　　四、让小农户过上美好生活　　197

第四篇　乡村治理与民生改善

第十二章　村级治理情境变化与转型路向的民生逻辑　　203
　　一、乡村治理：减负与转型　　203
　　二、村级治理的变迁与新情境　　205
　　三、民生负重：村级治理被上下挤压　　209
　　四、村级治理转型路向：多方共治　　213
　　五、进一步规约村级治理转型　　218

第十三章　行政化抑或行政吸纳：民生服务下政府参与村级治理策略　　221
　　一、村级治理是否行政化　　221
　　二、被遗忘的民生：村级治理政治化失误　　225
　　三、乡村公域、共域和私域中的治理分野与服务跨界　　227
　　四、行政裹挟：政府在服务民生中过度参与村级治理　　231
　　五、治理策略选择：行政吸纳而非行政化　　235
　　六、基于民生改善提升村级治理　　238

第十四章　韧性乡村:从城镇化发展中寻求民生安全　241
　一、韧性乡村的"三农"底色　242
　二、现实观照:韧性乡村流变与民生问题　248
　三、公共性与包容性:韧性乡村维护机制及限度　253
　四、从"放权"到"融合":国家建构韧性乡村的努力　259
　五、乡村振兴再给力:建构韧性乡村　265

主要参考文献　268

后　记　284

引 言

本书以乡村民生和民生服务为研究对象,以提高乡村民生水平为重要抓手,以实现"幼有所育、学有所教、劳有所得、病有所医、老有所养、住有所居、弱有所扶"的民生要求为切入点,全面检视乡村振兴、城镇化发展、乡村治理中的民生发展新情况、新要求、新趋势,多方位地探究新时代提升乡村民生服务,更好地满足乡村居民多层次、多方面民生新需求的新对策。

本书从"乡村民生的发展情境与服务供给""乡村振兴与民生改善""城镇化发展与民生改善""乡村治理与民生改善"等四个方面研究新时代乡村民生新需求、新问题与新对策,着重解决三个问题:

一是在理论研究上,本书基于不同时代乡村社会主要矛盾,从两个视角阐述乡村民生需求与民生服务供给状况:从历时角度追溯乡村民生需求变化和民生服务变化,阐述不同时代的乡村民生发展的关键问题;从共时角度研判新时代乡村民生和民生服务新变化,阐释其结构性矛盾。

二是在问题研究上,本书检视并研究了新时代乡村民生服务供给存在的突出问题,包括民生服务供给本身的结构性问题,如在供给数量、质量、方式等方面存在的问题,以及民生服务供给与民生需求不协调的结构性问题,如"供非所需""供需错配"等问题。

三是在对策研究上,本书结合乡村卫生健康、教育、住房、养老等民生发展情况,探究乡村振兴、城镇化发展、乡村治理如何解决乡村民生问题。提出的政策建议对协同解决乡村振兴、城镇化发展、乡村治理与民生改善有政策应用价值。

本书与已有研究的不同主要体现在以美好生活为研究视域,将乡村民生与民生服务联系起来,凸显三个"新":一是"新时代",将乡村民生和民生服务研究置于新时代乡村居民日益增长的美好生活需要下进行,研究体现"时代性";二是"新需求",将乡村民生的基本需要与新需求区别开来,研究体现"发展性";三是"新对接",强调民生需求与民生服务供给的对接,研究体现"实用性"。

本书的研究特色主要有:(1)将民生新需求与民生服务供给研究置于乡村振兴下,提出乡村振兴要优先振兴乡村民生事业,以满足乡村居民对美好生活的新需求。(2)鉴于城镇化发展已经并仍将对乡村民生产生影响,将乡村民生问题置于城镇化发展中予以研究,冀望城镇化发展与乡村民生改善达成和解。(3)鉴于国家提出的"幼有所育、学有所教、劳有所得、病有所医、老有所养、住有所居、弱有所扶"的民生发展要求,本书对教育、医疗卫生、养老、住房等主要民生领域开展研究,并基于新时代乡村民生新需求,以实现"幼有善育、学有优教、劳有厚得、病有良医、老有颐养、住有宜居、弱有众扶"高标准研究乡村民生事业发展。(4)鉴于乡村民生改善需要乡村治理予以实施和落实,本书从乡村治理视角研究改善乡村民生的一系列对策。

本书建构了"美好生活视域下乡村民生改善研究"的知识体系。学界对新时代乡村民生新需求及民生服务提升的研究比较有限,如缺少基于新时代社会主要矛盾转变的"新民生"研究;缺少基于乡村民生需求端变化,探究民生服务供给侧结构改革的研究;也缺少将乡村民生和民生服务置于新时代情境下的研究。也就是说,学界既没有注意社会主要矛盾转变对乡村民生、民生服务的影响,也没有很好地回应乡村居民对美好生活的新期待。本书将乡村民生改善置于乡村振兴、城镇化发展、乡村治理的时代大背景下,既注意到21世纪以来尤其是党的十八大以来乡村民生发展取得的成就,又重视乡村民生发展问题的识别与解决,依托乡村治理化解乡村民生问题的理路,通过乡村治理提质增效,促进乡村民生的不断改善,进而保障乡村居民过上美好生活。

本书不仅从理论上理顺了乡村振兴与民生改善、城镇化发展与民生事业发展、乡村治理与民生保障的关系,提出乡村振兴、新型城镇化发展和乡村治理要以民生改善为重要抓手,补上乡村民生的短板,强化乡村民生的弱项，努力让农民过上更加美好的生活，而且本书形成的研究成果对国家全面推进乡村振兴、进一步促进城镇化发展、不断改进乡村民生服务，以及提高乡村治理水平都有应用价值。尤其是，本书提出的一些创新观点对学界进一步研究乡村民生有参考价值。

在乡村振兴与民生改善方面，本书提出的新观点主要有：在新发展阶段，城镇化发展对乡村民生问题的解决日渐式微，乡村振兴成为乡村治理和民生改善的重要抓手；新发展阶段的乡村振兴还要站在农民立场上，促进农民与自然、城市、市民以及农民自身的友好，努力让农民过上更加美好的生活；新发展阶段农民问题的情境与全面建成小康社会阶段不同，其矛盾的主要方面不是脱贫、致富，而是全方面提高乡村民生水平，全过程满足农民日益增长的美好生活需要等。

在城镇化发展与民生发展方面，本书提出的新观点主要有：城镇化快速发展进程中的农民问题更加复杂，进城与留守、空巢与养老、小农与大农、散居与聚居等民生问题相互掣肘，唯有抓紧、抓好改善乡村民生这个关键点，乡村振兴才能有效施展"组合拳"；解决当下小农户深层次问题，除了在技术上促进小农户与现代农业发展衔接外，还要从空间再生产、生产方式再生产和生活方式再生产等方面着力提升小农户，促进小农户转化，减少小农户数量；城镇化发展形塑了乡村民生的"弱境""穷境""苦境"，乡村民生的新老问题叠加呈现，唯有国家、城镇和乡村共同发力，进一步发展城镇化，增加乡村民生服务供给，增强乡村自身民生能力，才能优化乡村民生供给结构，让乡村民生改善搭上城镇化发展快车；尊重农民的城镇化意愿，保障农民的城镇化权益，解决好城镇化发展中人的问题与民生问题，新型城镇化才能既好又快地发展；处于物的城镇化向人的城镇化转型关键期的新型城镇化发展仍面临诸多棘手问题，其发展需要在遵循以人为核心的发展理念、守住民生底线的基础上，有效解决乡村老人因子女进城造成的晚年生活和养老问题、乡村民生服务因人口减少造成的供需结构失衡问题、乡村家庭因经济增速放缓造成的增收放缓问题，以及进城农民因城镇公共服务未能全面覆盖造成的难以充分享有市民权益问题等。

在提升乡村民生服务水平方面，本书提出的新观点主要有：乡村教育治理要以城镇化为向度,着力促进乡村教育城镇化与人口城镇化、户籍人口城镇化的协调发展,优先满足困难家庭、低龄儿童的义务教育需求,确保乡村孩子能够接受到更好、更优质的教育;乡村振兴与城乡融合发展需要国家做大养老保障,做实养老"高地",做强为老服务,确保每一个从事农业生产的老人和进城的老人都能享有高质量的公共服务,过上幸福、快乐的晚年生活;乡村居住空间治理既要迎合部分村民进城、转变身份的需要,促进他们到城镇、集中社区居住,又要照顾居村农民的居住意愿及其要求,为坚守在村庄从事农业生产的人保留生存和发展空间;改进农村医疗卫生服务,国家需要在乡村振兴、城乡融合发展和农业农村现代化的战略实施中,着力推进医疗卫生服务一体化发展,实施医疗卫生精准化服务,还需要面向农民新需要,优化农村医疗卫生服务供需结构,合理配置农村医疗卫生服务资源,推动健康服务与乡村振兴深度融合等。

在乡村治理与民生改善方面,本书提出的新观点主要有:新时代乡村居民的美好生活需要日益增长,国家基于改善乡村民生的"让利"越来越多,村级治理承受来自上层政府和基层民众的民生压力不断增大,治理的情境发生较大变化,尤其是治理负担愈发沉重;行政吸纳是政府参与村级治理、服务民生的治理变革,尽管它在民生服务的村级治理实践中存在行政控制村级社会、治理资源过密化等问题,但这是行政化不当造成的,可以通过进一步规范行政吸纳予以解决;城镇化进程中农村社区正在进行深层次的结构调整,农村社区公共服务发展的不确定因素增多,亟须在新发展阶段牢牢抓住乡村振兴重大战略机遇期,提升农村社区公共服务供给能力,补齐农村社区公共服务发展短板,满足农村居民日益增长的美好生活需要等。

第一篇
乡村民生的发展情境与服务供给

第一章

新发展阶段乡村民生服务与发展

新发展阶段乡村民生服务与发展面临诸多新情况、新要求、新挑战,不仅整体发展水平滞后于城市社区,城乡民生服务差距大,而且村庄社区、乡中心社区和城郊村社区的民生发展不平衡、不充分,结构性困境突出。乡村正在进行深层次的结构调整,乡村民生服务与发展的不确定因素增多,亟须在新发展阶段牢牢抓住乡村振兴重大战略机遇期,提升乡村民生服务供给能力,补齐乡村民生发展短板,满足农村居民日益增长的美好生活需要。

一、新发展阶段乡村民生服务与发展情境

新发展阶段中国乡村民生发展情境十分复杂。虽然新型城镇化、乡村振兴、精准脱贫和全面建成小康社会等战略的实施为乡村民生发展带来了千载难逢的机遇,地方各级政府发展乡村民生的自觉性、主动性持续增强,乡村民生状况逐渐改善,服务水平不断提高,但与此同时,进入城乡融合快速发展通道的乡村民生服务仍不尽如人意,发展情境与以前有较大的不同。

1. 乡村民生服务的供给主体:一元与多元

在既往的乡村民生服务实践中,乡村民生服务的供给主体基本上是单一的。在家族社会的村庄中,国家权力止于县,政府一般不管村庄社区和居民的烦琐事务,加上市场经济不发达,市场主体也无力为村庄社区提供

有效服务。如此,村庄社区民生服务主要由邻里和亲戚提供,政府、市场、社会组织很少参与乡村民生服务活动。在合作化和人民公社时期,村庄社区民生服务主体也是单一的,但不再是邻里和亲戚,而是社队集体组织。这个时期,国家对农村实行全面、彻底的社会主义改造和建设,不同类型的集体组织应运而生,且日渐成为农村社会的重要组织力量,它们根据国家发展需要,通过提供一定的服务协助国家扩大集体化范围,巩固社会主义阵地。需要指出的是,农村社会集体组织为农村社区和居民提供的民生服务不完全是政府行为,合作化和人民公社时期的政府对乡村民生服务介入比较少:其一,社队集体组织主要是农村集体经济组织,一般依靠农村集体经济成长而逐渐发展起来,资金来源于农村社队组织和农民个人摊派,政府只给予少量的资金支持;其二,合作化和人民公社时期是我国城乡二元经济社会分化形成阶段,国家建设和发展重点在城市,农村公共事业发展则主要由农民及农村集体组织解决;其三,由于当时国家实行的是高度计划经济体制,自由市场被完全取缔,农村社区几乎得不到市场方面提供的服务,只能进行"自营"式服务。

改革开放后,伴随着家庭承包责任制和村民自治制度的实施,国家权力部分地从农村基层退出,民间和市场的服务力量随之逐渐成长起来,农村社区和居民获得的民生服务不断增多。虽然在20世纪八九十年代国家发展农村公共事业的政策没有明显改变,也没有更多地增加财政投入,但允许并要求地方政府将"三提五统"中的部分资金用于发展农村公共事业。此外,计划经济时期成立的一些集体组织仍拥有一定的资金,能继续为农村社区和居民提供民生服务。21世纪后,国家取消了农业税和"三提五统",农村集体组织,尤其是经济欠发达和落后地区的农村集体组织的运行资金失去了来源,生存和发展陷入空前困境,其民生服务功能被严重削弱。好在资金"断供"的时间并不长,党的十六大后政府加大了支农强农惠农力度,农村集体组织包括一些事业单位在"城市支持农村、工业反哺农业"的一系列政策安排下重获新生,农村社会公共事业和乡村民生服务迎来了发展的春天。不仅如此,随着政府职能的转变,农村基层政府普遍将发展乡村民生服务视为主要职能,政府提供的公共服务在乡村民生服务中的比重越来越大。如今的乡村,民生服务已经呈现多元化趋势,既有民间个人服务、市场服务、事业单位和集体组织服务,又有来自政府提供的民生服务,而且政府为乡村提供的民生服务越来越多。不过,虽然当下乡村民生服务呈现多元供给状态,乡村居民可以通过不同渠道获取自己所需要的服务,但这种多元化尚处于分立阶段,不同的服务供给主体"各敲各的锣,各弹各的曲",缺乏相互间的合作,尚未形成乡村民生服务的整体合力。提升新发展阶段乡村民生服务供给能力不能完全依靠政府供给,还需要激发市场、社会(尤其是社会组织)等主体活力,鼓励它们参与乡村民生服务供给。

2. 乡村民生服务的政府角色:掌舵与划船

有学者将乡村民生服务体系建设存在的问题归因于"一些地方党政领导不够重视"①,认为政府在乡村建设上将工作重点放在小康示范村建设、特色小镇建设、美丽乡村示范村建设上,以至于乡村民生服务提升较慢。这一说法不完全符合实际。乡村民生服务的推进与分散村落社区的拆、并,以及大村庄或中心/集中社区建设、小康示范村建设、文明村建设和美丽乡村示范村建设相伴随,政府在调整乡村的空间布局、建设乡村的同时,不断增强乡村民生服务供给能力,完善乡村民生服务体系。换言之,政府没有将新农村建设、特色小镇建设、乡村振兴与发展民生服务分开,反而几乎在每一个社区的乡村建设中投资建设了社区公共服务中心或综合服务中心,并将公共服务中心包括医疗服务站、养老服务站、农民书屋的建设作为农村社区建设最重要的组成部分。一些地方的社区公共服务中心俨然成为评价农村新社区建设好坏的最主要指标。

就此而言,多数乡村民生服务体系建设是由政府推动和实施的,政府既是设计者、掌舵者,又是实施者、划船人。尽管乡村民生服务中心和社区卫生站的建设规模、服务设施和服务项目不尽相同,但总体上都是按照政府规定方案设计建设的,在服务特色、服务内容上几乎没有实质性区别。政府选择行政手段整体推进乡村民生服务体系建设,主要基于政府的财政

---

① 詹成付、王景新编著:《中国农村社区服务体系建设研究》,中国社会科学出版社 2008 年版,第 169 页。

投入和地方的经济实力,它能在较短时间内快速提高乡村民生服务水平。但这样做也带来一些问题,如在江苏省,经济发达的苏南地区乡村民生服务水平高,而苏中、苏北的一些农村,由于地方政府财政投入有限,乡村民生服务的发展明显低于苏南地区;除少数拥有较强经济实力的农村社区能主动发展社区民生服务外,大多数农村社区将社区民生服务建设的重任推给政府,出现了政府给钱就发展、政府给多少钱就提供多少服务的"等待"现象;政府实施的民生服务工程,更多注重"一致性""标准化",致使提供的服务与需求脱节,并造成政府在乡村民生服务供给上的越位、缺位、错位;政府在乡村民生服务供给与管理上单打独斗,使民间组织、社会团体、市场主体成为观众,这不利于乡村的社会资本、民间力量的成长,也不利于整合社会、市场资源发展乡村民生服务。

与政府在乡村民生服务的高调表现相反,乡村居民对民生服务越来越冷淡。主要原因有:一是国家权力逐渐从农村社会基层上收至乡镇政府,尤其在国家取消农村税费后,基层政府不太热心村庄社区事务,不愿花过多精力动员村民开展乡村公共事业建设活动;二是随着农村人口流动加快,以及大村庄制和集中社区或中心社区的建设,乡村居民日趋"原子化""陌生化""冷漠化",日常互动显著减少,家庭信息日渐封闭,民间互助服务难以开展;三是随着城镇化进一步推进,家庭成员"离农"现象日趋常规化,越来越多的农民的生活预期已经不在村庄社区,他们更愿意以局外人身份看待政府实施的乡村振兴,并借此将乡村民生服务供给推给政府,期望政府包揽下所有服务项目;四是政府出于乡村振兴和新型城镇化发展的"政绩"需要,不得不主动承担起乡村民生服务的主要责任,不断为乡村居民提供各种各样的服务,如医疗和养老保障服务、困难家庭的社会救助服务,以及电力、自来水、通信、有线电视、宽带上网服务等。相形之下,乡村居民愈发依赖政府,不再愿意开展自我互助服务。新发展阶段乡村民生服务与发展需要解决"政府干—村民看"问题,政府在乡村民生服务"掌舵""划船"中都需要广大村民的参与,发挥村民在乡村民生服务与发展中的主导作用。

3. 乡村民生服务水平:不平衡与不均等

在城乡二元体制下,国家把公共事业发展重点放在城市,城市民生服务由此获得较快发展,而国家对乡村民生服务投入非常少,农民服务需求主要依赖于农民的自我服务和农村集体组织提供服务,这造成了乡村民生服务落后的双重叠加:一方面,由于改革开放前的中国农村大多数农民尚存在温饱问题,农村经济羸弱不堪,可用于发展乡村民生服务的资金捉襟见肘,乡村民生服务越来越落后于城市社区;另一方面,由于农村幅员广阔,各地的经济发展参差不齐,以及地方政府对发展乡村民生服务程度不一样,不同地方的乡村民生服务水平差距越来越大。进入21世纪,尽管农村经济状况有了明显改善,国家对农村发展扶持力度不断加大,用于发展乡村民生服务的资金逐年提高,乡村民生服务体系日趋完善,但中国乡村民生服务总体水平仍比较低,为乡村居民提供的服务种类也不多,乡村民生服务不平衡问题仍旧严重。

首先,城乡民生服务不平衡。自2003年以来,我国城乡居民收入差距一直都在3倍左右,如果将城乡公共服务不均衡包括进来,有学者认为城乡居民实际收入比例要扩大30%—40%,[1]还有学者认为其差距要扩大5—6倍。[2]我国乡村民生服务水平比城市落后2—3倍,加上我国农村社区的市场服务、社会服务等的状况不比民生服务状况好,我国城乡民生服务整体水平的差距至少在2—3倍以上。一些单项民生服务城乡差距更大。2019年12月1日,韩俊在中国乡村振兴高峰会议暨"县委书记共话乡村振兴"研讨会上指出:全国还有近1/3的行政村生活垃圾没有得到收集和处理;80%村庄的生活污水未得到处理,拥有卫生厕所农户比例仅为48.6%;农民养老保险政府财政补贴为840元/年,城镇职工基本养老保险财政补贴为5160元/年,城乡居民之间相差5倍,城镇职工养老金2251元/月,是农民的20倍。[3] 乡村民生服务水平落后,不仅降低了乡村居民生产生活质量,妨碍农村经济社会进一步发展,而且还有可能激化城乡矛盾,阻碍乡村振兴和城乡融合发展。

---

[1] 石洪斌:《农村公共物品供给研究》,科学出版社2009年版,第61页。
[2] 中国(海南)改革发展研究院:《加快建立社会主义公共服务体制(18条建议)》,转引自中国(海南)改革发展研究院编:《聚焦中国公共服务体制》,中国经济出版社2006年版,第4页。
[3] 资料来源:http://hndzec.com/show/1019/,2023年8月22日访问。

其次，不同地区的乡村民生服务与发展不平衡。由于国家对乡村民生服务投入有限，乡村民生服务与发展主要依赖地方经济支持。一般来说，乡村民生服务与发展水平与社区所在地的经济状况紧密相关，经济富裕地区的乡村民生服务水平相对较高。在全国，经济发达的沿海地区的乡村民生服务水平普遍高于经济发展一般的中部地区，中部地区的乡村民生服务水平一般也高于经济落后的内陆地区和边远地区的农村。在一个省内，如江苏省，苏南、苏中和苏北的乡村民生服务与发展水平与其经济社会发展状况相对应，苏南好于苏中，苏中好于苏北。苏南一些农村社区的服务数量与质量已经和城市社区对接、并轨，如昆山市乡村居民的最低生活保障早在2006年就实现了与城市居民同一标准，自来水、就业指导、数字电视等服务项目也基本实现了城乡一体化。而苏北一些农村，有的社区还没有公共服务或综合服务中心，村民办事难问题仍旧比较突出；有的村庄生活垃圾到处乱堆，没有做到集中收集、处理，生活污水，甚至一些企业污水也不处理就直接排放，环境污染严重。

最后，同一地区的乡村民生服务水平也有较大差距，城郊乡村民生服务水平一般高于村庄社区。城郊农村社区城市化程度高，社区民生服务设施和服务水平几乎与城市社区没有多大区别，如无锡市惠山区前洲镇前洲社区，虽然居民在房前屋后还种植蔬菜，但成年居民几乎都在第二、三产业就业，有完善的养老、医疗等社会保障；居民几乎家家用上了抽水马桶，绝大部分生活用品都到超市和农贸市场购买；社区基础设施完备，所有的住户都使用与城市同样的水、电；社区手机普及率高达98%，有些居民甚至拥有多部手机；通信信号稳定，社区有中国移动、联通、电信的营业厅，手机店或者报亭有充值卡出售，缴费十分方便；社区有公交站台，一般居民从家门口出发10分钟之内就可以到达公交站，早班车是6点，末班车是19点，每10—20分钟就有一个班车出发；居民可以使用无锡太湖交通卡乘坐607路公交前往火车站，或者610路公交前往市中心，年满60周岁的老人可以申请使用老龄卡半价或免费乘坐公交。相比之下，不少远郊农村和偏远农村的民生服务尚处于匮乏状态。一方面，由于地方经济发展落后，当地政府民生服务供给能力低，无力从事乡村的公共设施建设，农村道路、水电、照明、通信，以及文化娱乐设施等几乎陷入停滞状态，乡村的无形服务，如社会保障、就业指导、卫生健康、治安等服务也严重缺乏，乡村居民很难得到政府提供的民生服务；另一方面，由于农村经济发展停滞不前，大多数中青年农民离开村庄社区，留守在农村社区的老人、妇女、儿童无力从事乡村民生服务活动，致使一些经济发展落后地区农村社区的民生服务"一年不如一年"。调研显示，部分远郊和偏远的农村社区正走在消失的边缘，地方政府和多数村民都抱着"当一天和尚撞一天钟"的心态，不能也不愿为社区民生服务事务操心。

二、乡村民生服务与发展的目标指向

乡村民生服务与发展目标关系到政府推动乡村民生服务的效率，如果一个政府"不衡量效果，也就很少取得效果"[①]。但是，由于各地乡村民生服务与发展缺乏明确的目标指向，地方政府对发展乡村民生服务的财政投入和扶持力度不同，乡村民生服务与发展水平参差不齐。此外，由于中国农村社会正处于重大转型的关键期，乡村民生服务需要顺应经济社会协调发展趋势，遵循公平、公正等发展原则，否则极可能导致乡村民生服务与城镇民生服务断裂，加大城乡民生服务差距。如此，明确新发展阶段乡村民生服务与发展的目标指向和实现原则，不仅可以对乡村民生服务实践活动进行有效规制，以保证乡村民生服务与发展与乡村振兴、新型城镇化发展相得益彰，而且有助于消弭中国城乡间、区域间民生服务与发展的差距，进而更有效地维护乡村居民的生存权、发展权、健康权和受教育权。

学术界对乡村民生服务与发展目标的研究十分有限。詹成付、王景新在研究中从乡村民生服务体系建设、农村社区互助服务体系建设和农村社区市场化服务体系建设三个方面阐述"主要任务"，[②]但从其涉及内容看，

---

① 〔美〕戴维·奥斯本、特勒·盖布勒：《改革政府——企业家精神如何改革着公营部门》，上海市政协编译组、东方编译所译，上海译文出版社1996年版，第121页。

② 詹成付、王景新编著：《中国农村社区服务体系建设研究》，中国社会科学出版社2008年版，第108—111页。

建构完善的政策支持体系、加强服务基础设施建设与供给、促进乡村民生服务组织体系完善、建立公开透明的乡村民生服务网络体系、培育并储备乡村民生服务人才等都不是乡村民生服务体系建设的目标,这些"主要任务"侧重于如何建设乡村民生服务体系,而非"任务",更不是"目标"。更多的学者只在研究中提到乡村民生服务目标,没有展开研究,如陈伟东和张大维在城乡民生服务设施建设研究中指出,民生服务的最终目标是"向公众提供更加优质的服务",主张从用户的角度对民生服务的发展水平进行评价。[①] 还有一些学者在研究中强调民生服务目标在民生服务体系建设中的重要性,或简单指出目标建立的路径,如陈雅丽建议从制定相关法律、法规和政策着手,以确立乡村民生服务的发展目标。[②]

乡村民生服务与发展目标对促进乡村民生服务与发展至关重要,无论是出于目标管理、目标激励,还是出于目标的量化考核需要,乡村民生服务实践活动都离不开目标,它对乡村民生服务与发展或乡村民生服务体系的实践行动发挥着导向作用。学者们在目标研究中一般要讨论总体目标与阶段目标、整体目标与部分目标、远期目标与近期目标、理想目标与现实目标等。按理说,乡村民生服务与发展目标也应该有这些内容,但中国乡村社区情况千差万别,乡村民生服务与发展程度、水平有比较大的差距,很难用一个统一的乡村民生服务目标来有效规约每一个乡村社区的服务实践活动,并要求它们实现这个目标。此外,不少地方的农村小康社会建设目标、新农村建设目标、城乡一体化发展目标、乡村振兴目标中都有乡村民生服务与发展方面的内容,有的还逐项对乡村民生服务与发展目标提出具体要求,乡村民生服务活动可以据此进行。这就是说,鉴于中国乡村和民生服务的复杂情境,并且广大乡村正在新型城镇化发展、乡村振兴和城乡融合发展中有序推进民生服务活动,制订新发展阶段乡村民生服务与发展目标更需要谨慎。否则,不仅有可能将丰富的乡村民生服务活动简单化、格

[①] 陈伟东、张大维:《城乡社区服务设施建设一体化》,载《华中师范大学学报(人文社会科学版)》2009 年第 3 期。

[②] 陈雅丽:《城市社区服务供给体系及问题解析——以福利多元主义理论为视角》,载《理论导刊》2010 年第 2 期。

式化,遏制乡村民生服务活动的创新,而且还有可能让乡村民生服务与发展目标与乡村振兴、特色小镇建设、城乡融合发展等目标脱节,造成乡村民生服务、发展与农村社会转型、城乡融合发展的社会大背景不相称的问题。

这并不是说乡村民生服务与发展不需要目标引导和规约,相反,有效的乡村民生服务及其全面发展需要有清晰的目标指向。乡村民生服务与发展是长期的艰巨的系统工程,单一的目标指向很难涵括不同乡村社区和不同服务的全部内容。乡村民生服务与发展应该有多元目标指向,乡村社会发展大趋势、乡村社区建设中心任务、乡村居民的服务需求等都影响乡村民生服务与发展的目标指向。

从农村社会发展趋势看,城乡融合发展要求乡村民生服务对接城市民生服务,并与城市民生服务并轨。中国自城乡二元结构形成以来,乡村在诸多方面都落后于城市,其中,乡村民生服务由于缺乏国家财政投入和政府扶持,与城市社区民生服务差距更大。虽然改革开放后农村经济获得突飞猛进的发展,地方政府和乡村集体组织有条件地加大乡村民生服务投入,大多数乡村民生服务水平都有了一定程度的提高,但相比于城市而言,乡村民生服务整体水平仍严重滞后于城市,甚至在一些边远的乡村社区,居民最基本的教育服务、医疗服务、养老服务都难以保证。乡村民生服务数量少、质量低,直接表现为乡村居民的生产劳动比城市居民累,生活水平比城市居民低,政府、社会、市场不能有效地为乡村居民排忧解难,不能让他们拥有更美好、更快乐、更幸福的生活。低层次的民生服务还间接地掣肘乡村振兴和新型城镇化发展进程,不仅使乡村社区建设和村镇建设步履艰难,而且还加深了城乡间的沟壑,使乡村社区和村镇建设任务更加艰巨。由此,无论是乡村振兴,还是发展新型城镇化,除了要特别重视开展乡村民生服务活动、建立健全乡村民生服务体系外,还要在促进乡村民生服务工作中,自觉将现代民生服务理念与城乡融合发展理念结合起来,在实践中主动与城市民生服务水平看齐,并积极消弭城乡民生服务水平差距。值得肯定的是,江苏、浙江等经济发达省的一些地方政府正在加大乡村民生服务与城市民生服务对接与水平并轨。例如,苏州太仓市针对农村地区农民储粮麻烦和农民希望能像城市人在市场购买粮食一样的愿望,在农村建立了"粮食银行",为农民提供粮食储藏、消费、销售服务;南京市政府为了尽快实现城乡保障服务一体化,采取城市居民提高慢一点,乡村居民提高快一点办法,并于2015年实现大部分社会保障一体化;还有一些地方将城市公交、数字电视、通信、城管、垃圾管理、自来水、电力等服务延伸到农村,保证广大乡村居民像城市居民一样,出门就能坐上公交车,在家就能看数字电视和上网,并且垃圾处理、自来水和电器使用也实现同城化。

从乡村社区建设中心任务看,乡村民生服务与发展要促进乡村建设。近年来,各地各级政府不断完善乡村基础服务设施,努力提高乡村民生服务功能,建立健全乡村民生服务体系。尽管各地农村不同程度地开展了乡村民生服务建设,尤其是随着政府权力再次下乡,越来越多的农村基层政府在社区建立了公共服务中心,[①]为乡村居民提供一站式、一条龙服务,但毋庸置疑,乡村民生服务建设及其发展不是孤立的社会建设行动,它已经并且还将一直依托于乡村振兴和城乡融合发展。乡村振兴和城乡融合发展是新形势下乡村建设的重要内容,经过一段时间的建设,乡村整体面貌已经发生了翻天覆地的变化,道路交通、农田水利设施与水、电、通信、有线或数字电视等有形服务,以及社会保障、文化教育、卫生防疫、就业培训等无形服务都有了明显提高,乡村居民的服务需求不断得到满足。但是,乡村民生服务、发展与乡村建设仍存在不协调现象,一些地方政府过于重视乡村硬件建设,将有限资金集中在乡村的形象工程和面子工程上,而对乡村居民迫切需要的生产生活服务不够重视,致使民生服务与发展滞后于乡村建设。实际上,乡村民生服务、发展与乡村建设是相辅相成的,民生服务及其体系建设要在乡村振兴中进行。

其一,要为产业兴旺提供服务。农村劳动力的大量流失,农村土地流转和规模化经营,农业劳动出现了新情况、新问题,都需要政府、企业、社会团体、市场为农业生产提供产前、产中、产后服务。

其二,要为生态宜居提供服务。长期以来,农村社区环境与脏乱差相伴随,垃圾靠风吹、污水靠日晒的现象较为普遍,村容整洁难度非常大。乡

---

① 吴业苗:《农村公共服务社区化与实现路径——基于城乡一体化视角》,载《中州学刊》2013年第6期。

村民生服务要在村容整洁中发挥作用,可以开展规划服务、绿化美化村庄服务、改水改厨改厕改圈服务、垃圾收集与处理服务、改造旧村服务、拆除违章建筑服务等,进而保证乡村环境整洁优美。

其三,要为乡风文明提供服务。乡风文明是社会主义新农村建设的重要组成部分,是社会主义精神文明赋予新农村建设的新内涵,然而,在现代化进程中一些农村的古朴民风正在加快消失,社会风貌以及居民的思想观念、精神状态、文化素养等都出现了一定的问题,迷信、赌博、浪费、虐待老人等时有发生。乡村民生服务要着力促进农村社会风气好转,帮助居民树立好习俗、好习惯、好风尚,促进家庭更加和睦,邻里更加和气,生活更加文明,劳动更加勤奋,身心更加健康。

其四,要为生活富裕提供服务。国家一系列"支农、惠农、扶农、护农"政策贯彻落实,农民收入连续 10 多年快速增长,城乡居民人均收入差距逐步缩小,农民生活正在由温饱走向富裕。但城乡居民人均收入差距仍接近 3 倍,农民消费还是以生存型消费为主,多数农民家庭购买力较低。农村社区需要进一步加大为农民就业、增收等提供服务,为全面建成小康社会提供服务。

其五,要为治理有效提供服务。管理民主是治理农村的重要手段,也是新农村建设的重要目标之一。自 20 世纪 80 年代实施村民自治制度以来,广大村民的自我管理、自我教育、自我服务能力大幅度提高,乡村社会管理与治理水平不断提高。新形势下,国家赋予农村社区管理全新的内容,更加突出对管理的服务功能,要求变管理为服务。如此,乡村民生服务不仅要在进一步完善民主选举、民主决策、民主管理、民主监督方面发挥作用,还要为农村社区探索网格化管理等新型管理、治理路径献计献策。

从乡村民生服务与发展的突出矛盾看,乡村民生服务要在实践中认清其内在矛盾并努力予以化解。在某种意义上,乡村民生服务之所以存在这样或那样的问题,主要是由于乡村民生服务不同矛盾凝聚或激化而造成的,如果不能及时发现乡村民生服务中存在的矛盾,不能全面认识矛盾性质和主要矛盾,不能采取正确方法对待和处理矛盾,就不能有效化解乡村民生服务问题。当前乡村民生服务的突出矛盾主要体现在三个方面:

其一，乡村居民不断提高的服务需求与供给不足之间的矛盾。乡村社会正由保守型、封闭型向创新型、开发型转变，农业生产不仅要经营好承包地，满足家庭成员的基本生存需要，还要发展多种经营，不断提高家庭经济收入。同时，随着农村物质水平的提高，农民日常生活也日渐社区化、社会化，生产技术服务、技能培训服务、就业指导服务、休闲娱乐服务、文化教育服务等方面的服务需求不断被提出来。然而，无论是经济发达地区的乡村，还是经济欠发达的中西部乡村，特别是在老少边穷地区的乡村，政府提供的民生服务、社会团体提供的公益服务和市场各类主体提供的经营服务都是有限的，难以有效满足乡村居民多样、多层次的服务需求。即使在经济相对发达地区的乡村，基层政府发展民生服务力度比较大，每一个乡村社区都有公共服务中心，医疗服务站、文化站、体育健康场所等比较齐全，但调查发现，这些地方仍有不少村民抱怨服务项目不全，责怪社区提供服务能力不足。

其二，乡村民生服务结构不协调与结构升级之间的矛盾。乡村民生服务结构在体系上有公共服务、公益服务、经营服务三种，这三种服务在乡村服务发展过程中是不平衡的。在传统乡村社会中，公共服务、公益服务和经营服务都比较缺乏，农民日常的服务需求基本依靠地缘关系和血缘关系的邻里和亲戚帮忙。中华人民共和国成立后，这三种服务没有明显增多，组织化、集体化起来的乡村居民生产生活都由社队统一安排，或由社队集体组织提供服务。从改革开放到21世纪初，由于农村市场经济有了一定程度发展，农民越来越多的服务需求开始求助于市场主体，然而公共服务和公益服务不仅发展慢，甚至在一些经济落后地区，由于政府迫于财政压力，上收了部分公共权力，削弱了民生服务供给能力。至于公益服务，由于乡村社会组织和团体一直就少，大多数农民几乎得不到公益服务。新农村建设开展后，政府加大乡村民生服务与发展力度，乡村民生服务有了明显提高，但经营服务尤其是公益服务仍旧十分缺乏，像城市居民拥有的卫生保健服务、心理咨询服务等，农村社区非常缺乏。市场提供的经营服务也主要体现在"赚钱"上，居民迫切需要的家电维修服务、快件服务、机构养老服务等，多数社区严重不足。不仅如此，乡村民生服务结构固化现象突出，地方政府和乡村社区组织为乡村居民提供的是"农民式"服务，没有与新型城镇化发展、城乡一体化发展对接。立足乡村实际，按照乡村境况提供服务，本无可非议，或许更有针对性、有效性。但是，新型城镇化和城乡融合发展进程中的乡村，与城市社会理当为一个整体，不能因为地处乡村，也不能因为居民是农民，就心安理得地按照城乡二元体制为乡村居民提供差别服务。纵然乡村居民有农村特色的服务需求，但提供服务的质量、水平必须与城市社区一样，唯有如此，才能保障乡村居民平等、公正地享有"国民待遇"。

其三，乡村民生服务与经济发展不平衡、管理体制滞后之间的矛盾。这一矛盾包含客观和主观两个方面，其中，经济状况及其发展程度是乡村民生服务与发展的基础。经济发达或经济发展快的地区，乡村民生服务体系建设相对完善，服务水平也较高；而管理能力及其体制对乡村民生服务与发展具有促进或阻碍作用，经济落后地区的乡村民生服务不一定比经济发达地区差，只要政府重视乡村民生服务与发展，并且完善促进乡村民生服务与发展体制机制，经济落后地区的乡村民生服务也可以大有作为，甚至完全可以赶上或超过经济发展快的地区。如此，一方面，发展乡村民生服务必须毫不动摇地发展经济，不断壮大地方政府和社区的经济实力。与此同时，要兼顾社区公共服务发展，努力使经济发展与社区公共服务发展同步提高。发展乡村民生服务，不仅能提高社区公共服务水平，满足居民不断增长的服务需求，而且社区公共服务对经济发展具有积极作用，能带动、促进经济更好、更快发展。另一方面，发展乡村民生服务，还要改进、完善管理体制机制。服务能力管理是服务供应链管理的重点和目标。[①] 地方政府"重经济—轻民生服务"的状况与地方政府"GDP 主义"主导有着密切关系，但管理体制机制不完善也在一定程度上影响了乡村民生服务与发展。长期以来，中国乡村一直采取自上而下的强制管理体制，只将乡村及其居民作为管理对象，而忽视了基层社区和广大居民的服务需求：要么对乡村居民服务需求不管不问，任其"自产自销"；要么根据国家治理乡村社

---

① 付秋芳、赵淑雄：《基于多目标二层规划的服务供应链服务能力协同决策模型》，载《中国管理科学》2012 年第 6 期。

会需要，主观推进各种各样的建设，盲目实施社区公共服务项目，以至于政府服务行为错位、缺位和越位。建立健全乡村民生服务管理体制机制，既要求政府加大财政对乡村民生服务的支持力度，完善相关的法律法规与社会政策，还要促进政府的管理职能向服务职能转变，增强政府工作人员服务意识，提高行政服务能力，变管理为服务。同时，要改变服务的决策机制，采用自上而下和自下而上相结合的方式，合理安排服务内容，选择恰当服务方式，将乡村居民真正的需要服务发展好、管理好。

综上所述，新发展阶段乡村民生服务与发展目标指向在于推进城乡融合发展，实现乡村振兴和化解民生服务与发展的突出矛盾。尽管这些不是乡村民生服务的内在目标，但有了这个目标指向，乡村建设者就可以根据乡村实际情况和地方经济社会发展需要制订民生服务的远期目标与近期目标、整体目标与阶段目标、基本目标与扩展目标。

三、提升乡村民生服务与发展的要求

乡村民生服务目标指向明确后，接下来需要关心的就是如何提升乡村民生服务。虽然目标、方向至关重要，它描述了乡村民生服务未来发展的蓝图和前行路径，但能否有效地提升乡村民生服务供给能力和健全乡村民生服务体系，关键要将乡村民生服务与发展的目标落实到实际行动中。为保证乡村民生服务能够按照既定的目标指向发展，农村基层政府和社区建设者们一定要清楚乡村民生服务与发展的基本原则，并在此基础上根据乡村振兴、城乡融合发展战略部署和乡村居民的具体服务需求，确定提升乡村民生服务的着力点。

（一）乡村民生服务与发展的基本原则

在乡村民生服务及相关研究中，已有一些学者结合自己的研究需要提出了发展乡村民生服务或建立乡村民生服务体系的原则，如统筹兼顾原则、以人为本原则、参与性原则、主导性原则、节约性原则、因地制宜原则等。但总的来看，这些原则比较宽泛、笼统，缺乏操作性，并且多数研究"原则性"过强,就原则讨论原则,没有很好地在"原则"中体现社区公共服务的境遇、性质、目标,存在"虚"多"实"少的嫌疑。就学理而言,提升乡村民生服务原则不仅要立足于乡村民生服务实践活动需要,更需要积极回应国家发展战略,服从于乡村民生服务目标指向。由此,无论是提升乡村民生服务,还是建立健全乡村民生服务体系,都要求遵循如下基本原则:

1. 城乡民生服务一体化发展原则

城乡一体化是消弭城乡二元结构、实现城乡融合发展的重要战略,它要求乡村服务设施、服务项目与城市全面对接或并轨。由此,无论乡村建设实际境况如何,也无论这个乡村社区的服务水平怎么样,地方政府和基层建设者都要坚持城乡一体化发展、融合发展理念,努力克服民生服务与发展的不利因素,积极创造条件,促进乡村民生服务与本地城镇民生服务一体化发展。城乡民生服务一体化发展原则,是对乡村民生服务与发展路向的基本要求:首先,乡村民生服务要加快发展,在服务数量与质量上要快于、超过本地区的城镇社区,否则乡村民生服务不可能与城镇社区看齐,乡村居民也难以享有与城镇居民均等化服务。其次,中国城乡经济社会发展存在巨大差距,试图让乡村民生服务单方面跨过城乡沟壑是不现实的。况且,乡村民生服务嵌入在地方经济社会发展中,城乡民生服务一体化发展要与城乡经济社会发展一体化同步。再次,城乡民生服务与发展一体化是一个长期过程,并非要求立即就一体化,它需要经过若干年艰苦卓绝的实践,也并非每一项目服务都要一体化。要允许不同服务项目发展有先后次序之别,不能采取强制手段,要求每一项服务同步一体化。同时,要正确对待城乡特色服务,城乡居民有不同的服务需求,服务的供给不可能完全一样,不能追求"凡是城市有的服务,也要求乡村有"。如果这样做,势必造成服务资源的严重浪费。最后,中国不同地区的乡村民生服务与发展水平存在较大差距,城郊或发达地区的乡村民生服务水平已经接近城市民生服务水平,但中西部尤其是边远地区的乡村民生服务尚处于起步阶段。由于这些地区经济发展落后,民生服务与发展缺乏后劲,因此,在重视城乡民生服务一体化发展的同时还要关注区域一体化发展,防止出现城乡民生服务实现了一体化,而地区间乡村民生服务与发展水平差距增大的现象。

2. 乡村民生服务人本化发展原则

人本化原则,即为提升乡村民生服务要坚持以人为本原则。中国传统文化中的"民为贵,社稷次之"(《孟子·尽心下》)、"民可近,不可下"(《尚书·虞夏书·五子之歌》)的"民本"思想,要求农村基层政府在提升乡村民生服务和建设乡村民生服务体系中坚持以人为本的执政理念,"以人为前提、以人为核心、以人为尺度、以人为归宿",想人之所想,急人之所急。乡村民生服务内容繁杂,涉及农村社区建设与居民生活的方方面面,不仅服务工作难度大、任务重,而且居民对社区公共服务需求不断提高,并充满着无限期待。坚持以人为本原则提升乡村民生服务:一要树立正确的民生观,"关注民生、重视民生、保障民生、改善民生",多谋民生之利,多解民生之忧;二要解决好居民最关心、最直接、最现实的利益问题,为居民"幼有所育、学有所教、劳有所得、病有所医、老有所养、住有所居、弱有所扶"提供服务;三要服务资源更多地向民生领域倾斜,把农村社区中与居民生产生活密切相关的道路、水电、卫生、教育、休闲、消费等服务设施建设好,切实提高乡村居民的生活水平和生活品质;四要创新乡村民生服务管理体制,自觉让居民参与民生服务过程中,保障他们广泛享有服务的知情权、参与权、管理权、监督权,维护他们的服务权利。

3. 乡村民生服务个性化发展原则

中国乡村情况错综复杂,民生服务的基础设施、服务对象、参与主体、工作方法等也不尽相同,其发展必须坚持个性化原则。乡村民生服务个性化发展原则要求:第一,根据乡村居民的需要提供适当服务。由于农村生产生活条件比城市落后,居民在生产生活中遇到的困难与问题比城市居民复杂,对乡村民生服务的要求更多。然而,政府供给的公共服务重点一直是城市,加上乡村市场不发达,社会团体少,经营性服务和公益性服务都明显不足,民生服务供需矛盾突出。如今,乡村振兴、城乡融合发展进程不断加快,乡村的公共服务、经营服务、公益服务逐渐增多,但乡村"服务过剩"与"服务缺乏"并存,亟待根据居民需要供给服务,以杜绝盲目上服务项目,避免服务资源浪费。第二,慎重对待典型模式。一些地方在乡村民生服务实践活动中探索、积累了诸多宝贵经验,也相应地形成了典型的、成功的模式。提升乡村民生服务无疑可以吸收、借鉴这些成功经验,但一定不能照搬照套,以免在乡村民生服务的建设活动中犯经验主义、教条主义错误。一些模式是在特定地域形成的,其他地区难以模仿,再者,越是经典的模式,越难以模仿。每一个乡村都需要根据本地实际情况探究适合本地区行之有效的服务样式。第三,重视与城市民生服务对接。强调乡村民生服务立足特性,因地制宜地发展,但并不是说乡村民生服务与发展差距可以继续存在,更不意味着乡村民生服务不要与城市民生服务对接。提升乡村民生服务,不能过分强调自身特殊性,或以本地民生服务与城市差距巨大为借口,放弃加快发展。如此,不仅不利于提高乡村居民的服务水平,改善他们的生产生活环境,而且与城市一体化发展趋势相悖,不利于消弭城乡民生服务差距。

4. 乡村民生服务多元化发展原则

中国乡村民生服务供给主体一直是多元的,但一般以某一个主体为主,其他主体的服务供给能力微弱。20世纪,乡村民生服务主要供给主体是农村社会成员和农村集体组织,即通过农村社会成员摊派、集资或通过社队集体力量、政府附属事业单位向乡村居民提供低层次、有限的服务。21世纪后,城乡一体化实施,尤其是新农村建设、乡村振兴战略实施后,国家不断加大民生服务向乡村的输送力度,政府逐渐成为乡村民生服务最主要的供给主体。这种以某一主体承担主要供给责任的体制有利也有弊:利在于服务供给的责任主体明确,居民知道向谁要服务;弊在于主要责任主体往往力不从心,没有办法为居民提供全面的、高水平服务,并且无法与其他供给主体进行协调、配合。乡村民生服务"一主多元"的服务供给模式需要改进,要提升多元合作能力。一方面,要克服、纠正乡村民生服务供给主体的单一化问题。单一依靠乡村内生力量和政府力量供给服务都可能带来低效服务问题,即政府资源、社会资源、市场资源难以充分利用,导致民生服务中出现政府失灵、社会失灵、市场失灵。另一方面,要打破政府垄断民生服务,大力推进乡村民生服务市场化、民营化,"更多依靠民间机构、更少依靠政府来满足公众的需求"①。当前,由于乡村成员流动加速,不少农村出现过疏化、空心化问题,越来越多农民对乡村建设和民生服务与发展缺少信心。但是,乡村建设是政府的刚性任务,一些地方政府不得不披挂上阵,亲自进行乡村民生服务工作。这既存在政府供给民生服务越位、错位的隐患,又可能造成社会服务、市场服务闲置。

5. 乡村民生服务普惠化发展原则

中国的乡村民生服务最初主要针对生活困难人群开展工作,即由基层政府及其民政部门向社区贫困群体或弱势群体提供社会福利性服务。进入 21 世纪后,北京市等一些地方政府陆续提出"大民政"理念,强调社区民生服务的"普惠性",不仅重视社区中老、弱、病、残和其他困难群体,强化对民政服务对象的社会救助和保障服务,而且强调在此基础上拓展民生服务覆盖面,将全体成员列为社区公共服务对象,并且社区里的企业、组织机构和社会团体也成为民生服务对象。第一,民生服务的普惠化发展是乡村民生服务功能进一步完善的表现。在乡村民生服务与发展的初期阶段,由于服务机构、服务人员、服务能力都有限,选择服务对象并为其提供针对性服务,有助于发挥民生服务的最大功能,解决最困难人群的最迫切需要的服务问题。但随着新农村建设逐步深入,乡村民生服务功能和服务水平得到了大幅度提高,有能力为更多人群提供服务。第二,转型升级中的乡村居民都需要服务支持。在农业生产日趋规模化、现代化和农村生活日渐城镇化的过程中,农村社区共同体不断弱化,正在沦为"脱域的共同体",熟人社会的人际关系正在被"互不相关的邻里"取代,居民的生产生活困难越来越多,越来越棘手,渴望民生服务、市场服务和公益服务为他们排忧解难。第三,发展普惠性民生服务对发展农村第三产业和拉动地方发展具有积极意义。乡村居民的家庭生活社会化趋势日趋增强,老人养老、小孩教育、病人照顾、红白喜事操办等都日趋社会化,发展乡村第三产业,建立健全乡村民生服务体系,不仅能满足乡村居民不断增长的服务需求,而且能拉动农村

---

① 〔美〕E. S. 萨瓦斯:《民营化与公私部门的伙伴关系》,周志忍等译,中国人民大学出版社 2002 年版,第 6 页。

消费,促进地方经济发展。当然,乡村民生服务的这种以弱者为导向转变为以全体居民为导向,是民生服务的纵向功能整合,这种乡村民生服务依然是单向度的。① 乡村民生服务普惠化发展还需要提高民生服务的横向整合能力,要摒弃政府与市场对乡村社区的"掌控",充分发挥调动乡村居民内生资源和服务能力,让更多人群、企业、团体参与社区公共服务,并为更多的人群提供服务。

(二) 乡村民生服务与发展的着力点

1. 促进政府公共服务下乡,发挥政府在乡村民生服务中的"带头"作用

城乡融合发展战略实施和"服务型"政府建设,都要求政府改变传统的社会治理理念,强化政府公共服务职能。由此,新发展阶段政府从事农村社会治理活动,不能再像过去那样将自己置于乡村社会之外,高高在上地下命令,需要以身作则,主动参与到乡村民生服务活动中。由于政府"强大的权威能够保证政府在绝大多数情况下比任何个人或者团体更有能力"②,政府民生服务进社区,并在乡村社区建立便民服务中心和社区便民服务站,能更有效地提高乡村社区的党务、计生、教育、医疗救助、低保、劳动保障和就业、信访调解以及社会保险等服务水平。当下,政府可以选择两种方式将民生服务送到社区:一是在有一定规模的乡村社区建立、完善社区党群服务中心,包括邻里服务站、医疗服务站、养老服务站等,为居民集中提供服务;二是采用"服务代理"方式为分散且村庄人口少的居民提供服务。

政府成为乡村民生服务主要提供者,这是政府对过去不管不问乡村民生服务行为的纠正,是政府职能转变的进步表现,是有效促进城乡社区公共服务对接的重要举措,有助于乡村居民分享改革开放和经济发展成果。但是,一些地方政府在乡村民生服务中心或服务站建设中追大求全,存在包办乡村民生服务倾向,如四川省德阳市政府规定乡村便民服务中心要向

---

① 陈建胜、毛丹:《论社区服务的公民导向》,载《浙江社会科学》2013 年第 5 期。
② R. S. Downie, *Government Action and Morality*, London: Macmillan, 1964, p.73.

居民提供 76 项基本的民生服务事项,便民服务站提供便民服务中心向社区延伸的 35 项基本服务职能。① 政府大包大揽乡村民生服务肯定要出问题,最突出的是政府在乡村民生服务供给中角色混乱,即政府既是掌舵者又是划船者,政府已经做了并且正在做许多吃力不讨好的事情。不过,一些地方政府包办乡村民生服务也是出于无奈——多数乡村邻里、亲戚间的互助服务减少,志愿服务和社团组织的服务又没有培养起来,而市场服务在乡村又十分薄弱,政府要想在短期内提高乡村民生服务水平,就只能事必躬亲。如此,政府不仅做了许多不该自己做的事情,而且还有可能重蹈西方福利国家高财政负担的覆辙,进而给经济发展造成不利影响。鉴于此,依照新公共管理理论和新公共服务理论,政府在乡村民生服务中应该是"带头大哥",一方面利用自己的行政地位,带领社会力量、市场力量参与乡村民生服务;另一方面要通过政府购买服务、外包服务等方式,加大乡村民生服务间接供应,以提高乡村民生服务水平。

2. 客观看待服务主体的不足,协调推进多元合作服务

由多元供给主体为乡村提供服务,客观上有助于推动乡村民生服务全面发展,但当前乡村民生服务主体在服务供给中都存在诸多不足。第一,民间互助服务显著减少。不少村庄在城镇化冲击下变得萧条、破败,居民原子化现象严重,邻里和亲戚提供的服务日趋式微,村庄里的互帮互助大幅度减少,甚至在有些地方,死人安葬类大事也几乎无人帮忙。一些丧户要么不举办祭拜仪式,静悄悄地安葬死者,要么花钱请专业丧葬服务人员,让他们代办丧事。第二,市场服务逐利性更明显。市场服务具有强烈的谋利特征,它们选择性地介入乡村民生服务领域。对于有利可图的服务,市场会不择手段地深度介入,以掠夺更多的利润,而农民真正需要且利润少的服务项目,如乡村金融服务、农产品销售服务,以及化解农业生产高风险需要的保险服务等都不太愿意参与。第三,一些政府及其事业单位服务"寻租"严重。一些地方政府出于财政压力,借口机构改革,将事业单位简

---

① 张欢、蔡永芳、胡静:《社区服务创新的制度性障碍及体制挑战——以德阳市 × 社区服务站为例》,载《四川大学学报(哲学社会科学版)》2013 年第 2 期。

单地推向社会、市场,以至于事业单位不得不利用政府招牌公然谋取部门经济利益。这表现在两个方面:一方面,一些事业单位仍旧是政府的附属机构,将自己看作管理部门,不愿意放下身价,与其他社会团体、市场主体一道为乡村和居民提供服务;另一方面,一些事业单位打着政府名号,以行政手段获取自己的势力范围,然后以市场手段谋取部门不当利益。

  采取多元化方式供给民生服务是充分调动乡村社会服务资源、提高乡村民生服务水平的有效途径。乡村民生服务需要多元主体开展合作,不能因为供给主体在服务供给中存在一些问题,就轻易地限制其发展。首先,打造乡村利益共同体,让每一个参与主体"有利可图"。传统乡村社区是乡村居民生产生活的共同体,因为它与每一个居民息息相关,多数居民在"他好我也好"的逻辑下为维护村庄共同体尽一份心,献一份力。然而,随着村庄居民不断流出,村庄共同体的凝聚力和服务功能日渐式微,不仅居民对村庄共同体没有信心,不愿意做没有"回报"的事情,而且政府、市场和社会组织也对乡村社区共同体心灰意冷,不愿意"亏本赚吆喝"。这恰如亨廷顿所说,在一个缺乏共同体感的社会里,"每个领袖、每个个人、每个集团皆在追逐或被看作是在追逐自己眼前的物质目标,而置更为广泛的公益于不顾"[①]。如此,为了使政府、市场和社会组织真心实意地参与乡村民生服务建设,有必要重建乡村社区共同体。唯有乡村社区共同体稳定,有发展前途,多元供给主体才会在长期利益与眼前利益的博弈中作出理性选择,愿意为乡村民生服务承担"义务"。其次,完善多元合作服务体制。乡村多元主体合作供给服务是一项复杂的工作,需要有完善的体制机制予以保障。一方面,在利益实现上要尊重多元主体合理权益,赋予它们平等参与乡村民生服务权利,鼓励不同服务主体积极参与乡村民生服务活动,并切实保障其正当利益;另一方面,在运行手段上政府要管好自己的手,不能因为乡村民生服务是乡村振兴、城乡融合发展的重要内容,就肆意干涉社区具体服务活动,也不能因为自己是"带头大哥",就违背市场运行规则,不顾其他主体的利益需求,威逼它们参与乡村民生服务活动。

---

① 〔美〕塞缪尔·P.亨廷顿:《变化社会中的政治秩序》,王冠华等译,上海人民出版社 2008 年版,第 24 页。

3. 坚持均等化发展理念，推进乡村民生服务协调发展

民生服务均等化发展包括城乡民生服务均等发展和不同农村地区的民生服务协调发展，因此，提升乡村民生服务不仅要消弭城乡民生服务与发展不均衡，还要重视缩小不同地区乡村民生服务的发展差距。

首先，各级政府要按照城乡融合发展理念促进乡村民生发展。城乡融合发展是化解我国城乡二元经济社会结构的重要战略举措，它的实施要求各级政府彻底改变"重城市—轻乡村"的发展观念，将公共事业发展重点转移到乡村，进而保障乡村居民能平等、公正地享有与城镇居民一样的服务权益。虽然我国城乡经济社会发展差距大，乡村落后的经济发展会制约乡村民生服务与发展，但乡村民生服务与发展具有一定的独立性，并非经济落后就不能发展民生服务，乡村民生服务可以在政府支持下优先发展。优先发展乡村民生服务，不仅可以保障乡村居民真正享有与城市居民均等的服务权益，而且具有拉动内需功能，促进乡村经济快速发展，进而使城乡社会经济协调运行。

其次，调整乡村空间结构，努力建设好乡村民生服务中心。我国经济发达地区乡村、经济欠发达和落后的乡村民生服务水平差异大，并且各地农民居住的分散与集中程度也有较大差别，企图通过国家加大乡村建设以同步提高所有乡村民生服务水平是不现实的。鉴于此，地方政府需要根据本地乡村实际情况发展民生服务：第一，政府重点扶持中心社区民生服务建设，着力提升中心社区民生服务水平，从而在保障中心社区居民获得较高水平服务的同时，吸引更多的分散居民向中心社区转移；第二，在现有农村居住空间不作大调整的前提下，选择一个居中社区作为建设重点，形成如山东诸城市农村的2千米服务圈，为周边社区居民提供较方便的服务；第三，在山区和一些边远农村地区，村民集中居住难度大，中心社区的服务也难以覆盖的村落社区，政府可以选择代理服务方式，将村民的服务需求集中起来，集中代替村民办理。总的来说，由于我国乡村地区差异大，民生服务状况复杂，不能借口乡村情况复杂，就推脱政府发展乡村民生服务和提高服务水平的责任；不能不顾乡村民生服务建设的艰巨性，期望所有的乡村民生服务水平都能快速提高，并能与城市民生服务保持同一水平；也

不能按照一个模式在不同的乡村推行民生服务，否则，政府将不堪重负，还造成资源的严重浪费。强调城乡民生服务、不同农村地区的民生服务一体化发展，绝不是城乡、不同农村地区民生服务一样发展，城乡民生服务一体化侧重于按照平等、公平、公正理念对待民生服务建设，追求的是无论居住在城市和乡村，还是居住在经济发达和欠发达或落后的乡村，居民都能享有均等化民生公共服务。

4. 优化服务体系，提升乡村综合服务能力

在乡村民生服务体系建设上，不少学者和地方政府官员都将建立健全体系作为发展乡村民生服务的目标，并为此进行理论讨论和实践探索。完善的乡村民生服务体系能满足居民的诸多服务需求，对提高乡村居民服务水平非常重要，但乡村民生服务体系建设不可能有统一模式，这是由于：中国乡村除拆迁安置社区、中心社区外，多数乡村社区规模不大，人口一般在几十人至几百人间，上千或更多人口聚集在一起的社区少；中国地域广阔，不同地区的生产条件差异大，农业生产各有侧重，有的以水稻种植为主，有的以小麦种植为主，经济作物和养殖业差别更大；中国不同地区经济社会发展水平差距大，城郊乡村、远郊乡村和偏远乡村的建设情况、居民流动情况、城镇化发展情况等都不尽相同。如此，乡村民生服务体系建设不能脱离居民的实际需要，不能不计服务成本，贪大求全。那种期望能满足所有居民所有服务需求的服务体系建设是不现实的，也是乡村民生服务资源的一种浪费。乡村民生服务体系建设的重点在优化服务结构上，要在全面了解居民的服务需求和评估基础上，选择性地发展服务项目。

选择性发展民生服务是有效提高乡村综合服务能力的重要举措。乡村居民的服务需求需要重视，服务困难和问题也需要解决，但民生服务能力不等于服务数量，更多体现在服务质量和服务效率上。当下一些地方政府在乡村振兴和民生服务与发展中没有注意乡村发展未来走向和居民不断流出村庄"疏化"的现实，盲目投资建设社区公共服务中心和服务站，追求提供"一站式""一条龙"服务。从表面上看，乡村民生服务有场地、有设施、有工作人员，有门类齐全的服务，服务体系比较健全。然而，这类社

区民生服务能力不一定高,如一些社区公共服务中心有图书室、电脑室、心理咨询室,但由于居民有更好的方式获取这类服务,进而使这些服务成为摆设,其服务能力可想而知。此外,乡村社区综合能力的提高不能局限于某一社区内部,地方政府在乡村民生服务供给上要有大社区、大服务概念。譬如,村庄服务不是十全十美的,不能满足每一个村民个性服务需求,但只要村庄服务环境好,如有方便的交通,村民完全可以到乡镇社区公共或民生服务中心或县市级服务中心寻求服务。虽然其中不少服务来自乡镇或县市服务中心,但这些服务与村庄服务相互衔接、补充,与村庄民生服务形成一体化,能方便、快捷地为村民提供高水平服务,它代表乡村综合服务能力水平。随着乡村的网络普及与发展,像卫生部门为村民看病提供的远程诊治服务、农技部门为农业生产提供的远程技术指导服务等,都是乡村民生服务空间的拓展,发展好了,能极大地提高乡村民生服务综合能力。

第二章

乡村教育结构性困境与治理向度

乡村教育尤其是乡村义务教育在城镇化进程中不断式微,大量乡村学校从农村场域中退出。越来越多乡村孩子到父母打工地的城市学校读书,还有一些孩子因撤点并校到县城或乡镇中心学校读书,乡村教育出现"城挤乡空"的不平衡问题。虽然近年来国家严格控制"过急过快撤并学校",并不断完善乡村小规模学校、乡镇寄宿制学校的布局,缓解了乡村教学资源短缺和学生上学路远、成本高等难题,但乡村教育发展的深层次问题依然严峻,难以满足乡村家庭及其子女日益增长的教育需要。乡村教育因城镇化发展陷入结构性困境,其治理向度在城镇。唯有将乡村教育置于城镇化发展中,依托城镇学校推动新发展阶段乡村教育转型,才能更好地保障乡村孩子"学有所教""学有优教"的权益。

一、乡村教育发展与城镇化

改革开放前,中国乡村教育发展缓慢。国家形塑的城乡二元结构割裂了城市与乡村教育,城市学校由国家和城市政府兴办,教师为国家干部身份,而乡村学校由人民公社和生产大队集体兴办,国家只给予少量的办学经费,大多数老师为"民办教师"——没有正式编制,社队集体给他们"口粮"和少量资金补助。相应地,乡村孩子只能在社队小学、初中读书。同时,乡村教育还受到农村落后的经济发展和单一的产业结构限制,就学率、毕业率、升学率都比较低,不少人读书只是为了多认识几个字,不再成为文盲。在当时一些人的心目中，读书的作用不大，除了极少数学生能够参军入伍以及担任社队干部、民办老师、赤脚医生等非农职业外，绝大多数初高中毕业生只能回到社队集体中，跟读书少或文盲的父辈们一样，干着"面朝黄土背朝天"的农活。尽管如此，至 20 世纪 70 年代，乡村教育还是在国家、社队集体共同推进下形成了村（生产大队）办小学、乡（人民公社）办初中、城镇（区）或县城办高中的格局，基本满足了多数孩子就近入学的读书需要。

　　中高考制度恢复后，乡村教育质量显著提高。乡村教育在"再穷不能穷教育，再苦不能苦孩子"的国家政策规制下步入政府投入为主的轨道，教学条件、师资水平逐步得到改善。1986 年《中华人民共和国义务教育法》颁布实施，乡村孩子包括边远地区、少数民族地区的孩子都能在住家附近学校接受国家统一标准的义务教育。尤其是国家加大了师范生培养和民办教师培训力度，乡村中小学有了更多的"正式"老师，越来越多的乡村孩子能够升入高一级学校读书。20 世纪 80 年代是中国乡村学校及其教育发展的鼎盛时期，家庭将孩子读书视为"头等大事"，并且学校生源充足，学生学习和教师工作的热情都很高。

　　进入 20 世纪 90 年代，乡村教育因学校减少、并点而发生较大变化。受到"计划生育"政策尤其是"独生子女"政策影响，乡村学龄儿童逐年减少。再者，乡镇财政实行包干后，基层政府为了减少财政支出，加大了撤村并乡的力度，行政村和村庄数量大幅度减少。鉴于上学学生数量减少和撤村并乡的双重影响，地方政府纷纷推行"撤点并校"。乡村学校减少，一些学生上学不得不走更远的路。不仅如此，90 年代中国出现的农民工大潮也冲击了乡村教育，乡村教育不确定性增大。父母一方外出打工的"准留守儿童"和父母双方外出打工的"纯留守儿童"增多，乡村学校的教学与管理难度增大，一些学校的教学质量因失去家长的有效配合而出现滑坡。

　　受"拆村并乡""撤点并校"、农民进城打工和乡村教育质量下滑的多重因素叠加影响，越来越多的乡村孩子进城读书。乡村家庭选择带孩子或送孩子到城镇学校读书，不仅仅由于城镇学校拥有比乡村学校更先进的教学条件、更优质的教学资源，孩子进城读书能够学到更多的知识，还出于国家政策允许农民子女进城镇学校读书。1996年,国家教委颁布的《城镇流动人口中适龄儿童、少年就学办法(试行)》指出,农民工随迁子女可以通过申请、缴纳借读费方式在打工地学校借读。这一"办法"打破了乡村孩子在户籍所在地学校就读的政策限制,为进城打工农民将子女带入城镇学校读书提供了政策保障。由于大量农民工子女有进城读书的需求,2001年《国务院关于基础教育改革与发展的决定》中再次指出,城镇要重视流动孩子义务教育问题的解决,要求"以流入地政府管理为主,以全日制公办中小学为主",采取多种形式,保障流动孩子接受义务教育的权利。国家允许乡村孩子进城镇学校读书,缓解了部分进城打工者子女读书难的问题,促进了人口城镇化发展。但是,国家准许随迁子女在打工地城市就读的政策也造成乡村学校学生减少,致使乡村教育城镇化走在家庭城镇化的前面。

乡村教育城镇化,即乡村适龄孩子进城镇学校、乡村学校教师向城镇学校流动,以及乡村教育资源向城镇聚集的过程。乡村教育城镇化是乡村家庭追求优质教育资源的理性化趋势,一方面它打破了一直以来的学生属地管理制度,乡村孩子可以到城镇获得更好的义务教育;另一方面它是城镇化发展和地方政府集约化配置教育资源的需要——城市政府解决打工者随迁子女读书问题和地方政府引导农村教学资源向县城集中,符合城镇化发展趋势要求。可以肯定的是,随着城镇化发展,目前"有近八成的义务教育阶段学生在城镇学校就读,而这一比例还在持续增加"[1]。但要说明的是,"理想的教育城镇化应该是教育城镇化与城镇化协调一致","义务教育阶段学龄人口的城镇化率与人口的城镇化率相一致"。[2] 然而,中国当前的乡村教育城镇化快于人口城镇化,出现"教育进城"而"家庭未进城"的不同步现象,即"过度教育城镇化"[3]。《中国农村教育发展报告2019》的数据显示,中国教育城镇化率高出人口城镇化率近20个百分点。

教育城镇化过快发展打破了城乡教育发展的平衡,加大了地方政府合

---

[1] 邬志辉:《中国农村教育发展的成就、挑战与走向》,载《探索与争鸣》2021年第4期。
[2] 齐燕:《过度教育城镇化:形成机制与实践后果——基于中西部工业欠发达县域的分析》,载《北京社会科学》2020年第3期。
[3] 邬志辉:《城乡教育一体化:问题形态与制度突破》,载《教育研究》2012年第8期。

理、公平布局学校难度，也增加了部分农民家庭的经济负担。学术界对乡村教育城镇化发展一直存有异议，支持者或反对者都甚多。一些学者基于中国城镇化发展大趋势，认为乡村学校撤并、减少，乡村孩子进城读书是城镇化发展规律要求。具体来说，教育城镇化是国家根据城镇化发展新需要、结合乡村教育新问题而作出的学校布局调整，改变了乡村教育分散格局，增强了财政投入的规模效应；①教育城镇化是解决乡村优质教育资源短缺、教学条件简陋、中青年教师流失严重的教育困境的重要举措，有利于缩小乡村教育与城镇教育差距；乡村教育转移至城镇、县城，能够有效地推进城乡教育一体化发展。②简言之，乡村教育城镇化具有以学生进城带动农民家庭进城、推动新型城镇化发展的功能，有助于形成以教育为核心的新型城镇化、城乡一体化发展局面。

还有一些学者基于乡村教育城镇化发展出现的诸多问题，认为教育城镇化是把"双刃剑"，过度的教育城镇化会加大教育不公平问题。乡村学校的撤并、孩子进城读书会带来城乡义务教育问题叠加：在乡村，学生和师资大量流失，学校出现"超编缺岗""一师一校""全科教学""复式教学"现象，而留守的教师素质"远达不到教学点特殊教学模式的需要，导致教学效果难以得到保证"③；在城镇，大量乡村学生涌入城镇尤其是县城学校，学校数量增加、学校规模扩大、班级规模扩大，以及学校宿舍、食堂、活动场所建设赶不上学生增量，一些县城出现"巨校"问题，一些学校出现七八十人，甚至超百人的"超大班"问题，城镇教学资源被大量进城的学生稀释，致使城镇学生和进城的乡村学生都不能充分享有优质教育。鉴于此，有学者指出，一些乡村孩子"花大价钱"到城镇学校，而进入的却是城镇薄弱学校，或分在优质学校的"弱班"中，接受的是与城镇孩子的差异化教育；一些地方出现了"城乡教育的二元结构在某种程度上转化为县城内部的二元教育结

---

① 胡俊生：《农村教育城镇化：动因、目标及策略探讨》，载《教育研究》2010年第2期。
② 李涛：《中国乡村教育发展路向的理论难题》，载《探索与争鸣》2016年第5期。
③ 赵丹：《教育均衡视角下农村教师资源配置的现实困境及改革对策——小规模和大规模学校的对比研究》，载《华中师范大学学报（人文社会科学版）》2016年第5期。

构"①的情况。

学者们对乡村教育出现的城镇化现象及其问题见仁见智,所作的分析和提出的观点都不乏合理性。各地的乡村教育在城镇化进程中出现不同程度的城镇化,满足了部分乡村孩子获取优质教学资源的需要,有助于消弭城乡教育差距、促进城乡教育一体化发展,但教育城镇化也放大了乡村教育既有问题,是用一种平等造成另一种不平等。多数乡村孩子进城造成乡村学校空心化甚至被撤销,以至于不能进城的孩子陷入读书困境。如此,当前乡村教育不是孩子能不能、要不要进城读书的问题,关键在于如何解决不能进城孩子的读书问题。可以肯定的是,乡村教育城镇化不是乡村教育的全部,即使乡村教育城镇化水平很高,乡村的孩子也不可能都进入城镇学校。只要乡村有农民,就应该有与之相适应的乡村教育,乡村教育城镇化发展不能丢下不能进城读书的孩子。

二、乡村教育城镇化的结构性问题

中国乡村教育城镇化伴随"物的城镇化"快速发展,并超越了户籍城镇化和人口城镇化。从家庭层面上看,国家实施的"独生子女"生育政策造成每一个乡村家庭只有一两个孩子,家长们都想把"最好的"给孩子,包括在条件许可下让孩子到最好的学校读书。然而,乡村学校教学条件有限,一般只能满足"学有所教"的"有学上"需要。为了让孩子"学有优教",更多的乡村家庭选择把孩子带到或送到城镇学校读书。

早些时候,进城务工人员随迁子女集中在不同类型的"民工子弟"学校,只有少数"有关系""有实力"的打工者把子女安插到公办学校,多数打工者子女难以获得城市均等化教育。随着国家推进新型城镇化力度的加大,国务院和教育部不断完善进城务工人员随迁子女读书政策,以保障随迁子女接受城市义务教育的权益。根据 2008 年《国务院关于做好免除城

---

① 齐燕:《过度教育城镇化:形成机制与实践后果——基于中西部工业欠发达县域的分析》,载《北京社会科学》2020 年第 3 期。

市义务教育阶段学生学杂费工作的通知》和2015年《国务院关于进一步完善城乡义务教育经费保障机制的通知》,输入地政府"按照预算内生均公用经费标准和实际接收人数"向"接收进城务工人员随迁子女的公办学校足额拨付教育经费";实行"统一城乡义务教育经费保障机制","两免一补"和生均公用经费基准定额资金随学生流动可携带。鉴于此,进城务工人员随迁子女到打工地学校读书几乎没有了政策障碍,只要进城务工人员在城市有稳定工作和住房,其子女就能与城市孩子一样享有义务教育的权利。

相比于随迁子女,居住在乡村且在住家附近学校读书的孩子越来越多地进入县城、乡镇中心学校读书。按照《中华人民共和国义务教育法》的相关规定,"适龄儿童、少年在户籍所在地学校就近入学",但县城学校和乡镇中心学校在入学条件上都附加进城务工人员随迁子女就读条件。这个入学条件让那些原本只能在户口所在地学校入学的学生有了进城读书的机会。同时,地方政府出于推进本地城镇化发展,带动县城和中心乡镇繁荣的目的,往往甚至有意不对"务工人员"和"随迁子女"的信息进行严格审查,默许、放任城镇学校招录不符合入学条件的乡村学生。在全国各地,几乎所有的县城都在扩建、兴建学校,不少学校存在大班、超大班问题。与此相随的是,全国各地的县城包括中心城镇出现大量陪读家长。陪读家长主要是孩子母亲,他们到城镇租房或购买商品房,与读书孩子居住、生活在一起,为孩子学习和生活提供照顾。

就乡村出现带孩子、送孩子到城市、县城、乡镇中心学校读书的现象来看,乡村教育进城并非完全是地方政府减少教育经费支出、推动城镇化发展的一厢情愿,乡村居民包括进城务工人员对孩子进城读书也是有比较强烈的要求。尽管地方政府存在"利用把学校、优秀师资和优质生源等上移到县城",推动乡村居民到县城、中心城镇买房、租房,以及通过乡村学生进城消费带动城镇经济繁荣的"发展主义治理术",[①]但没有学生家长送孩子进城读书的希冀和付出,地方政府难以在如此短的时间里将乡村学生转移到城镇学校,也不会出现令人担忧的超大班问题。乡村教育城镇化在地方

---

① 叶敬忠:《作为治理术的中国农村教育》,载《开发时代》2017年第3期。

政府与乡村家庭及其子女协力推进下快速发展,但由于教育城镇化快于人口城镇化、家庭城镇化,引发的问题具有一定结构性,关涉城镇、乡村两个场域以及乡村教育转型。

1. 城乡教育二元与城镇教育二元的叠加

中国经济社会的城乡二元体制突出表现在城乡教育二元上。国家的新农村建设、新型城镇化、乡村振兴和城乡融合发展战略实施,缩小了城乡差距,乡村教育也在城乡教育均等化发展中不断对接城镇,但乡村经济发展、农户家庭收入以及乡村的办学条件和教师素质仍落后于城镇,城乡教育二元结构没有被消解,乡村孩子获得的义务教育水平仍低于城镇孩子。虽然当前的城乡教育二元结构不再像20世纪八九十年代那么牢固,乡村孩子根据家庭情况和经济条件可以选择到城镇学校读书,但就乡村教育的整体形态看,城乡二元教育结构仍然具有较强的结构力。乡村孩子到非户口所在地的城镇学校读书,必须符合城市政府的准入条件,城镇学校一般接纳进城务工人员随迁子女和在城镇有产权住房的进城人员的子女,其他的乡村孩子到城镇学校读书需要缴纳高昂的转学费或借读费。

乡村孩子跟随打工父母到城市学校或到县城、乡镇中心学校读书,成为城镇中小学校的学生,但他们一般是"嵌入"城镇学校的,并非得到与城镇学生同样的教育。一是相当多的乡村孩子进入民办学校。20世纪末和21世纪初,多数进城务工人员随迁子女在民办(私办)民工学校读书,教学条件差,师资流动性大,日常教学只能满足打工者子女"有学上"的问题。由于一些民工学校达不到国家规定的义务教育办学标准,在教育部门整治下逐渐从城市场域中退出,一些进城务工人员随迁子女被安排到公办学校或普惠制学校读书。相比于城市,县城和一些中心城镇也出现了以招收留守孩子为主的封闭式学校。这些民办封闭式学校不同于城市民办"贵族学校",学费不是很高,并且对学生进行封闭管理,减少了外出打工父母的后顾之忧,但教学质量一般低于公办学校。[1] 二是在县城和中心城镇公办学校就学的乡村孩子,多数集中在公办薄弱学校,即使在公办优质学校中,乡

---

[1] 吴业苗:《人的城镇化研究》,社会科学文献出版社2021年版,第53—54页。

村学生往往被集中在"软"班中,师资配置、教学要求与城镇学生有所差别。城镇教育对城镇学生与乡村学生采用差别化教学,以至于城镇内部形成新的城乡二元结构。农民花同样的钱或更多的钱,得到的却是低于城镇学生的教育,即缩水的城镇化教育。正如有学者指出的,"农村学生和县城学生仍然存在教育资源获得上的差距,只是这种差距从城乡间的学校差距,转换为县城内部的校际差距";"城乡教育的二元结构在某种程度上转化为县城内部的二元教育结构"。①

2. 乡村教育供需结构失衡问题

教育是公共服务的重要内容,公共服务配置需要遵循供给与需求平衡原则,即根据民众的需要提供相应的教育服务。20世纪七八十年代,乡村孩子众多,为满足他们上学读书的需要,国家几乎在每一个村和乡(镇)建立小学、初中。但村有小学、乡有初中的乡村学校建构在90年代后不断被调整——计划生育政策造成学龄儿童减少,加上部分学龄儿童跟随打工父母进城,乡村学校学生数锐减。如此,地方政府结合"合村并乡"进行"撤点并校",在新的行政村和乡镇政府所在地配置小学、初中,一些孩子的上学路变远。

此外,乡村居民对教育的更高要求也是乡村学校布局调整的一个重要原因。20世纪90年代解决了温饱问题的农民更加重视孩子教育,一些人不再满足住家附近学校的教学水平,选择送孩子到城镇更好的学校读书。相比于农民进城打工,送子女到城镇学校读书要稍后几年,城镇陪读现象普遍化主要发生在21世纪后。其一,送孩子到城镇学校读书需要家庭有一定的经济实力,打工家庭挣钱多,能够支付孩子在城镇学校读书的费用;其二,90年代中早期出现民工潮,而进城务工人员随迁子女进城读书主要发生在1998年后,尤其是在21世纪,随着国家允许随迁子女进城读书政策落实,乡村孩子进城读书现象显著增加。

乡村孩子减少和进城读书学生增多,乡村学校出现严重的空心化问

---

① 齐燕:《过度教育城镇化:形成机制与实践后果——基于中西部工业欠发达县域的分析》,载《北京社会科学》2020年第3期。

题,地方政府根据《国务院关于基础教育改革与发展的决定》(2001年)和《教育部关于实事求是地做好农村中小学布局调整工作的通知》(2006年)的有关要求,"统筹安排学校布局调整"。但一些地方在学校布局调整中没有重视国务院的"在方便学生就近入学的前提下",并将"适当合并"要求提升为"过度合并"行动。尤其在2008年免除城市义务教育阶段学生学杂费后,一些地方把撤并乡村学校作为带动农民进城和推进城镇化发展的重要策略。一些地方政府不切实际地推进撤校并点,致使当地的乡村教育与乡村经济社会发展脱节,造成部分学生尤其是家庭经济状况不好的学生读书难问题。鉴于此,2012年《国务院办公厅关于规范农村义务教育学校布局调整的意见》规定,"暂停农村义务教育学校撤并"。

　　当前乡村小学、初中学校布局难以满足学生"就近入学"的需要。如果3千米路途设置小学,极可能出现"超小班额"的学校,甚至出现"一生一师"的学校。如果让学校有一定数量的学生,就要撤掉"麻雀学校",将孩子集中到中心村、乡镇中心学校上学,这将导致学生"上学远""上学难"以及交通风险增大、寄宿成本上升等一系列问题。华中师范大学课题组曾在山东、浙江、内蒙古、青海、黑龙江等11个省、自治区调查乡村家庭教育需求意愿,约61.3%的家庭希望孩子能够到县城学校读书,约25.3%的家庭希望孩子到乡镇(城镇)学校读书,但还有约13.4%的家庭希望孩子在乡村学校读书。也就是说,乡村家庭希望子女到城镇学校读书的愿望强烈,占86.6%。该调查还指出,约88.4%的平原地区家庭、83.6%的丘陵地区家庭和80.5%的山区家庭希望子女到城镇学校读书,从中可以发现,山区家庭希望子女在"村里学校"读书的约占1/5,平原地区家庭约有1/10,丘陵地区家庭则处于两者中间。另外,在不同年级段就读的家庭对"村里学校"的需求不同,年级越低则需求越大,1—3年级的学生家庭为20.8%,4—6年级的学生家庭为14.6%,7—9年级(初中)的学生家庭为7.3%;不同家庭收入的学生家庭对"村里学校"的需求也不同,年收入低的学生家庭比年收入高的学生家庭更希望子女在"村里学校"读书,年收入低、中等、较高的学生家庭对在"村里学校"读书的意愿分别是 17.9％、11.0％和 3.7％。①不难看出,山区学生家庭和低年级学生家庭对"村里学校"希望较高,而这恰是乡村教育城镇化的最大困境,即乡村教育及其学校布局需要兼顾山区家庭、低年级家庭和经济能力弱的家庭需要。

3. 家庭进城滞后于教育进城问题

乡村教育城镇化发展快于人口城镇化,尤其快于户籍人口城镇化,这有助于地方政府利用教育城镇化推进户籍人口城镇化。孩子是每一个乡村家庭的核心,祖辈和父辈们的生活几乎都围绕孩子转。父母外出打工是为了让孩子住更好的房子、上更好的学;祖父母留守乡村、看守家庭,不仅仅为了维系家庭的农业生产,更重要的是要代替子女看护好孙子孙女。如此,很多乡村家庭到县城和中心城镇买房,其目的不外乎有两个:一个是方便小孩进城读书,还有一个是为孩子尤其是为男孩找对象增添砝码。就此看,教育进城对家庭进城以及人口城镇化具有非同寻常的意义,它让更多的乡村家庭从村庄中走出来,不仅劳动力进城,而且家庭成员也要进城。

然而,乡村教育城镇化是在家庭城镇化不足或滞后下发生的,一些家庭子女进城读书不仅未能带动家庭城镇化,反而让家庭城镇化变得更加艰难。经济状况好的家庭以及城市郊区和经济发达地区乡村家庭为了送孩子到城镇学校读书,往往选择到城镇买房。笔者于 2019 年在安徽、广西、河北、河南、吉林、江苏、江西、山东、山西、陕西、浙江 11 个省、自治区的部分村庄的问卷调查中发现,约有 42.1％的乡村家庭在城镇购买了商品房。尽管如此,仍有近 60％的家庭送子女到城镇学校读书面临一定的经济压力,如交高额的借读费、转学费,或支付更多的钱让子女进城镇民办学校读书。不仅如此,家庭还要承受租房、陪读负担:有些城镇学校没有宿舍,进城读书的孩子需要在学校附近租房,一年要支付几千至几万的房租;更多的进城读书孩子嫌弃学校住宿、食堂条件,不愿意住集体宿舍、吃食堂饭菜,要求家长丢下农活陪读,专门"侍候"他们学习。

---

① 雷万鹏:《家庭教育需求的差异化与学校布局调整政策转型》,载《华中师范大学学报(人文社会科学版)》2012 年第 6 期。

调研发现，一些城镇学校拥有带空调、桌椅、卫生间的宿舍和就餐食堂，但新生代的学生们要么嫌疑宿舍人多，干扰自己休息，要么抱怨学校食堂饭菜质量不高，吃不下去，要求家长在城镇租房居住，并为他们提供日常生活服务。笔者在安徽省庐江县的一些城镇学校调查发现，一个班级一般只有10％—20％的学生在学校住宿，有4—6个铺位的宿舍一般只住着一两位学生，更多学生在街道租房，并有家人为他们提供生活服务。

进城购房和进城租房陪读是乡村人获得城镇教育机会的应对策略，①但购房与租房对家庭影响不同，一些租房读书家庭更难以实现家庭城镇化。进城购房读书一般是经济状况较好的家庭，购房的直接目的是让子女获得进城读书资格。同时，由于城镇有住房，一些家庭随着子女进城读书就将家庭生活中心转移到城镇。家庭主要劳动力或在城镇找份工作，或外出打工挣钱，以维持家庭及子女城镇生活需要。而陪读更多发生在租房读书的学生身上，陪读人多数是劳动力较弱的爷爷奶奶或学生母亲。陪读家庭一般有两个生活中心：一个是乡村的家，需要有人看守，继续着农业生产劳动；另一个是城镇的临时家，读书子女需要家长陪伴，只要孩子在学校，他们就不能回乡干农活。陪读让因打工分离的家庭变得更加不完整，一家人，丈夫或儿子、儿媳在城镇打工，留守在村庄的家人又因孩子进城读书而再次拆分，如一些家庭呈现孩子的父亲在城市打工、妈妈陪读、祖父母在村庄做农活的"碎片"形态，家庭结构愈益不完整。子女进城读书或陪读让一些乡村家庭"劳命伤财"，更没有财力购买城镇住房，实现家庭城镇化。

三、依附城镇：让乡村教育行稳致远

乡村学校布局经过20多年的调整，高中一般集中到县城和中心城镇，初中和完小（1—6年级）多数集中到乡镇政府所在地，一些行政村还保留小学或小学低年级（1—3年级）教学点。尽管乡村学校布局在城镇化进一

---

① 张欢、朱战辉：《农村青少年教育城镇化的家庭策略、实践困境及其出路》，载《中国青年研究》2021年第1期。

步发展和村庄规划调整中还将有所改变,有些学校和教学点还会被撤销,但不会再像以前那样大撤大并,将在基本面上保持相对稳定。当前乡村教育处于全面推进乡村振兴和全面建设社会主义现代化进程中,乡村振兴需要乡村教育振兴,农业农村现代化需要乡村教育现代化,乡村教育样态需要与乡村振兴、农业农村现代化相适应。

鉴于快速发展的城镇化已经造成乡村教育的虚弱,失去了大量"领地",并且城镇化还将持续对乡村教育施加压力,乡村学生进城和乡村学校生源减少将成为乡村教育必须面对的常态化问题。也就是说,乡村教育问题不再是乡村问题:一方面,学生进城读书将乡村教育嵌入城镇教育,发展城镇教育,满足乡村孩子进城读书需要,有助于缓解乡村教育问题;另一方面,依托乡村教学资源运作乡村小规模化学校和小班化教学难以应对城镇化冲击,没有质量的乡村教育难以留住乡村孩子,城镇教育必须下乡,乡村教育必须对接城镇教育。如此,发展乡村教育、促进乡村教育现代化发展需要基于如下三个基本事实:

一是乡村教育已经并正在嵌入城镇,乡村教育城镇化程度还将进一步加深。乡村社会随着国家城乡二元结构松动不再封闭,正在加快融入城市社会,城乡主要要素频繁互动、交流,城乡一体化、城乡融合发展将成为全面建设社会主义现代化国家的重要社会形态。乡村教育不可能像20世纪七八十年代那样"独善其身",它将跟随乡村社会转型和城乡融合发展越来越深地嵌入城镇,成为城镇教育的一部分,或依附于城镇获取生存空间。尽管当前的乡村教育因城镇化发展新趋势、新要求作出了一些调整,新布局与乡村教育需求基本适应,既能满足乡村学生进城读书的需求,又能根据村庄布局配置"小规模学校",满足乡村弱势家庭子女上学读书的需要。但可以肯定的是,乡村学校布局仍处于不确定中,将随着乡村人口继续进城和村庄布局调整而改变,乡村学校包括"小规模学校"和低年级教学点也将有所收缩。

二是乡村教育最现实的问题不是城镇化发展过度,而是如何完善乡村教育城镇化。近年来,国家纠正了过急过快"撤点并校"行为,不仅要求地方政府暂停"撤点并校",还要求一些地方复建、恢复"小规模学校"。一些村小在国家政策支持下改善了教学条件,添置了空调、取暖设备,配套建设了"计算机教室、保健室、科学实验室、图书室、音体美器材库及篮球、足球、排球场地"①等。但小规模学校和村教学点的教学困难问题仍旧突出,如教学规模偏小,甚至出现"一校一师一生"的情况;"复式教学"严重,一位老师需要同时教几个年级、开 10 多门课;还有的学校,不仅老师兼任留守儿童的家长,在完成教学任务的同时为学生洗衣、做饭,还要担任同学角色,陪学生玩耍、做游戏。小规模教学或微班教学是城镇化进程中不得已而采取的临时应对策略,能够保证学生完成文化课学习任务,但学校教育不仅是文化知识学习,还需要同伴活动与交流,需要学校培养他们的团体合作、竞争意识。

三是乡村学生对教学及其生活有更高要求。全国乡村有 80% 以上家庭希望子女进城镇学校读书,这是他们对"村里学校"教学不再满意而作出的理性选择。生活好起来的村民对日益增长的美好生活有更高更多需求,并且鉴于子女教育在家庭中的特殊地位,多数家庭总是尽可能地支持子女接受更好的教育,以便他们未来能够拥有更美好的生活前程。当乡村学校教育不能让他们满意时,他们就会在条件允许的情况下或创造条件送子女到城镇学校读书。尽管有些学生在城镇薄弱学校或普通班级读书,但对乡村学生家长来说,他们要做的是为子女教育尽心尽力。再者,尽管他们的子女在城镇接受不到与城镇学生一样的教育,但不管怎么说,进城读书总比不进城好,至少在面子上需要这么做——如今乡村家庭送子女进城读书,有的并非因乡村没有好学校,有相当一部分家庭看到别人孩子进城读书,自己也只能送孩子到城镇学校读书。

乡村教育的三个"事实"是乡村教育下一步改进的现实依据,无论是全面推进乡村振兴战略,还是全面建设社会主义现代化国家,乡村教育的新格局都需要基于乡村教育的新情况、新问题、新趋势来构建。排斥乡村教育城镇化,冀望保留乡村学校或恢复乡村学校,有可能出现事与愿违的尴尬——政府出于公共服务供给公正原则要求,高成本为乡村孩子提供学

---

① 马跃峰、孟海鹰、程远州:《让乡村小规模学校小而优——来自吉林农安、河南栾川、湖北竹山三县的调查》,载《人民日报》2020 年 7 月 3 日第 13 版。

校、老师,但面对的尴尬问题是乡村学校留不住学生,或只有个别学生,正常教学难以开展。再者,不顾乡村经济社会发展的不平衡性,尤其是在边远、山区、少数民族乡村,村里仍有大量留守儿童的现实,强制推进"撤点并校",希望通过发展借宿学校、提供班车接送学生到城镇学校读书,有可能给学生上学和家庭带来更多烦恼。10周岁以下的儿童对家庭有更高依赖性,离开父母或长途劳顿,会给低年龄的学生带来心理不适和体力负担,不利于他们健康成长。

中国城乡二元结构正在加速消解,乡村社会与城镇社会正趋于一体化,乡村教育与城镇教育也应当实现一体化。乡村教育与城镇教育对接、并轨,需要将乡村教育依附于城镇教育中,并确保其优先发展。

1. 乡村教育振兴优先

如果说文化振兴是乡村振兴的牵引力量和灵魂,乡村振兴需要文化振兴提供质量支撑,那么乡村教育就是乡村文化振兴的重头戏。新发展阶段全面推进乡村振兴战略不仅不能落下乡村教育,而且要优先推进乡村教育振兴,保障乡村孩子"有学上""上好学"。鉴于乡村人口包括孩子仍将继续向城镇流动,并越来越多地进入城镇学校读书的现实,乡村针对孩子的学校教育还将进一步缩小规模,更多的乡村学校将长期处于小规模、小班额的状况。各地在村庄空间规划和建设中要优先保障学生上学的需要,努力让学生读书的学校成为乡村文化建设和振兴的高地,并将乡村学校和学生读书条件纳入乡村文化振兴的重要考核指标中。

2. 乡村教育现代化优先

新发展阶段乡村教育不仅要优先振兴,还要在农业农村现代化发展中优先推进乡村教育现代化。新发展阶段的乡村现代化包括政治、经济、社会、文化、生态全面现代化,其中乡村教育是其重要内容。中共中央、国务院印发的《中国教育现代化2035》明确指出,到2035年中国要总体实现教育现代化目标,但难点和重点在农村,没有农村教育的现代化,就没有中国教育的现代化。当前,乡村学校教学设备落后,教育功能不全,师资配置不足,学生难以接受到高质量的教育。乡村教育现代化处于教育的底端,难以接受到与时代同步的教育。乡村教育现代化要解决中西部乡村教育尤其是边远地区乡村教育老师"进不去""留不住"和教学水平不高的问题,让乡村孩子接受有质量的教育,进一步促进城乡教育均等化、公平化。为此,可利用人工智能、大数据、远程教育等先进技术手段,推进互联网+乡村教育,把城镇优质教育资源输送到乡村教育,提高乡村教育质量。同时,加强乡村信息技术软硬件建设,补上乡村教育信息化短板,提升乡村学校网络教学质量和乡村教师运用信息技术水平,让乡村小规模学校、小班学生享有城镇学校教学资源,弥补乡村学校师资不足。

3. 乡村教育服务优先

教育是关系国家百年大计的公共产品,教育服务是公共服务的重要项目,在乡村公共服务供给中,教育服务尤其是义务教育服务要优先保障。乡村教育服务优先,不仅要在诸如养老服务、医疗服务、就业服务、安全服务、文化服务等公共服务中将教育服务置于供给次序的优先位置上,充分保障乡村家庭及其子女的教育需要,而且要重点支持乡村教育事业,满足乡村学校和广大师生的教学需要。具体地说,如乡村道路建设和公交开通及运行班次要照顾学生上学、放学需要,并根据学生居住分布调整班次和站点;工资福利分配要向乡村教师倾斜,乡村教师的工资和津贴要高于当地公务员和县城老师,有条件的地方可以根据实际需要,对乡村教师给予特殊补贴;在职称评定中给予乡村教师照顾政策,缩短他们升职时间,要求县城以上学校教师晋级必须有乡村学校工作经历;根据乡村小规模学校和小班额教学需要,强化全科教师培养,量身培养一些热爱乡村教育的教师。

4. 困难家庭教育优先

在乡村教育城镇化进程中,乡村家庭及其子女对城镇教育的需要愈益增强,城镇学校建设在城镇建设中独占鳌头。相应地,乡村居民对乡村学校的需求锐减,如班纳吉等所说:"如果没有强大的潜在的教育需求,那么建立学校、聘用教师又有什么用呢?"[①]但在城镇化进程中,乡村居民出现严重分化,处于阶层低端的困难家庭,尽管他们也想让子女进城读书,但鉴于家庭经济困难,无法满足子女进城读书的需要,只能无奈地选择在村里

---

① 〔印度〕阿比吉特·班纳吉、〔法〕埃斯特·迪弗洛:《贫穷的本质:我们为什么摆脱不了贫穷》,景芳译,中信出版社2018年版,第84页。

学校或邻村学校读书。各地都有或多或少的低收入、无条件送孩子进城读书的家庭,乡村教育服务要优先保障这部分人的需要,不能在"撤点并校"中搞齐步走、一刀切,应为乡村困难家庭孩子保留义务教育学校或教学点。不仅如此,教育部门和地方政府还要保证小规模学校和教学点开足开齐国家规定的课程,教好每一个学生。

5. 低龄儿童教育优先

相比较而言,在乡村教育中义务教育难于高中等非义务教育,小学教育难于初中教育,小学低年级教育难于小学高年级教育,幼儿教育最难以在乡村实施。多数乡村的住家分散,即使行政村或中心村开设了幼儿园,或在小学附设幼儿班,但只有学校附近的村庄可以受益,相当多的幼儿处于"散放"状态,无法接受正规的幼儿教育。如果说农村城镇教育已经与城市教育对接,初步实现了一体化,乡村幼儿教育就处于起步阶段;如果说农民孩子在起跑线上输给了城市孩子,乡村幼儿教育就先输给了城市;如果说城市居民为幼儿的烦恼是选择好的幼儿园,乡村居民为幼儿的烦恼是上不了幼儿园。中国城镇化发展在乡村孩子包括幼儿上有很多"欠账",他们不仅自小就尝尽父母外出打工的留守苦楚,还要面对无幼儿园上,上学路途远的艰辛。乡村义务教育基本问题解决后,重点要解决乡村幼儿入学难的问题,让乡村的幼儿均等化地享有与城市孩子一样的幼教服务。

第三章

老人农业的民生痛点及其纾解

城镇化快速发展,越来越多的农村居民不愿意从事农业生产劳动,纷纷进城打工,农村出现了以老人为生产经营主体的老人农业。城镇化进程中形成的老人农业,或将伴随城镇化发展全过程,甚至有可能成为中国未来农业生产的主要形态。然而,老人毕竟步入生命的衰老期,他们的身体渐趋羸弱,难以承担农业现代化和保障国家粮食安全的使命,也难以为进城子女承担"无限责任"。老人农业出现的结构性矛盾与老人生活的空巢、独居等民生困境相互掣肘,致使很多从事农业生产的老人享受不到安逸的养老生活。如此,乡村振兴和城乡融合发展战略实施不仅要依托农村留守老人发展农业生产,还要大力发展农村民生服务事业,让从事农业生产的老人拥有快乐、幸福的晚年。

一、老人农业及其民生问题:缘起城镇化

传统农业是劳动极其繁重且经济效益普遍较低的弱质产业,劳动者在日晒、风吹、雨淋的露天环境下进行低技术含量的简单劳动,往往是晴天一身灰,雨天一身泥。尤其在农忙期间,为了不误农时,农民们需要起早贪黑地在田间地头忙碌,抢收抢种。做农活很辛苦,且利润微薄,在年景好的年份里一家人可以勉强过上温饱生活,但遇到严重的干旱、水涝,庄稼收成就少得可怜,甚至会颗粒无收。也就是说,传统农业社会的农民过的是"接近

生存线的边缘"生活,他们把"生存需要"作为基本目标。①

鉴于传统农业生产低收益、高风险以及不确定大的特性,多数农户都会经营一定的副业,如种植瓜果、蔬菜、花生、棉花等经济作物和饲养家禽家畜。农户如此安排生产结构,一方面,兼营副业可以改善家庭生活状况和增加农户收入,减少变化莫测的气候对农业生产可能造成的损失,增强小农经济的确定性、稳定性;另一方面,兼营季节性要求不强的家庭副业,可以调配农忙和农闲的劳动力,避免农闲时的劳动力闲置;更重要的是,兼营劳动强度较低的家庭副业,可以充分挖掘家庭弱劳动力资源,让老人在日常生活中有事可做。一般来说,农户把家庭中的中青年强劳动力配置到粮食生产主业上,而让老人包括部分儿童的弱劳动力从事劳动强度不大的副业劳动。

20 世纪 80 年代前,农户家庭内的这一劳动力分工没有多大变化。即使在中华人民共和国成立后的初级社、高级社和人民公社时期,农业经营方式由农户家庭劳动转变为社队集体劳动,老人也受到村庄社会普遍照顾。一是城市经济不发达,农民缺少择业机会,中青年农民只能"内卷化"地依附于农业"无发展的增长"中,②从事农业生产劳动。中青年农民身强力壮,是农业生产的主要劳动力,几乎担负起全部的重农活,而老年农民是次要劳动力,一般从事副业劳动,如看场、晾晒、锄草等轻活。二是传统农村社会的医疗卫生条件落后,生活条件差,加上饮食结构不合理,农村人均寿命低于全国人均寿命,即 1950—1955 年的 48 岁、1960—1965 年的 49.5 岁、1970—1975 年的 63.2 岁。③ 农村人均寿命不高,老人数量少,需要参加农业劳动的老人更少,大家庭和大集体有能力照顾老年农民。三是农村老人的家庭地位较高。熟人社会中的农村老人可以倚仗年龄大、经验多、阅历广以及长辈身份"养尊处优",而那些自小受到敬老爱老文化教育的年轻人视孝顺为良好品行,将尊敬老人、赡养老人、为老人送终作为应尽的义

---

① 〔美〕詹姆斯·C.斯科特:《农民的道义经济学:东南亚的反叛与生存》,程立显等译,译林出版社 2013 年版,第 5—6 页。
② 〔美〕黄宗智:《长江三角洲小农家庭与乡村发展》,中华书局 2000 年版,第 427 页。
③ 张军主编:《中国经济未尽的改革——多位经济学家解读 14 项改革攻坚难题》,东方出版社 2015 年版,第 147 页。

务。传统社会缺乏人员有效流动,尊老敬老的道德规范对居民具有极强的约束力,如有子女不孝顺父母,或让老人做重农活,会被视为虐待老人,受到村庄舆论的道义指责——"唾沫星子"惩罚,让不孝顺子女抬不起头,严重的还会殃及儿孙前程或婚嫁。总的来说,在相对稳定的农村社会中,老人是被照顾的对象,从事劳动一般限于手工活、轻松活,不需要从事繁重的耕地、收割、挑担等重农活,而且老人在村庄和家庭里是"长者",不仅受到村民和家庭成员的普遍尊重,还会在生活资料分配中享有优先权利。

城镇化发展改变了农村老人的生存状况,老人逐渐成为主要农业生产者。早在20世纪80年代,全国农村发展乡镇企业和建设小城镇,一些农民尤其是那些没有升学的初高中毕业生包括已经在家务农的年轻人纷纷进镇、进厂从事非农产业,成为乡镇企业的农民职工。那时的乡镇企业数量少,能进厂工作的基本上是年轻、有一定文化水平的农民,中年农民仍在农村从事农业生产,老人们不需要做重农活。虽然家庭承包制下老人不像人民公社时期受到社队集体照顾,需要分担家庭劳动的部分责任,但多数家庭农业生产仍由中年子女承担,老人只是家庭农业生产的"帮手"。

老人成为农业生产主角出现在90年代中后期。90年代国家加快城镇化发展,放开粮食统销市场,农村年轻人跨地区、跨行业到城市或经济发达地区打工。由于年轻人外出打工的收入高且工作稳定,在家务农的中年农民经不住非农利益"诱惑",逐渐加入到打工者队伍中,以至于在90年代中后期出现气势磅礴的"打工潮"。随着城市空间拓展和基础设施建设加快,越来越多的中年农民成为城市各类建筑工地的主要劳动力——他们从事重、苦、累、脏和危险活,工资报酬不比在工厂上班的年轻农民工低。如此,打工的高收入吸引更多中年农民加入打工者队伍,家里的农业劳动逐渐丢给留守妇女和留守老人。由于留守妇女体力低于男劳动力,农村留守老人尤其是男性老人不得不承担更多更重的农活。

留守妇女离土离乡让不少农村老人生活进入"至暗时刻"。在城镇化快速发展的初期,离开农村的主要是年轻男女和中年男性,妇女承接了男劳动力的多数农活。农村留守妇女生存状况十分艰难,多数中年留守妇女要在从事农业生产劳动的同时赡养老人和抚养小孩,一年与丈夫难得有几天相聚时间。随着城镇化进一步发展,越来越多的留守妇女跟随在城市里有稳定工作和较高收入的丈夫或已经长大的孩子进城居住、工作,导致一些村庄沦为老人村庄。老人们在从事农业生产的同时看守着农村的家,让进城打工的子女有个稳定、牢固、安全的"大后方"。

农村留守老人成全了进城子女的"有老人便有家"的温馨愿望,也留住了进城子女的脉脉乡愁,但调研发现,多数农村尤其是中西部地区农村的留守老人生活环境逐渐变差。一方面,留守老人需要承担家庭几乎所有的农业劳动。尽管越来越多的进城子女对农业生产抱着无所谓的态度,甚至要求老人少种植庄稼、少饲养家禽家畜,但做农活是留守老人生活的重心,已经习惯且闲不住的老人们尽可能地不让承包地撂荒,因为他们的吃喝仍旧依靠土地,不能像城市那样,所有生活物品都从市场上买。另一方面,留守老人需要承担农村集体的"两工"。尽管经济发达地区的农村不再要求农民出公益事业的"义务工"和农田水利基本建设、植树造林等的"积累工",但经济欠发达地区的农村仍有一定量的"两工",留守老人必须代替子女出工。另外,留守老人需要度过漫长的空巢生活。进城子女偶尔打电话问候、关心他们,有的在节日期间或无事时回家陪他们几天,但一年中的多数时间是留守老人自己过日子,寂寞且缺乏家庭温暖。

由此可见,老人农业以及民生问题是中国城镇化发展造成的,并随着农村年轻男女、中年男性尤其是中年女性进城而激化。城镇化发展已经并仍在改变农村社会结构、人口结构、产业结构,结构转型进程中的农村出现了规模化、机械化的现代农业,老人坚守的传统农业面临前所未有的结构性困境,其民生问题也日渐棘手。

二、四个维度:老人农业的结构性矛盾与困境

城镇化是把双刃剑,农民在城镇化中获得了更多的非农就业机会,农户在城镇化中提高了经济收入和生活水平,但与此同时,城镇化发展也改变了农村劳动力结构和人口结构,农业劳动力因中青年劳动者进城而减少、变弱,老人成为农村的主要居住者和农业生产的主要劳动者。城镇化

中的农村老人:一方面变得愈益坚强,他们用日渐衰老的身躯担负着家庭农业生产,减轻了年轻劳动力进城对农业生产造成的消极影响,避免了承包地大面积撂荒;另一方面变得很无奈,他们中的多数人只能别无选择地在沉寂的村庄中看守着家庭,为的是让进城打工子女可以随时回家。一般地说,有农村就有农业,有老人在村庄生活,就有小农户的农业生产。即使进城子女打工挣再多的钱,甚至足够他们搬去城市居住,留守老人也不会放弃承包地上的农业生产,除非他们年岁高到做不动农活。鉴于此,有学者对老人农业持有乐观态度,认为农业劳动力老龄化不会影响中国粮食生产,[1]也不会带来农业危机。[2] 但毋庸置疑的是,城镇化正在倒逼传统农业向现代农业转型,而农村老人尤其是年岁高的老人难以适应现代农业发展要求,致使老人农业发展出现结构性矛盾和困境。城镇化进程中的农村人口结构、分工结构、空间结构、服务结构等都发生了或大或小的变化,老人农业发展的不确定性不断增加。

1. 人口结构矛盾:人口流出与老人看守尴尬的困境

在城镇化进程中,农村出现人口城镇化与人口老龄化叠加现象,农村社会在人口不断流出中逐渐老化。农村人离土进城不是一蹴而就的,大致的次序是:在年龄上,先是年轻人,后是中年人,再后是留守儿童;在性别上,先是青年男女,后是男性中年人,再后是女性中年人。农村社会老龄化历经二三十年之久,如今很多农村的留守妇女和留守儿童正在加速进城,尤其是中西部地区和经济欠发达地区的农村留守妇女和儿童逐年减少,更多的村庄走在黄昏的路上,由年迈的老人终年看守。诚然,即使没有城镇化,中国农村人口也可能出现老龄化——20世纪八九十年代国家实行计划生育政策,虽然一些农村的地方政府在计划生育工作中向农民重男轻女观念妥协,允许头胎生育女孩的夫妇间隔4年或6年后再生育一个孩子,但这也不能避免农村人口老龄化。相比于城市,虽然农村准许头胎生女孩

---

[1] J. Davis, P. Caskie, and M. Wallace, Economics of Farmer Early Retirement Policy, *Applied Economics*, Vol. 41, No. 1, 2009, pp. 35-43.

[2] 林本喜、邓衡山:《农业劳动力老龄化对土地利用效率影响的实证分析——基于浙江省农村固定观察点数据》,载《中国农村经济》2012年第4期。

的夫妇生育二孩能延缓农村老龄化时间和降低农村老龄化程度,但城镇化发展改变了城乡老龄化格局,农村中青年人口进城稀释了城市老龄化程度,以至于农村社会老龄化率逐渐高于城市。2015年,农村老年人口占全国老年人口总数的56%。①

伴随人口结构性老化的是农村令人担忧的老人民生处境。城镇化发展将农村丢给老人,老人们不得不看守村庄和家园,这注定了农村老人要过残缺不全、孤寂惆怅的生活。在中国传统社会中老人崇尚的生活是安享天伦、儿孙满堂,而如今,儿孙都在城镇打工、生活,他们最大的奢望是远在城市或他乡的子女能在各种节日等重要日子里回来。正如阎海军在《崖边报告》中描述的,崖边81户中,很多老人"身边没有儿孙的陪伴,独自留守在家中,既要照顾自己的生活,还要操持家中的几亩薄田"②。与其说老人代替子女坚守在农村,看守着家园,独自生活,毋宁说城镇化在赋予老人更多使命和责任的同时丢弃了老人,他们只能在自我救赎中生活;与其说进城农民为城镇化奉献了青春,为城镇建设和经济发展做出了巨大贡献,毋宁说农村老人用牺牲自我的方式间接地支持了城镇化发展,其代价是辛劳、寂寞、无助甚至绝望。不难想象,没有老人留守在农村,他们的子女就不能放下承包地"无忧无虑"地到城镇工作、生活;家庭承包地会因家庭主要劳动力进城而撂荒,打工者的村庄家庭也会因没有烟火而闭户。所以说,留守老人用残年成全了城镇化发展大业,用"重农"之心温暖着乡村大地。

2. 分工结构矛盾:粮食安全与老人生产能力不足的困境

有学人将年轻子女外出务工、年老父母在家务农的分离称为"以代际分工为基础的半工半耕结构",并高度推崇这一分工结构,认为:一个农民家庭可以同时获得务工和务农两笔收入,"务农收入可以解决农民家庭的温饱问题,务工收入可以作为现金储蓄下来";城乡代际分工结构下的老人在农村从事农业劳动和生活,"既有安全感,又有预期和稳定性";老人从事

---

① 全国老龄工作委员会办公室编:《中国老龄工作年鉴(2016)》,华龄出版社2016年版,第18页。
② 阎海军:《崖边报告:乡土中国的裂变记录》,北京大学出版社2015年版,第9页。

传统农业为主的劳动,"劳动不重,收入不高,小康不足,温饱有余";还有,这种分工下的老人农业在现在乡村有"一个相当稳定的且有效率的结构",即"'中坚农民+老人农业'的结构";尤其是,有老人在农村看守村庄和从事农业生产,可以为进城打工失败的农民工"留下返乡的退路"。[①] 也有些学者对老人产生担忧,认为农民在追求农户收益最大化情形下出现的老人农业不利于农业和农村长期发展,它将"制约着中国农业生产的发展,甚至影响着农产品的持续供给"[②],还会造成一定的社会贫困[③]。还有学者指出,把进城务工作为小农经济的内涵是不恰当的,并且父母与子女长期分离的分工是没有质量也不体面的家庭生活。[④]

其实,当前中国多数农村家庭出现了劳动力城乡代际分工,是城镇化发展引发并逐渐演变为全域、广泛的社会现实,农户家庭收入、国家粮食生产都因分工而变化,不能一概地褒扬或贬抑。城镇化进程中农户出于经济理性将年纪轻、能力强的劳动力配置到城镇非农行业,而让老年的劳动力留守在农村继续从事传统农业生产,这是农户应对城镇化发展的行为策略,是城镇化过程中的事件处理,与社会结构转型有较大关系。有些学者注重对现实的诠释,并为现实存在找出若干合理的理由,而有些学者则认为这一现实存在对农民不公平、不公正,冀望纠正"错误",或选择更有效、更合理的城镇化途径。但这只是问题的一个方面,而且孰对孰错还需要等待时间进行最后的检验。当下最需要重视的是老人农业能不能维护、稳定农业生产,因为这关系到国家粮食安全。无论是城镇化发展还是城乡代际分工都必须保证农业生产稳定,这是"大民生",不能因城镇化发展而出现丝毫动摇。中国是人口大国,选择任何发展道路都要优先保障饭碗牢牢端在自己手中。然而,遗憾的是,很多地方的农村留守老人不仅仍采用传统

---

① 贺雪峰:《城市化的中国道路》,东方出版社 2014 年版,第 13—53 页。
② Terry Sicular *et al.*, Aging of the Labor Force and Technical Efficiency in Crop Production: Evidence from Liaoning Province, *China Agricultural Economic Review*, Vol. 5, No. 3, 2013, pp.342-359.
③ 仇凤仙、杨文建:《建构与消解:农村老年贫困场域形塑机制分析——以皖北 D 村为例》,载《社会科学战线》2014 年第 4 期。
④ 张曙光:《中国城市化道路的是非功过——兼评贺雪峰的〈城市化的中国道路〉》,载《学术月刊》2015 年第 7 期。

方式进行农业生产,而且对农业生产投入不足,甚至只选择肥沃的、水路好的田地种植庄稼,而不再珍惜每一块承包地,一些地方出现了较严重的承包地撂荒或废弃问题。老人农业的存在影响了传统农业向现代农业转变、承包地集约化经营和农业技术进步,①尤其是随着老人年龄日渐增长,其体力和精力越来越难以从事繁重的农业生产活动,其中一些人正逐渐从粮食生产中退出。再者,多数老人农业生产经营观念保守,学习能力与欲望低,对于新技术、新品种的应用与推广以及耕地的规模化、机械化和产业化经营缺乏热情,他们难以保证国家的粮食安全。② 作为人口大国我们不能把国家粮食安全寄托在老人农业上!

3. 空间结构矛盾:集中化与老人分散经营不适应的困境

新农村建设实施后,一些地方为了更有效地配置资源,优化农村空间布局,推进土地向规模集中、产业向园区集中、农户向城镇或中心社区集中。如此,更多的地方政府把集中化作为扩大农村土地规模经营、提高劳动生产率、改善乡村居民居住条件的重要方式。一方面,在坚持家庭联产承包责任制基础上以"三权(所有权、承包权和经营权)分置"政策为抓手,鼓励小农户的承包地向专业大户、家庭农场流转,并给予多项优惠政策扶持新型农业经营主体成长、壮大;另一方面,在增强农村公共服务供给上以促进公共服务共享为抓手,推进合村并居,引导、动员农民到新型社区居住。就全国农村集中化进程看,农村的土地流转、规模化经营得到各级政府的广泛支持,其推进速度要快于农民集中居住。但不管怎样,在今后一段时间里农业生产和农民生活都将受到"集中化"影响:集中将进一步分化小农,有些人将转身为新型职业农民,即农场主、职业农民;更多的人将向城镇转移,到城镇居住,成为名副其实的城镇居民,即非农职业者。

城镇化进程中农村空间结构调整以及居民职业和社会身份变化是一个长期过程,其间农村留守老人受其影响最大。留守老人仍以"小生产"方式从事农业生产,经营活动规模小、技术水平低,他们无法与家庭农场、专

---

① 徐娜、张莉琴:《劳动力老龄化对我国农业生产效率的影响》,载《中国农业大学学报》2014年第4期。
② 王香花:《后老人农业时代中国粮食安全问题探讨》,载《理论探讨》2015年第6期。

业大户在生产、销售上展开充分博弈。即使一些留守老人不顾机会成本，不计较农业经济效益大小，采用"明哲保身"策略继续过传统小农生活，但一些上规模的农场或大户也会不失时机地挤压他们，在生产、管理、销售上给他们施加压力，进而导致更多的留守老人只能看守自家门庭，而放弃农业生产活动。尽管土地流转及其规模化生产给老人农业生存带来危机感和潜在威胁，但留守老人还可以用"我的土地我做主"的勇气抵制大市场、大生产的侵蚀，在传统农业与现代农业的夹缝中寻求生存机会。然而，上楼、集中居住的政策安排一定程度上损毁了留守老人继续从事农业的根基。集中居住后，老人们不能在住宅的庭院中饲养家禽家畜和种植蔬菜，生活成本大大上升，尤其是居住地距离承包地远，种田变得不方便，并且随着年龄增长，他们走到田地的时间有可能比劳作时间还要长，种地变为越来越难的事情。

4. 服务结构矛盾：社会化服务与老人需求偏离的困境

新农村建设启动以来，国家将越来越多的公共服务送下乡，农村道路和水电、通信、垃圾处理等有形公共服务以及文化教育、医疗卫生、就业、养老、社会保障等无形公共服务的水平显著提升，居村农民的生产生活条件也随之改善。与此同时，在国家强农、惠农政策支持下，一些社会化服务组织快速成长起来，主动为农业生产提供全方位服务，包括产前、产中、产后服务。在农村场域中，以政府为主体、市场力量和社会组织共同参与建构的社会化服务体系不断完善，居村农民的日常生活和农业生产经营活动能够得到相应的服务，并且服务的全域覆盖程度和提供的服务水平都有大幅度提升。但农村的社会化服务仍存在结构性问题，不能适应农村经济社会发展和城乡融合发展，存在较严重的越位、缺位和错位问题，特别是一些服务供给偏离了农村老人的需求。

农村留守老人的生产观念比较保守，更习惯"以更少的资源完成更艰巨的任务"[①]。留守老人种植的除了少数经济作物具有较高经济收益外，

---

① 〔印度〕阿比吉特·班纳吉、〔法〕埃斯特·迪弗洛：《贫穷的本质：我们为什么摆脱不了贫穷》，景芳译，中信出版社2018年版，第222页。

传统的水稻、小麦等农作物产生的经济收益较低,是不计劳动力成本的维持家人生计的"养人"农业生产,几乎没有多少利润。现有的一些服务供给,如种子、化肥、农药等农资价格上涨已经让他们承受较大经济压力,如果耕地、整地、日常管护(除草、除虫)、收割、销售等再购买服务,老人种田几乎赚不到钱。现实中,一些地方农业社会化服务主要为新型农业经营主体提供产前、产中和产后服务,而留守老人的农业生产较少求助于这些服务;老人耕种的农田地块小、分散,农机下田不方便,作业效率低,一些社会化服务主体也不愿意为老人农业提供服务。为减少服务成本,一些留守老人将农田耕作和农产品销售等托付给家庭农场等新型农业经营主体,力气活让新型农业经营主体"顺便"做。不难看出,农业社会化服务对老人农业的支持非常有限,存在老人不需要服务与服务主体不愿意提供服务的双重问题。

综上所述,城镇化发展推动农业人口进城打工,引发农村人口结构分化和家庭成员在城乡两个不同地域的分工。由于到城镇打工的中青年人能够挣到比农业生产多得多的钱,部分地中和了人口结构和分工结构中的人口矛盾和分工矛盾——老人在农村能够专心从事农业劳动,子女在城镇能够放心地打工,并且用家人城乡分离的痛楚换取城镇打工收入并没有吃亏。但人口结构和分工结构的矛盾不总是相安无事,而是随着城镇化向深度发展而发生变化:一方面,城乡一体化发展的公平公正道义不允许城镇社会和城镇政府继续歧视进城的农民工,城市公共服务迟早要全面覆盖他们,并让其中一部分人成为城市永久性居民;另一方面,乡村振兴战略实施不能总解决农村因人口流失造成的空心化问题,以及因居住分散而带来的公共服务供给不足问题,而必须为乡村居民提供高水平甚至与城市均等化的公共服务。城镇化进一步发展形成的城市拉力和乡村振兴形成的聚合力都要打破现在的人口结构和分工结构,将人口与分工地域化和统一化。鉴于此,很多农村地区加大了空间结构调整的力度,并由此生成了农村空间结构矛盾。"三集中"(土地向规模集中、人口向城镇或中心社区集中、产业向园区集中)是调整农村空间结构的重要抓手,但几乎每一个地方的"三集中"都会对老人农业产生威胁。因为集中会改变老人的生活方式和生活习惯，一些老人将在集中中失去乡村自由自在的生活，不仅做农活变得困难，而且会失去经济独立权，不能自己养活自己。为减少城镇化和"三集中"对老人造成的不利影响，也为了维持家庭承包制长期不变，各地农村基层政府鼓励发展社会化服务，冀望通过服务减少空间调整对小农户尤其是留守老人生产生活的挤压。但遗憾的是，因老人保守观念和"少花钱"的行为逻辑，他们的社会化服务需求度比较低，或不愿意掏钱购买社会化服务，农村社会化服务发展陷入供不应求与供过于求的结构性矛盾中，有些老人需要的服务缺乏，而有些服务却闲置，没有相应的需求者和购买者。老人农业发展的结构性矛盾制约着农村老人民生改善，如果从事农业生产的老人生存状况停滞不前，或在城镇化发展和乡村振兴战略实施中被遗忘，将严重拉低全面推进乡村振兴和全面实现现代化的质量。

三、民生改善：老人农业发展的若干限度

满足农村老人日益增长的美好生活需要是新发展阶段农村社会主要矛盾的主要方面，实现乡村振兴不能落下从事农业劳动而缺乏社会保障的老人。如此，老人农业凝聚的民生问题，不仅是老人农业发展的民生伦理问题，农村老人在城镇化发展中应该得到充分关怀，不能沦为农业农村现代化及粮食安全与社会稳定的牺牲者，而且关系老人农业发展的未来，不能不顾老人民生，刻意"延缓老人农业衰落"[①]。老人农业有其经济价值，但不能用老人填补农业现代化转型的劳动力空白，一味地强调维护农业就业的弹性和缓解社会保障压力的作用，老人农业发展应该受制于民生限度，全面推进乡村振兴和全面实现现代化不能落下从事农业劳动的老人。改善老人农业中的老人民生状况，需要直面如下问题：

第一，从事农业生产的老人能不能闲下来。有学者说，农业"不是繁重的体力劳动，而是具有休闲农业的色彩"，是"有意义的、有乐趣的"，可以

---

① 王文龙：《农业现代化转型背景下老人农业定位及其政策研究》，载《农业体制改革》2016年第6期。

"为老年人带来积极的生活态度和精神状态"。① 这是典型的用城市人的眼光看待老人农业。老人农业不同于市民的养花种草,作为茶前饭后聊以慰藉的情趣,而是一份特别辛苦的重体力劳动,没有汗水就没有收获,没有劳动成果也就没有温饱生活,不是退休人员可以自由选择的"闲活"。城镇化卷走了中青年种田人,一些老人不得不走到农业生产第一线。

多数城市人女性 55 岁、男性 60 岁退休,还有的在 50 岁就开始享受退休待遇,过闲暇、轻松且属于自己的老年生活。打牌、健身、读老年大学、旅游等"老有所乐"的娱乐活动成为他们的主要生活内容,做家务、照顾孙辈成为他们的力气活。相比之下,50—60 岁的农村老人是强壮劳力,除了部分人仍在城镇打工赚钱外,留守在家乡的老人一点不逊色于中青年劳动力,承担起家庭全部农活,其中一些人还流转他人承包地耕种;60—70 岁的老人是农村社会的"小老人",他们不仅能依靠种地养活自己,一般还用劳动果实接济子女;70—75 岁的老人是中龄老人,虽然他们减少了耕地面积和耕种的农产品种类,收入有所减少,但身体健康的老人一般不需要子女照顾,能独立地进行生产和生活;75 岁以上的老人步入真正意义的老年生活,但只要身体允许,他们仍不会放弃田野劳动,如打理菜园子、喂养家禽家畜、做家务。农村多数老人没有退休时间,唯有到生病、干不动农活的时候才能闲下来,过被子女赡养的晚年生活。

第二,从事农业生产的老人能不能享有高质量公共服务。进入 21 世纪,尤其在新农村建设启动后,国家加大农村公共服务供给,居村农民享有越来越多的公共服务,但从事农业生产的老人群体享有的公共服务仍旧非常有限。地方政府创办的福利型养老机构,服务对象主要是农村"五保"人员,绝大多数老人较少得到政府提供的养老服务。农村社区借助公共服务中心/党群服务中心为老人提供的诸如健康教育、文化娱乐等服务,多数是应景式的,因为老人有做不完的农活和家务,没有时间到社区享受那些与他们日常生活无关的"服务"。不仅如此,农村社会组织成长慢、数量少,它

---

① 李永萍:《养老抑或"做老":中国农村老龄化问题再认识》,载《学习与实践》2019 年第 11 期。

们在地广人稀的农村难以开展有效的为老服务,如高龄老人期待的助浴、助洁、助餐、配送服务。多数农村地区社会组织主要围绕党建和地方政府中心工作开展服务活动,没有能力开展类似城市社区的上门服务。再者,近几年国家培育的农村社会化服务企业,虽然能够为老人提供一系列服务,但主要集中在农业生产上,较少为留守老人的日常生活提供便民、利民服务,即使一些服务企业因农村人口减少而增加服务项目,如丧葬服务,商业性浓厚,也多是一次性的,长期性和公益性服务仍严重缺乏。

第三,从事农业劳动的老人能不能安享晚年。客观地说,随着社会经济发展和农村生存环境的整体改善,农村老人的民生状况得到了一定改善。但当前农村老人民生改善集中在物质上,如吃穿住几乎不愁,少有农村老人缺衣少食。而农村老人日益增长的美好生活需要,不仅有吃穿住方面的基本民生需求,还有更多、更高的美好生活愿景。由于从事农业劳动的农村老人与城市老人不同,没有严格意义上的退休工资,他们的老年生活只能依靠家庭及其子女。按理说,老人们把一生奉献给家庭,子女有责任让老人安度晚年,为他们养老送终。然而,这一惯习被城镇化斩断,老人的子女不住在农村,无法陪伴老人、照料老人。而农村社会化养老发展缓慢,不能及时填补家庭养老缺失,以至于处于城镇化发展中后期的农村老人,需要继续从事农业生产劳动,过没有退休待遇的农业劳动生活,自主/自力养老。但政府和社会不能让农村老人既在农业生产中流汗又在日常生活中流泪,发展社会化养老服务业迫在眉睫。

第四,从事农业劳动的老人能不能减轻劳动强度。中国农村多数老人将在老人农业状态下度过晚年生活,尽管越来越多的农地将流转到新型农业生产主体,农业生产规模化经营将倒逼一些老人放弃农业生产,并且更多农村实施的集中居住工程,也会将一部分老人从土地、农业劳动中剥离出来,但毋庸置疑的是,未来中国农村仍将有相当数量的老人从事农业生产。有学者说,老人农业更多存在于耗劳力少、机械化程度高的作物领域。① 事实不尽如此,耗劳力少、机械化程度高、单一经营的作物更适合规

---

① 董欢、郭晓鸣:《传统农区"老人农业"的生成动因与发展空间》,载《中州学刊》2015 年第 9 期。

模化作业,而中国丘陵、山区的粮食作物尤其是经济作物生产,农业机械化程度低,消耗劳动时间长,人工依赖程度大,更需要老人劳动。老人农业将在这些地区的某些产业中长期存在,而这些地区的居住、耕种条件复杂,政府难以改造。也就是说,居住在平原、城郊农村的老人从事农业生产的条件有可能得到进一步改善,他们未来有可能过上与城市老人差不多的闲暇、安逸的老年生活,而居住在丘陵、山区的老人,生产生活条件的现代化改造仍旧艰巨,从事农业劳动的老人劳动强度难以在短期内减轻,并且有可能直到老人去世也无法改变。改善山区、丘陵地区的老人民生任重道远,是农村老人民生改善的"硬骨头"。

第五,从事农业生产的老人会不会减少。就中国目前的城镇化政策和打工者生活成本尤其是住房成本看,今天仍在城市打工的"60后""70后",即第一代农民工,他们到60岁左右将失去在城市打工的机会,不得不回到农村老家,充实到老人队伍中,将老人农业持续下去。换言之,即使城镇社会公共服务已经基本覆盖进城打工者,把他们当作新市民,就现在的高房价看,多数第一代农民工凭借现在的工资,也难以在城市买房进而成为真正的市民,他们中的大多数人将不得不回到农村过晚年生活。但是,返乡过老年生活的第一代农民工不同于到乡村养老的市民,他们没有退休金保障他们的晚年生活,只能重拾老本行,从事农业生产。尽管未来的农村二、三产业能接纳部分返乡的年老农民工,也有一部分人因土地流转选择到家庭农场、专业大户、农业企业打工,但不能排除的是,有相当多的返乡农民工要接下父辈的承包地,继续以小农方式从事农业生产活动。中国未来有可能出现类似日本的情况,即农业从业者中65岁以上的人员所占比例为61％。[①] 如此,地方政府和农村社区要做好老人农业长期存在的准备,不能借口老人农业问题是暂时的,或幻想老人农业不久将消失,就不重视老人农业中的老人民生问题。老人农业或将永久性伴随新型农业,国家在支持、扶植家庭农场等新型经营主体发展的同时,更需要关心、照顾从事老人农业的老人,改善他们的生存状况,提高他们的生活水平。

---

① 胡小平、朱颖、葛党桥:《我国农业劳动力老龄化问题探析》,载《光明日报》2011年12月23日第11版。

既然老人农业伴随城镇化发展始终,并与家庭农场、专业大户等新型经营主体长期共存,乡村振兴战略实施就需要在"产业兴旺、生态宜居、乡风文明、治理有效、生活富裕"五个要求中兼顾老人民生需求,尤其不能在乡村振兴中丢下从事农业劳动的老人。乡村振兴是农村全域、多方面促进乡村现代化的战略,从事老人农业的老人是乡村振兴的重要主体,乡村振兴需要老人的广泛参与,尤其在中西部地区的农村和远郊农村,没有老人参与就谈不上乡村振兴战略的实施。与此同时,乡村振兴战略实施不能一味地消耗老人资源,要在产业、生态、乡风、治理和生活中切实关心为农业生产做贡献的老人,让老人们多些闲暇时间,少些劳累,真正过上"老有所养、老有所医、老有所乐、老有所学、老有所教、老有所为"的老年生活。

四、愿景:让老人农业中的老人们安好

城镇化发展将农业生产、农民家庭和农村建设的重任推卸给老人,农村老人成为实现乡村振兴、促进城乡融合发展的重要力量。然而,城镇化进程中的多数农村老人生存状况改善不尽如人意,尤其是从事农业生产的老人民生问题多于其他群体,并成为乡村振兴和城乡融合发展的短板、弱项。新发展阶段亟须提高老人农业中的民生服务水平,增强他们的获得感、幸福感和安全感。

农业与养老是老人农业中的两个异质性问题,老人农业的主体性与农业养老的不确定性的矛盾表明了老人农业的基本性质和老人在农业生产中的地位,并且关涉老人的社会境遇,即过得好不好。虽然中国农村普遍存在老人采用农业方式自力/自主养老,还有人把它视为"化解农村老人自身养老困境的一条现实出路和一种理性选择"[①],但笔者认为,老人从事农业生产劳动以及通过老人农业方式自我养老是城镇化发展不充分的"遗憾",不利于农村老人过幸福的晚年生活。老人自我养老是老人为化解现实困境而作出的有损自身利益的无奈选择,我们不能把城镇化和现代化发

---

① 李俏、陈健、蔡永民:《"老人农业"的生成逻辑及养老策略》,载《贵州社会科学》2016年第12期。

展建立在那些本该享受养老生活却要继续劳作的老人身上,依靠老人持续奉献的城镇化是不文明的、野蛮的城镇化。毫无疑问,城镇化发展不能剥削农村老人,也不能任由老人自我剥削;城镇化发展必须切实保障农村老人的养老权益,无视抑或忽视农村老人养老权益的城镇化不是中国城镇化的底色,更不是本色或特色。正如陆益龙指出的,农村老人自主养老成为现实,但"成为现实的并不等于理所当然的"①,因为这违背了基本的正当原则。农村老人终身从事农业生产劳动不是"当然"的,农村老人自主养老不是"必须"的,农村老人"应该"有保障、有服务。

  首先,做大城镇养老保障,让部分农村老人进城养老。老人农业中的老人民生问题是城镇化发展引发的,问题的解决不能局限于农村,需要城镇部分地承担农村老人养老责任。新型城镇化的本质是人的城镇化,而人的城镇化不能只是劳动力人口的城镇化,还应该包括老年人口的城镇化。同时,城镇社会需要对城镇化发展初期的行为过失作出补偿:城镇社会承担农村部分老人养老责任是城乡一体化、新型城镇化发展的要求,更是城镇社会对进城打工者及其父母为城镇化发展做出贡献和牺牲而给予的公平回报。鉴于此,城镇公共服务需要拓宽向常住人口覆盖的范围,支持农村老人随同进城子女到城镇居住、生活,并逐渐把进城的老人纳入市民养老服务体系,为他们提供与城市老年人等值的养老保障。

  其次,做实农村养老"高地",让所有老人"老有所养"。多数城市老人与子女居住在一个城市,子女能够对年老的父母提供一定照顾,而农村的老人,他们的子女居住在城市,更需要政府和社区提供养老保障。但棘手的问题是农村老人居住分散,政府和社区为老人提供养老保障成本比城市更高,工作更难以实施。如此,地方政府在财力、人力有限的情况下,依托乡镇卫生院、福利院和政府所在地的其他公共设施优势打造区域或镇域/乡域养老服务高地,吸引经济条件好的老人向"高地"集中,为他们提供优质养老服务。同时,扩大、延伸"高地"服务,组织家庭医生、家政人员和社区工作者等为散居的老年人提供"一对一"精准服务,做到不留死角,不漏

---

① 陆益龙:《后乡土中国》,商务印书馆2017年版,第191页。

一人,尤其要让从老人农业中退出来的老年人"老有所养"。

最后,做强全域化为老服务,让农村老人在确定性的城镇化中获得安全感。一方面,为农村老人提供更全面的服务。当前农村社会化服务主要集中在农业生产经营上,无论是政府提供的公共服务,还是社会组织提供的公益服务以及各类市场主体提供的经营服务,主要是为了农业生产可持续发展,而为农村家庭、老人生活提供的服务非常有限。未来农村服务业发展需要结合当地农村老人的实际情况,在保证老人农业运行的基础上向服务老人生活倾斜,打通生产服务和生活服务堵点,不仅为老人农业中的老人提供高质量的生产服务,还要将更多服务延伸到为老人提供生活服务上,切实减轻老人们生活中的压力。另一方面,为农村老年人提供更精准的服务。中国农村地域差别大,经济社会发展不平衡,从事农业生产的老人生存状况参差不齐,民生需求不尽相同。农村低龄老人、中龄老人和高龄老人对服务需要有所侧重,譬如,高龄老人最需要的是生活照料式的养老服务,而城镇化中的农户家庭加速解构,养老功能因子女进城而日渐式微,亟待社会化养老机构提供家庭服务。农村不同类型老人对养老服务需求不同,需要政府、市场、社会为他们提供精准的养老服务。

第四章

住有所居：乡村居住空间治理

居住是最基本的民生问题，城镇化发展和乡村振兴都要保障农民的居住权益。然而，有些地方政府在乡村振兴战略实施中没有充分尊重农民意愿，采取过激措施推进合村并居。学者们对合村并居持有不同看法，甚至产生较大分歧，其中一些学者出于"关心农民""留住村庄文化"等方面考虑，反对地方政府采用集中方式治理居住空间。当前乡村空间治理的情境比较复杂，地方政府、进城农民和居村农民对居住空间治理有不同的需求。从城镇化情境看，乡村居住空间有合村并居的要求和趋势，但从利益博弈方面看，合村并居有一定的限度：不能以合村并居为引擎推进乡村居住空间治理，迫使继续从事农业生产的农民因集中居住而放弃农业生产；也不能借口"保护村庄"，抵制合村并居，阻碍村民进城或到集中社区生活。乡村居住空间治理既要迎合部分村民进城、转变身份的需要，促进他们到城镇、集中社区居住，又要照顾居村农民的居住意愿及其要求，为坚守在村庄从事农业生产的人保留生存和发展空间。

一、乡村居住空间治理中的乱象

在传统乡村，农户的住房毗邻农田，他们进出与劳作比较方便。中国多数村庄尤其是丘陵和山区的村庄，总体规模较小，呈现"大分散—小集中"结构。具体到某个村庄或村落中，数量不等的农户居住在一起，有的一两户便形成一个村庄。传统乡村的这一村庄形态并非先人们刻意建造，英国诗人库珀说它是"神造"的①,即由漫长历史逐渐形塑而成,且与周边环境浑然一体。规模小的村庄便于农户因地制宜地发展农业生产,也便于农民过自给自足的生活,还保持着农业与农户、社会与家庭的"先天和谐"。

小集中、大分散的居住形态与小农生产方式和生活方式相匹配,并与牛耕、锹挖、刀割、肩挑的农业生产力相适应。即使在人民公社时期,政府将农民组织起来进行农业集体化生产,国家也没有对乡村的居住空间作集中化调整和改造,基本保留了分散村庄的原态。农民住房没有因社队集体生产方式而"集中",广大农民仍居住在分散村庄中从事统一的农业生产劳动,过着集体化的小农家庭生活。② 中国乡村居住空间大调整及其治理发生在快速城镇化后。城镇化发展促使越来越多的乡村成年男性劳动力外出打工,尤其是中西部经济欠发达地区的村庄出现程度不同甚至较严重的空心化现象。一些村庄的房屋因缺少人气和必要的维修而变成危房,亟须政府对空心村庄和闭门农户进行整治。

地方政府合村并居、拆村并居、合村并镇的动因不尽相同,比较复杂,但强制农民集中居住颇受社会诟病。例如,一些地方确实存在政府借口拆村、合村、建农民集中居住区而与农民争利的现象,并激化了地方政府与农民矛盾;有的农民不满地方政府强拆,出现被拆迁户暴力抵抗、上访事件等。部分地方政府违背农民意愿的粗暴拆迁行为造成了较恶劣的社会影响,已引起有关方面重视,并要求予以纠正。

但是,当下乡村居住空间空心化治理也需要必要的拆并。有些农民尤其是那些已经进城的农民,希望政府拆除住房、置换宅基地,以便他们到集中社区或城镇居住,从而过上更美好的生活。众所周知,小农户种田的经济收益微薄,一年的纯收入可能抵不上一个农民工在城市打工一两个月的工资。对部分农民来说,包括已经进城的农民或土地流转出去的农民,承包地俨然成为他们进城的"鸡肋"。也就是说,不打算种田的农民希望有偿退出住房和宅基地;毕竟村里的房屋不同于承包地,承包地可以通过流转

---

① 张景:《流连森林》,中国社会出版社 2013 年版,第 84 页。
② 熊吉峰、郑炎成:《邓小平"两个飞跃"理论与小农经济改造》,载《江汉论坛》2003 年第 12 期。

获得租金收益,而村里多数房屋是没有价格的固定资产,不仅难以出租出去,而且有可能因无人居住而倒塌。鉴于此,有些农户期待政府整治他们的宅基地和住房,帮助他们改善居住条件。

但乡村中仍有一部分农户坚守着农业生产,不愿意离开村庄。特别是那些恋土情结重的老人,他们不习惯过城镇生活——宁愿留在村庄,一边做农活打发晚年时光,一边看守承包地和住房,让进城子女有个稳定牢固的大后方。还有一部分主要从事规模种植或养殖的农民,他们留在村庄,不仅干农活方便,还可以继续从事多种经营,如饲养家禽家畜等。部分老人以及从事规模农业、现代农业的家庭农场和专业大户们缺少离开村庄的动因,即使政府给予更高的经济补偿,开出更优厚的置换条件,他们也不愿意拆迁。"依靠农业来谋生的人是粘着在土地上的"①,到集中社区或城镇,居住条件变好了,但农业生产有可能难以为继。

居住是最基本的民生问题,城镇化发展和乡村振兴都不能损害农民的"住有所居"权益,并且要满足农民日益增长的"住有优居"需要。对地方政府来说,合村并居或许是"一本多利"的事情:一方面,能节约乡村基础设施、公共设施、公共服务的建设成本,较快改变乡村居住空间面貌,让乡村居民过上与城市居民相近的现代生活;另一方面,能通过宅基地"改造"和城乡土地挂钩"交易",盘活农村土地资源,获取宅基地复耕补助、土地级差收益,让乡村振兴战略实施有资金支撑。但是,"利好"地方政府的事情不一定符合农民利益需求,更何况城镇化进程中农民群体已经出现较大分化,进城农民包括希望进城农民的利益需要与居村农民不同,甚至完全相悖。乡村居住空间治理不能牺牲部分人利益以满足另一部分人利益,需要统筹兼顾政府与乡村社会、进城农民与居村农民的不同利益需求。

可见,当前乡村空间治理的情境比较复杂,地方政府、进城农民和居村农民对居住空间治理有不同的需求,一概地"反对"或"支持"地方政府的合村并居,都存在将复杂问题简单化处理的嫌疑,不利于推进乡村民生的改善,也不能很好地满足不同农民群体的利益需求。本章基于乡村空间治理

---

① 费孝通:《乡土中国 生育制度》,北京大学出版社1998年版,第7页。

对改善民生以及满足不同农民群体"住有优居"的需要,将地方政府的乡村空间治理置于提高、改善乡村民生下进行审查,冀望地方政府与农民在乡村居住空间治理中能够达成和解。

二、乡村居住空间治理中的合村并居之争

乡村居住空间治理的一种情境是,因生存条件恶劣、生态环境退化、自然灾害频发需要村庄易地搬迁;因城镇化建设以及水库、高铁等重大项目建设需要拆迁村庄、兴建农民集中居住区。一般来说,老村庄拆除和新社区建设通常由政府主导实行,新社区的基础设施条件和公共服务水平普遍高于老村庄,其中一些集中安置社区达到或超过城市普通社区水平。由于新社区的居民有可能来自不同地方、不同村庄,他们在新社区居住需要有个适应过程,即居民先从原社区脱嵌,再嵌入新社区。由此,乡村居住空间治理的主要任务之一是提高居民的新社区认同感和归属感。鉴于新居民融入新社区存在诸多新情况、新问题与新要求,学术界在这类乡村居住空间治理研究中重点关心农民拆迁、安置以及社区认同和适应问题。这方面的理论、经验与政策研究成果很多,已经具有较高成熟度,并在学术界形成广泛共识。

乡村居住空间治理的另一种情境是,地方政府在城镇化以及新农村建设、乡村振兴战略实施中推进合村并居、合村并镇,致使农民集中、上楼居住。尽管中央及有关部委一再要求地方政府遵从农民"自愿原则",拆迁、集中安置"应当给予公平、合理的补偿",但一些地方政府强调本地经济社会发展实际,有折扣地执行上级"要求",过度地治理村庄居住空间。例如,东部某省在全国率先推行农民集中居住工程,拟将全省 20 多万个自然村落的农民规划集中到 5 万余个居住点。① 如此大规模地兴建农民集中居住区,做到农民"完全自愿"几乎是不可能的。但这不是孤例,很多地方都将整治空心村的合村并居工作升级为政府加强乡村治理、改善乡村居住环境

---

① 中共江苏省委宣传部编:《"社会主义和谐社会建设与新农村建设"理论研讨会论文集》,中央文献出版社 2007 年版,第 78 页。

的重大民生工程,行政村和村委会在农民集中居住中大量减少。1985年全国行政村数量为94.9万个,[①]2012年减少到61.2万个,到2019年全国行政村数量只有58万个,34年减少了38%以上。学术界对地方政府实行的居住空间治理尤其是拆旧村建新社区措施存在较大分歧。

一些学者赞同地方政府合村并居、推进农民集中居住的空间治理行为,认为农民集中居住后的居住环境得到改善,农民能够享受较完整的基础设施,农户生活水平也有所提高[②];"农民集中居住提高了农民的生活质量、优化了农民的人居环境、整合了大量的土地资源、带动了乡村社区经济的繁荣"[③]。除了一般经验分析和理论阐述外,还有学者利用典型个案支持地方政府采用集中居住方式治理乡村居住空间。申端锋在江苏省宿迁市宿城区罗圩乡调研发现,该乡最初实行每个村有一个集中居住点的方案,多数村集中的规模小,有的只有10套、20套集中住房,规模稍大的只有3个村,其中,联伍村采取村规自建和村规村建两种方式推行集中居住,[④]建成新居住小区有400多户。2018年后,罗圩乡推行新一轮的集中居住,鼓励农民进城入镇,全乡只保留了联伍村一个农村社区,其他村庄的农民全部向镇区集中,大集中替代了小集中。申端锋认为,农民集中居住"有效干预村庄空心化和村庄衰败,是地方政府推动乡村振兴的基本经验"[⑤]。

其实,鼓励农民到规划地集中建房早在20世纪八九十年代就比较普遍了,新农村建设启动后,各地加快了农民集中居住工程实施。例如,苏北的王嘴中心村在20世纪90年代末就开始实行农民集中社区建设,逐步将该村39个自然村落的365户集中到中心村居住、生活。中心村社区住房是连排两层小楼,并且拥有较高水平的公共设施和公共服务,有农贸市场、

---

① 伍振军等:《农村地权的稳定与流动》,上海远东出版社2017年版,第11页。
② 贾燕、李钢、朱新华等:《农民集中居住前后福利状况变化研究——基于森的"可行能力"视角》,载《农业经济》2009年第4期。
③ 于水、孙金华:《乡村社会发展之动力:乡村集中居住》,载《甘肃理论学刊》2012年第6期。
④ 第一期约30%的农户采取了自建,70%的农户采取了代建。虽然自建比代建能节省1万块钱左右,但加上人工成本,实际上是差不多的,所以第二期村民全部选择了代建。
⑤ 申端锋:《集中居住:普通农业型村庄的振兴路径创新》,载《求索》2019年第4期。

超市、外国语学校、公共服务中心等。该村曾被"江苏省委、省政府作为苏北建设社会主义新农村的典型"。①还有一些地方在县市层面上整体推进农民集中居住。如山东省诸城市,基于"生产方式转型、城市生活方式推广、家族观念弱化、空心村增多"等因素,采取市场主导和政府主导两种方式推进合村并居,将全市 1249 个行政村规划为 208 个社区。政府在推进农民集中居住中将城市公共服务延伸到农村社区,建立行政办事大厅、医疗卫生所、治安警务室、电子图书阅览室等公共设施,农民集中后便能享有更好的公共服务。诸城市"成为全国首个撤销全部建制村的城市",居村农民享有与市民均等化的公共服务。②

从已建成的农民集中社区看,新居住空间硬件和软件都好于传统村庄或行政村,尤其是公共设施配置水平大大高于分散村庄。多数农民集中居住的社区实现了"八通",即通水、通电、通暖、通气、通油路、通宽带、通电话、通有线电视,并且做到了"八有",即有幼儿园、小学、敬老院、卫生室、警务室、超市、广场、文化活动室。③虽然新社区存在部分农民尤其是老龄人口的短期不适应以及居民嵌入新社区、认同新社区问题,但蔡弘和黄鹂在皖北的宿州市、皖中的合肥市和皖南的黄山市的 10 个农民集中居住社区的 1121 个有效样本研究中发现,"近 80% 的农民对集中居住的生活感到满意"。④

与此同时,也有相当多的学者不认同地方政府推进合村并居。一些学者出于"关心农民""留住村庄文化"等方面考虑,反对地方政府采用集中方式治理居住空间。有学者认为,政府推行的合村并居,除农民的居住条件得到改善外,其他状况均有所恶化,农民生活水平出现下降⑤;"合村并居"

---

① 赵海林:《农民集中居住的策略分析——基于王村的经验研究》,载《中国农村观察》2009 年第 6 期。
② 武中哲:《市场与行政:合村并居重构乡村秩序的两种形式——基于山东省诸城市的调查》,载《理论学刊》2020 年第 2 期。
③ 张秀吉:《农村社区化建设中的利益多元与治理——以齐河县农村合村并居为例》,载《山东社会科学》2011 年第 2 期。
④ 蔡弘、黄鹂:《农民集中居住满意度评价体系建构——基于安徽省 1121 个样本的实证研究》,载《安徽大学学报(哲学社会科学版)》2016 年第 1 期。
⑤ 郑风田、傅晋华:《农民集中居住:现状、问题与对策》,载《农业经济问题》2007 年第 9 期。

将改变农村社会的利益格局,不利于维护乡村社会稳定和改善乡村治理水平①;政府强制推进集中居住不仅严重侵害农民财产权②,而且打破了一些乡村发展的自有逻辑,破坏了乡村与自然的和谐,导致乡村"脱离了自然的演进过程"而进入"人为设计出来的城市化程序"中③。反对合村并居的也不乏个案研究,如有学者调研了张家港市农民集中居住区状况,认为集中居住后农民的庭院经济基本消失,越来越多的农民不再从事农业生产,生活方式也不同于村庄,生活成本大幅度提高。④

不难看出,学者们对地方政府采用拆迁、集中方式治理居住空间持有截然不同的看法。2020年,山东省部分地方政府在合村并居中暴力强拆引发广泛舆情,一些学者如贺雪峰、吕德文、张孝德、陈文胜等批评山东省的个别地方政府在乡村居住空间治理中的"野蛮"行为,要求停止老房强拆,强迫农民赔钱上楼的合村并居行为。在媒体、学者和农民的广泛质疑中,山东省委省政府主要领导先后发表讲话,强调合村并居要尊重农民意愿和选择。但在几乎一边倒的"责难"中,也有学者提出不同看法。例如,黄少安不顾"众多议论和批评"和"否定之势",在大众日报网上发文《理性认识中国社会大转型过程中的"农房改造"和"撤村并居"——我的调查和分析》,指出合村并居中出现"极个别事件,不值得媒体渲染,更不能拿来当作讨论农房改造和撤村并居是否应该、合理的依据",并且"引导、帮助农民改造、从而过更好的生活是主流","不能因此否定大趋势、大潮流,不能否定主流的进步性质,不能因噎而废食"。

合村并居、农民集中上楼的乡村居住空间调整关涉乡村振兴和农业农村现代化战略的实施。老旧村庄的拆与不拆,农民留在村庄还是进城或到中心社区居住生活,都应该遵从广大农民的意愿和选择。其实,满足农民

---

① 陈靖:《城镇化背景下的"合村并居"——兼论"村社理性"原则的实践与效果》,载《中国农村观察》2013年第4期。
② 唐皇凤、冷笑非:《村庄合并的政治、社会后果分析:以湖南省AH县为研究个案》,载《社会主义研究》2010年第6期。
③ 姜玉欣:《合村并居的运行逻辑及风险应对——基于斯科特"国家的视角"下的研究》,载《东岳论丛》2014年第9期。
④ 谭涛、张茜、史志娟、张锋:《集中居住对被拆迁农户家庭经济状况的影响——以江苏省张家港市为例》,载《农业经济问题》2014年第10期。

日益增长的居住条件改善需要与尊重农民居住意愿并不矛盾:政府在乡村振兴中不能漠视村庄空心化、颓废,如果不治理空心村,引导农民集中居住,乡村难以实现全面振兴;同时,村庄居民在城镇化中不断分化,越来越多的农民尤其是年轻人不愿意在村庄中生活,如果不顾这部分农民的进城需要,就反对合村并居确实不妥。笔者不反对地方政府拆村并居和引导农民集中居住,并将其作为满足部分农民日益增长美好生活需要的重要举措,但冀望地方政府在治理乡村居住空间中有温度,充分照顾广大农民的居住意愿及其要求,为坚守在村庄从事农业生产的人留下生存和发展空间。

三、从城镇化情境看乡村居住空间治理中合村并居趋势

乡村居住空间在城镇化快速发展中发生较大变化。一些农民利用城市打工挣得的钱多次新建、翻盖住房,如土坯房换成砖瓦房,还有部分农民住上了砖混结构楼房,农民居住条件显著改善。但进入 21 世纪尤其是在新农村建设启动后,政府规划建设了诸多"新农村",农民被引导到新农村社区集中居住。与此同时,政府对村庄中农民私自建房作出严格限制,不仅建房要履行严格的审批手续,还对建房场地和规模提出"苛刻"要求。一些农民放缓或暂停了村庄住房的提档升级,而转向到家乡附近城镇尤其是县城购买新房,还有一些打工成功者在打工城市购买住房。越来越多农民的居住空间转到了城镇。笔者 2019 年做的问卷调查显示,约有 42.5% 的农户在城镇有商品房,其中,县城占比最高,有 21.1%,乡镇为 10.6%,小城市为 9.0%,大城市为 1.4%。农民的居住空间不再局限于乡村,越来越多的农民到城镇购买商品房。

城市居民家庭拥有两套住房比较常见,一套自己住,另一套出租或短期居住。相比而言,城镇化之前的村庄社会,农民一般只有一所住宅。一是土地管理法规定,农村实行一宅一户的宅基地制度,只有等小孩长大成人后,才有权申请第二块宅基地;二是除城郊村庄的房子可能用来出租获利外,村庄流入人口少,房子难以出租,农户一般不需要在村庄中有两套住

房。鉴于农民不能或不需要在村庄兴建第二套住房,富起来的农民便将购买城镇商品房纳入家庭发展规划中。原因主要有:在打工地城镇拥有住房,便于自己及家人享有城镇公共服务,更重要的是,有住房才能在城镇站住脚,才算得上是名副其实的城市人;年轻人对拥有城镇住房的愿望十分迫切,甚至一些女孩把男方家有无城镇住房视为谈婚论嫁的基本条件。笔者在安徽省庐江县一些村庄调研发现,多数有男孩的农户购买了城镇商品房。即使男孩不在村庄和家乡附近的城镇工作、生活,父母们为了提高孩子找对象的"身价",不惜掏空家底甚至举债购买城镇住房。

当前,村庄中的妇女和儿童正在加速流入城镇,很多村庄由老人看守着。城镇化发展初期,外出打工的主要是年轻人和中年男性农民,留守在村庄的一般是老人、妇女和儿童,并出现了留守老人、留守妇女和留守儿童问题。"三留守问题"一度成为最棘手的"三农"问题,国家和地方政府为他们建立起关爱服务体系。[①] 但随着以人为核心的新型城镇化发展,留守在村庄中的儿童和妇女逐渐流出,进城读书、陪读或打工,村庄成为"老人村庄"。毋庸置疑,老人看守的村庄普遍缺乏生机和活力。当下中西部地区一些村庄的"老态"愈益深沉:曾经在春节期间还能热闹的村庄,近年来也渐趋寂静,回老家过年的人逐年减少,一些有城镇房子的农民在大年三十祭祖后,都纷纷赶到城镇过年。

老人村庄将在城镇化进程中加速分化,一些将在老人变得更老、离世后从乡村场域中退出,剩下的一些村庄也将在进一步城镇化发展中缩小规模,减少住户,直至住户数与农业规模化经营量相当。不难想象,如果政府不实行集中居住,在不久的未来极可能出现一个村庄只有几户或一户人家,甚至出现多个村庄只有几个农户经营农地、种植庄稼的情况。当前多数村庄仍维系着原有形态,保持自然村/村民小组的相对独立,但随着农户承包地的进一步流转和进城农民在城镇生活变得稳定,村庄规模和数量必将进一步减少。另外,一些集中社区的居民也将流入城镇,地方政府兴建的农民集中社区在进一步城镇化中变成空心或半空心。新社区空心问题

[①] 张宿堂、张百新主编:《中国热点问题》,新华出版社2015年版,第276页。

已经在早期兴建的农村集中社区中出现。刘奇在东部某省调研中发现，"拆除几个破旧的空心村，建起一个豪华的空心村"，绝大多数新村"冷冷清清，空空荡荡"。[①] 虽然农民集中社区居住环境适宜，公共设施和公共服务健全，但披着华丽外衣的集中社区因缺乏产业支撑和就业岗位而留不住居民——毕竟家人两地分居、分离不是长久之计。

一些学者无视城镇化进程中的农村居住空间变化和农民进城居住的强烈意愿，基于即使中国城镇化达到70%甚至80%，农村也有几亿人口居住的逻辑，主张"保卫村庄"。这一预判有些道理，它部分地成为国家实施乡村振兴、推进乡村建设行动的政策依据。中国全面实现社会主义现代化离不开农业农村现代化，新型城镇化发展与乡村振兴相互依存，城镇化发展需要建立在乡村振兴基础上，现代化和城镇化发展都不能消灭村庄。但是，生活在农村和生活在乡村是两个不同概念。中国人口众多，未来包括实现了社会主义现代化后，农村肯定仍有几亿人口，但这些人不一定生活在乡村。因为乡村是从事农业劳动的人居住的场域，居民活动要遵循与农业生产相适应的规则和逻辑。居住在城镇、县城的人也是农村居民，但他们过的不是乡村生活，而是类似于城市人的生活，有上下班的时间要求，有节假日，而乡村中从事农业劳动的人，生活节奏要与农作物、家禽家畜的需要合拍，其时间不是花在图书馆、剧场、影院、公园上，而是在土地、庄稼、雨水、阳光和猪马牛羊、鸡鸭鹅上。如此，即使未来仍有很多人生活在农村，但真正生活在村庄的人很少。这一点在乡村空间治理中尤为重要，需要把乡村空间与农村空间区别开来。

此外，还有一些学者鉴于对古村落的保护，反对村庄改造和房子翻新。古村落是祖先留给后人的文化遗产，是"农耕文明的基因库"，具有极高的经济、社会、历史价值，需要国家予以重点保护和理性开发。然而，多数老旧村庄是旧、乱、破的空间，缺乏传统文化的沉淀，也难以开发利用。一些人把老旧村庄一概视为古村落，要求政府投资保护、修缮。如果国家有修缮这些老房子的资金，并且村民愿意继续居住，地方政府在村庄原貌基础

---

① 刘奇：《别让空心化的村庄"传宗接代"》，载《中国发展观察》2020年第18期。

上完善道路、水电、通信、亮化等基础设施也是有必要的。但现在的问题是,农村老旧村庄数量多,并且零乱、分散,政府难以负担其公共设施改造、维修的资金。尤其是,即使政府完善了老旧村庄的公共设施,把房子装扮得"古色古香",村民也不一定愿意在老房子里居住。老房子居住舒适度赶不上新房子,特别是年轻人,更喜欢住在宽大、敞亮、生活方便的房子里。就此而言,不能为了保护村庄或古村落而干预农民进城的选择,更不能以此为由而挽留农民。毕竟农民进城是现代化发展趋势的规律性要求,更何况,实现乡村振兴和农业农村现代化是不能建立在依靠占全国约40％人口生产约7％GDP上。乡村居民要过上美好生活,必须持续推进农民进城居住。

四、从利益博弈看乡村居住空间治理中的合村并居限度

城镇化发展和村庄空间空心化驱使地方政府选择合村并居的方式治理乡村居住空间,村庄和农户逐渐大量减少。但城镇化发展和全面建设社会主义现代化"决不可以丢掉乡村"[1],也不能任由村庄这个农民居住空间在空心、破旧中消亡。无论出于促进乡村振兴和农业农村现代化发展的需要,还是出于"确保国家粮食安全,把中国人的饭碗牢牢端在自己手中"的需要,都不允许村庄从农村场域中退出,合村并居要有必要的限度。

当前居住在乡村的人口比最高峰20世纪90年代中期少了3亿多,户籍人口也减少了1亿多。鉴于此,有学者认为村庄空心化使乡村振兴战略失去了有效载体,主张通过"合村并居"来推进乡村振兴。[2] 还有学者以瑞典、英国、德国、日本等国城市化完成后的村庄减少了87.9％、73.4％、64.9％、97％为例,指出中国城镇化发展要合村并居、减少村庄数量。[3] 毋庸置疑,合村并居是解决城镇化进程中空心村问题的重要举措,乡村实现全面振兴也需要解决村庄空心问题。但合村并居事关乡村民生和农业根

---

[1] 《毛泽东选集》第四卷,人民出版社1991年版,第1427页。
[2] 范毅、通振远:《合村并居助推乡村振兴亟需规范和创新》,载《人民论坛》2020年第22期。
[3] 王文龙:《中国合村并居政策的异化及其矫正》,载《经济体制改革》2020年第3期。

本,地方政府不能在行动上出现过激或扩大化,否则极易让"民心工程"变成事与愿违的"民怨工程"。

乡村居住空间治理中的合村并居主要有两种形式:一种是地域范围扩大的合村并居,即村民仍居住在原村庄中,但行政村不是原来的行政村,而是合并了多个行政村的大村。自 20 世纪 80 年代以来,一些地方的行政村经过多次合并,人口规模达到上万人。另一种是易地安置的合村并居,即采用"拆迁—集中"的方式易地重建新社区。这类合村并居涉及房屋拆迁、宅基地置换,以及宅基地复耕为农地、转化为集体经营性建设用地等利益调整,政府、行政村和农户出于各自理性需求的利益博弈激烈,并引发深层次的利益分配问题、民生问题和农民维权问题。相比较而言,行政村地域范围简单扩大的合村并居几乎不会引发冲突,多数能按照政府的设想推进,而易地合村并居需要政府深层次介入,没有政府主动参与并强制推动,拆迁住房、置换宅基地、集中居住很难实施。鉴于此,有学者认为,部分农民反对合村并居的原因不在"要不要""能不能"上,也不是"政府侵权"和"农民抗争",①而"具有更强的利益博弈的色彩",即农民为了获得更多经济补偿。②

说农民反对合村并居出于利益不公有些道理。易地合村并居在工程移民、生态移民、扶贫脱贫中曾被广泛采用。城镇建设也实行易地合村并居。城镇地域范围扩大,需要拆迁村庄和农民住房,征用耕地和宅基地,农民一般被安置到市区周边的新型社区中。但解决城镇化发展中村庄空心化、宅基地资源闲置问题的合村并居情况比较复杂,不同于因生存条件改变、不得已的移民集中安置和征地集中安置。受到城镇化发展的外力侵蚀或掏空的村庄,除了缺少"人气"外,村民的生产生活条件几乎没有发生大的变化,甚至由于居村人口减少,农民可以更多地使用耕地、水利资源,也可以更方便地饲养家禽家畜。再者,国家实施新农村建设、美丽乡村建设

---

① 赵德余:《土地征用过程中农民、地方政府与国家的关系互动》,载《社会学研究》2009 年第 2 期。
② 田先红:《地利分配秩序中的农民维权及政府回应研究——以珠三角地区征地农民上访为例》,载《政治学研究》2020 年第 2 期。

和乡村振兴战略,行政村包括村庄的道路、水电、通信、厕所、垃圾处理、医疗、教育、养老等公共设施有了较大改进,乡村更加宜居。也就是说,居住在村庄中的农民既没有"不得已"的生存外力逼迫,也没有居住环境变差的内力推动,他们完全可以一如既往地在村庄过日子。更何况,居住在乡村"独立别墅"中,房前屋后有小菜园、果树,院子放养鸡鸭鹅,不用花太多钱就能过上"小康"生活。照此推论,除非政府给出特别优厚的条件,否则,那些还依赖农业生产的农民并不希望合村并居。

给足利益好处是易地合村并居实行的重要影响因素。在一些经济发达地区的农村和城郊农村,地方政府采用"三置换"(集体资产所有权、分配权置换社区股份合作社股权;土地承包权、经营权置换基本社会保障;宅基地使用权置换城镇住房)的方式较成功地推进农民到城镇集中居住。例如,苏州昆山市千灯镇采用"三置换"方式几乎把全镇居住在村庄中的人口全部集中到镇区居住生活。经济发达地区的拆迁农户得到了宅基地补偿、住房重置补偿、装修补偿、过渡期房租补贴和奖励等,一般能用这些钱购买到城镇不少于200平方米的产权房。不仅如此,政府还相应地强化集中社区公共设施建设和公共服务配套:在公共设施上,政府提供与城市社区差不多的道路交通、供电供水供气、污水处理、垃圾箱、路灯、停车场、通信设施、网络电视、健身设施等,新社区的生活非常方便;在公共服务方面,集中居住区建有"一站式"服务中心,为居民提供医疗、计生、社会保障、再就业、法律援助、图书阅览、健身等服务,还为居民提供婚丧喜庆的活动场所;在居民管理方面,集中居住区对居民实行"政经分离"管理,居民行政上隶属于社区居委会管理,在经济上仍按照村民所属的集体经济组织,享有原集体经济组织(股份经济合作社和土地股份合作社)的股权,参与合作社分红;在社会保障方面,居民享有政府提供免费技能培训和城镇最低生活保障、养老保险、医疗保险等权益;在集体非农建设用地处理方面,将原集体非农建设用地置换到产业集聚区或规划区内,发展第二、第三产业,成立富民合作社,产权和收益归村集体所有,并通过股份形式量化给农民,农民按股分红,为集中居住的农民提供一份长久的资产性收入。① 拆迁、集中居住让农民获得可观的利益,多数农民自然会配合地方政府的拆迁行动。

高利益让农民放弃了抵制。尽管经济发达地区仍有农民反对易地合村并居,但由于政府能够给农户较高、较合理的经济补偿,加上土地流转、规模化经营程度高,离村农民不需要从事农业生产,并且经济发达地区非农产业岗位多,农民经过培训后一般能找到新职业,家庭经济收入比干农活挣得多。虽然一些农民初进新社区生活会不适应,但收入增加、居住条件改善、生活方便等好处增强了他们对不适应的忍受力,经过一段时间后就会适应新生活,并融入新社区。而经济欠发达地区的农村,虽然在农业生产上出现类似于发达地区情况,土地因家庭主要劳动力外流而撂荒、流转,农业经营的规模化趋势不断增强,但易地合村并居工程实施难度仍比较大,甚至会遇到部分农民的强烈反对。其中的原因除了农民种地不方便、不能饲养家禽家畜、生活成本提高、老年人不习惯城镇或集中社区生活外,主要在于地方政府给拆迁农户补偿低,即拆迁补偿的钱不够购买新房,一般农户换房需要自掏 10 万元以上,有些经济状况不好的农户有可能因房产置换背上几十万元的债务;一些地方政府没有财力建新区,采用先拆除房子,后用土地复垦款或出让土地指标交易款建新区和住房,需要农民租房居住或在临时搭建的窝棚里住上两三年,农民日常生活受到严重影响。客观地说,农民原本在村庄中过着岁月静好的生活,而合村并居打乱了其生活节奏,甚至导致他们日子不好过,出现部分农民抵制政府合村并居行为是情理之中的。尽管地方政府在拆迁前做了一定宣传、动员工作,并为合村并居擘画了美丽图景,即合村并居能够改善他们未来的居住环境,可以过上城镇人的生活,但是,由于政府让利不够,摆在眼前的困难多,更何况是让他们贴钱租房、举债或赔钱换房。

地方政府出于乡村振兴的需要推进合村并居有一定的政策合理性,但强制实行合村并居侵犯了农民的经济权益。宅基地是村庄集体的,其长期使用权和房屋所有权已经确权给农民,处置权归农民,而不是地方政府。

---

① 赵海:《农民集中居住模式调查——对江苏省昆山市的调查分析》,载《调研世界》2012 年第 11 期。

如果有农户不愿意集中居住,即使95%的农户同意拆迁,地方基层组织包括乡镇政府、行政村也无权强制不愿意离开村庄的农民到城镇或集中社区居住。农民居住在分散的村庄中,确实存在诸多问题,如公共设施建设成本高、效益低;生活垃圾和废水、污水处理难度大;日益严重的空心化,配置在乡村底层的学校、医院和其他一些公共服务机构不断减少,村庄居民就学、就医、养老等出现不同程度的困难等,但这些不是地方政府强制推进合村并居的合法理由。

也就是说,无论是地方政府出于打造乡村振兴"新样板"的需要,还是出于"好心"改善居住环境、提升公共服务的公共性"善",都不能违背农民的意愿,强制农民过基层政府设想的"更美好的生活"。地方政府不能越权为农民"理财",不能替农民规划农民自己的生活,更不能代表农民主张权益。《中华人民共和国民法典》《中华人民共和国土地管理法》明确规定,保护农民宅基地使用权和房屋所有权,强调非公共利益需要,任何组织和个人都不得强制拆除农民的房屋。或许合村并居是解决空心村宅基地浪费、实施乡村振兴、促进农民过上美好生活的正确途径,但只要不是"公共利益需要",只要有农户不愿意拆迁,只要有农民想继续留在老旧村庄中,政府就要充分尊重他们的居住权益和选择意愿,不能搞"一刀切",不能把设想的"好事"强加给农民,强制他们理解、接受政府的集中、上楼行动。

五、以改善乡村民生为居住治理的准则

合村并居已经在多地试点、实行,不乏可行性强的实例和值得推广的经验。然而,解决空心村问题和推进乡村振兴的乡村空间治理并非只有合村并居一个选项。即使选择合村并居形式治理乡村居住空间,也需要尊重农民的民生需求、维护农民的切身利益。中央一再要求地方政府,不能强迫农民集中、上楼,如中共中央、国务院印发的《乡村振兴战略规划(2018—2022年)》要求,结合农民生产生活半径确定村庄布局和规模,"避免随意撤并村庄搞大社区、违背农民意愿大拆大建";2021年中央"一号文件"再次明确指出,"严格规范村庄撤并,不得违背农民意愿、强迫农民上楼"。农

民的意愿是民生需求的体现,乡村居住空间治理必须以改善进城农民和居村农民的民生为基点,回应不同农民群体在居住选择上的重大关切。

采用行政化手段拆除农民住房,强制农民离开村庄到集中社区居住,有地方政府实施乡村振兴战略、开发利用宅基地资源的"苦衷"和进一步改善民生的"初衷"。但这不能成为地方政府粗暴推进合村并居的理由。乡村居住空间治理包括合村并居,不能急躁冒进、急于求成,更不能突破"农民利益不受损害"这条底线。近代中国农业发展历史一再表明,凡是农民坚持的或不愿意做的都具有较大合理性,违背农民民生需求和意愿的行政强制都是极其错误的:轻则损害农民的切身利益,造成农民蒙受经济损失;重则危害农村社会稳定和国家粮食安全。

满足离村农民到城镇、集中社区居住需要的是改善民生。城镇化进程中,"越来越多的农民频繁出入城镇消费空间,并将居住空间、生活空间转移到城镇"[1],列斐伏尔曾说,"任何一个社会,任何一种生产方式,都会生产出自身的空间"[2]。城镇化是新发展阶段的时代"大潮",它彻底改变了乡村人的居住观念,那些已经进城的以及打算离农的乡村人,包括因小孩到城镇学校读书而陪读的乡村人,都希望拥有一个属于自己的城镇居住空间。如果地方政府不顾农民进城居住需求,冀望乡村振兴"挽留"农民或让年轻人回到村庄居住是不现实的。乡村居住空间治理需要地方政府顺应城镇化发展趋势择机推进合村并居,只是不能强制、逼迫农民集中居住。

满足居村农民从事农业劳动的需要也是改善民生的重要内容。家庭是农业生产最好的经营单位,不仅因为家庭成员的血缘、亲缘纽带关系会自动诱发成员间的经济合作,减少监督成本,提高劳动效率,而且因为家庭在村庄中,以家庭为单位做农活更方便。就此而言,易地合村并居将导致部分农户放弃农业生产。这在山东、安徽、江苏等地已经很普遍:刚开始几年,一些农户舍不得放弃承包地,勉强维持农业生产,但几年后,尤其是在

---

[1] 吴业苗:《农民消费空间转向及其对"人的城镇化"的作用》,载《中国农业大学学报(社会科学版)》2016 年第 6 期。

[2] Henri Lefebvre, *The Production of Space*, translated by Donald Nicholson-Smith, Blackwell, 1991, p.31.

家庭成员在新居住地有了新的谋生职业后,他们就会因种田麻烦而流转承包地。如此来看,合村并居带来的后果不仅是村庄消失,农户也会随着种田路变远、收益减少而逐渐放弃农业生产。尽管我国已经在政策上对流转小农户承包地、规模化经营农业生产作出安排,但如果因集中居住而导致大量小农户退出农业生产,其影响将是巨大的。

如此看来,乡村居住空间治理需要特别保护从事农业生产者的居住权益。目前居住在乡村且从事农业生产的几乎是专业农户和"半农半工"的兼业农户。专业农户,即以专业大户、家庭农场为代表的新型农业生产经营主体,是现代农业生产的中坚力量,他们从事农业劳动的利润微薄,如果让他们离开居住的村庄,种田成本的增加将造成他们收益减少,从而导致他们退出农业生产。兼业农户,一般是主业在非农上,做农活是副业,但更多都是主要劳动力在城镇打工,农业生产交给老人。当前农村中的农业生产多数是由兼业农户的老人们支撑着,如果让老人集中居住,他们只能放弃农业生产,这将会加速小农户消失,加剧小农家庭养老负担。居住在村庄中的老人们从事着简单的农业劳动,饲养少量的家禽家畜,虽然不能挣多少钱,但可以让老人有事情做,拥有较充实的晚年生活。如果地方政府不顾农业生产的产业特性和农村老人的实际情况,强制推进合村并居,有可能损伤农业生产根基,还可能加剧农村老人的养老问题。

鉴于以上方面的考虑,并结合当前的村庄居住条件能够基本满足村民居住、生产、生活需要的现实,乡村居住空间治理既要面向村庄居民从事农业生产和乡村生活的需要,又要面向部分村民进城、转变身份的需要。但比较而言,乡村居住空间治理主阵地在村庄,应努力提升村庄住户的居住条件,让那些留在村庄中的农民有更好的居住环境。政府要慎重推进合村并居工程:只要村庄中有从事农业生产的农户,就有必要保留村庄形态并维护他们的村庄居住权益。针对空心化程度高的村庄,地方政府可以采用村内房产置换方式,将留守农户集中到交通、做农活等综合条件较好的房子中。如此做,不会妨碍政府整治空心村和开发利用闲置宅基地,也不会损害居村农户权益,有利于保障居村农户们继续从事农业生产,进而保障专业大农户和兼业小农户的利益。更重要的是,留守老人能继续生活在村庄中,过"自力"式养老生活。尽管农村老人"自力"式养老是无奈之举,但在国家没有为每一个农民建立充分的养老保障前,地方政府强制要求老人集中居住,无异于"自找麻烦",增加政府养老负担。亨廷顿说,"现代化首先在于坚信人有能力通过理性行为去改变自然和社会环境"[①]。中国多数农村地区尤其是中西部农村地区的地方政府还没有能力为农村老人提供城镇化养老服务,易地合村并居必将加剧乡村养老问题。

总之,就满足农民日益增长的美好生活需要来说,乡村振兴战略实施要提高乡村居住空间治理的有效性,既不能以合村并居为引擎推进乡村居住空间治理,迫使继续从事农业生产的农民因集中居住而放弃农业生产,也不能一味地保护村庄,抵制合村并居,阻碍离农的乡村人进城或到集中社区,从而影响中国城镇化发展。实施乡村振兴与推进新型城镇化构成了全面建设社会主义现代化国家的一体两面,都需要着力改善乡村民生。因此,乡村居住空间治理中的"要不要""能不能"合村并居,一切都要以改善乡村民生为依据,努力让进集中社区的农民和留在村庄的农民都能过上更美好的生活,不能让集中社区代替村庄,不能让一部人为另一部分作出牺牲,更不能动摇、损毁粮食生产和农业发展的根基。

---

① 〔美〕塞缪尔·P.亨廷顿:《变迁社会中的政治秩序》,王冠华等译,上海人民出版社2008年版,第82页。

第五章

农村医疗卫生服务改进:农民需要与国家政策

  农村医疗卫生服务政策在 21 世纪前后有较大差别。20 世纪六七十年代农村社会缺医少药,国家政策鼓励乡村集体创办合作医疗,低层次地解决农民医疗卫生问题;20 世纪八九十年代,多数乡村集体经济因家庭承包制出现式微,无力支撑合作医疗运行,农村医疗卫生服务供给短缺,农民看病难问题突出;21 世纪以来,国家主动推进农村医疗卫生事业发展,不断提高新农合补助和基本公共卫生投入,基本满足了农民医疗卫生服务需要。近年来,农民享有的医疗卫生服务水平和质量逐年提高,不仅新农合正在对接城镇居民医保,越来越多的农民享受到均等化医疗保障,而且国家持续改善农村医疗服务和公共卫生条件,农民的健康权益得到了有效维护和提升。但农村医疗卫生服务仍面临诸多新情况、新挑战,尤其是公平性、有效性、均衡性与可及性不足的结构性困境掣肘着农村医疗卫生服务发展。鉴于此,为了改进农村医疗卫生服务,国家需要在乡村振兴、城乡融合发展和农业农村现代化的战略实施中,着力推进医疗卫生服务一体化发展,实施医疗卫生精准化服务,还需要面向农民新需要,优化农村医疗卫生服务供需结构,合理配置农村医疗卫生服务资源,推动健康服务与乡村振兴深度融合。

一、农村医疗卫生研究的文献概述

  进入 21 世纪,国家加快发展农村医疗卫生事业,不断完善农村医疗卫生服务体系,城乡普惠共享的医疗卫生服务体制机制初步形成。随着新农合保障能力逐渐提升,农民小病拖、大病抗、重病等死的老大难问题,以及因病致贫、因病返贫的痼疾得到一定程度的解决,广大农民能够较便利地享有基本医疗卫生服务。具体地说,发轫于 2003 年的新型农村合作医疗(下文统称"新农合"),是国家在城乡统筹发展战略下主动回应农村医疗卫生突出问题而采取的政府引导、组织、支持农民自愿参加的医疗互助保障,其资金统筹规模、服务依托机构、实施保障能力、看病报销比例都好于或高于社队集体时期的互济医疗保障,并且其可及性、福利性、确定性也因政府支持资金力度加大而逐年提高,部分农村地区的有些服务项目已经达到甚至超过城镇居民水平。

  学术界对 21 世纪农村医疗卫生服务尤其对新农合重大实践和新医改政策完善及其实施展开了广泛而深入的研究,一些成果具有较高成熟度。从新农合实践方面的研究看,2010 年前后的研究侧重点有所不同。2010 年前,由于新农合施行时间短,尚处于探索、推广阶段,学者们的研究更关心新农合运行状况和农民看法,希望进一步改进新农合。学者们研究指出,新农合实施产生群体间新的不平等,富裕农户的受益要高于低收入农户和贫困农户,[1]高收入农户使用了更多的医疗服务,[2]影响了农民参加新农合的积极性,出现部分农民不愿意参加新农合的现象。[3] 还有学者认为,新农合在农民看病治病方面的作用比较微弱或不显著,不能有效解决农民"看病难、看病贵"的问题,[4]农民医疗卫生支出的经济负担仍旧沉重。[5] 但 2010 年后,随着中央和各级政府不断完善新农合体制,加上更多农民从看病报销中得到了较高实惠,越来越多农民认可新农合。一些实证

---

[1] 方黎明、顾昕:《突破自愿性的困局:新型农村合作医疗中参合的激励机制与可持续性发展》,载《中国农村观察》2006 年第 4 期。
[2] 解垩:《与收入相关的健康及医疗服务利用不平等研究》,载《经济研究》2009 年第 2 期。
[3] 张兵、王翌秋:《新型农村合作医疗制度的政策选择》,载《中国农村经济》2005 年第 11 期。
[4] Xuedan You, Yasuki Kobayashi, The New Cooperative Medical Scheme in Rural China, *Health Policy*, Vol. 91, No. 1, 2009,pp. 1-9.
[5] Xiaoyun Sun, Sukhan Jackson, Gordon Carmichael, Adrian C. Sleigh, Catastrophic Medical Payments and Financial Protection in Rural China: Evidence from the New Cooperative Medical Scheme in Shandong Province, *Health Economics*, Vol. 18, No. 2, 2008,pp. 103-119.

研究看到了这一变化,如郑适等在苏鲁皖豫四省的农户调查中发现,新农合促进了农民身心健康改善,农民对新农合总体上表示满意,参与新农合的积极性较高。① 类似的研究也显示,新农合在很大程度上改善了农村医疗条件,农民对患病后治疗、医疗费用、新农合减轻医疗负担等方面的满意度较高,而且贫困居民对农村医疗卫生服务的满意度要高于富裕居民。② 还有学者从可及性视角检视农村医疗卫生服务,认为农村医疗卫生服务在医院机构类型、交通方式、单程时间、提供用药、感冒治疗费用五个方面的可及性强,③能持续为农民提供适合的、足量的、可承受的医疗卫生服务。

从农村医疗卫生政策方面的研究看,学者们的研究集中在农村医疗卫生体制改革及其演进上。赵黎在农村基层医疗卫生服务现状的田野调查上省思农村基层医疗卫生领域改革与创新以及突破的程度与可能,指出农村公共卫生服务项目、基本药物制度和基本医疗保险制度的改革是"在国家政治社会稳定与经济发展的背景下以渐进的方式呈现出来的",体现出"医疗卫生领域改革所应有的革新性、适应性与特性化",但"政策工具在解决问题过程中自身也变为问题",需要培育符合地方实践的新健康习惯行为和新就医秩序。④ 至于如何培育农民新健康行为和建立新就医秩序,赵黎在另一篇文章中作了阐明,即发展农业公共卫生事业,应该以城乡普惠共享为宗旨供给农村医疗卫生服务,以居民医疗卫生需求为核心引导居民参与健康治理,以"将健康融入所有政策"为依据优化农村医疗卫生政策。⑤ 历时性政策研究呈现的是农村医疗卫生服务发展和政策不断完善的图式,反映了国家推进医疗卫生事业发展成效,但政策实施中的问题没

---

① 郑适、周海文、周永刚、王志刚:《"新农合"改善农村居民的身心健康了吗?——来自苏鲁皖豫四省的经验证据》,载《中国软科学》2017 年第 1 期。
② 唐娟莉:《农民对农村医疗卫生服务满意度及其影响因素——基于 375 户农民的问卷调查数据》,载《湖南农业大学学报(社会科学版)》2016 年第 6 期。
③ 杨清红:《农村医疗卫生服务的可及性研究——基于 CHNS 数据的实证分析》,载《暨南学报(哲学社会科学版)》2012 年第 8 期。
④ 赵黎:《发展还是内卷?——农村基层医疗卫生体制改革与变迁》,载《中国农村观察》2018 年第 6 期。
⑤ 赵黎:《新医改与中国农村医疗卫生事业的发展——十年经验、现实困境及善治推动》,载《中国农村经济》2019 年第 9 期。

有在研究中予以足够重视。

以问题为导向的共时性政策研究注重政策的应用价值,根据问题研判政策合理性并提出改进政策的建议。一些学者注意到农村基层医疗机构设备落后、全科医生缺乏、服务能力低,以及社区首诊和双向转诊难以实施,越来越多的病人选择到县级以上医院看病等现实问题,①建议增强农村基层医疗卫生服务质量和医疗卫生服务的可及性,为农民的公共卫生和常见病、慢性病、多发病提供有效的预防、诊疗和康复服务。②但基于现实问题的政策研究,学者们主要关心农村医疗卫生政策"应然性"改进,冀望新政策能够解决现实问题。还有一些政策研究不再拘泥现实中个别或系列问题,而从定量研究中寻觅农村医疗卫生服务"过程"的内在机理,从中推演进一步改进农村医疗卫生服务的新政策。例如,毛捷、赵金冉利用中国家庭追踪调查(CFPS)数据,揭示公共卫生投入不会抑制医疗消费的增长且能促进农民增加健康投入的机理,并由此建议政府要加大公共卫生投入③;李华、俞卫分析了全国30个省、自治区、直辖市"千村"现场调查数据,发现村卫生室诊疗水平对村民生理健康影响非常显著,建议政府的公共卫生支出重点投向基层医疗服务和公共卫生发展④。不难看出,这类政策研究探讨的是农村医疗卫生服务更深层次的"未显问题",所提出的政策改进建议旨在促进政策更有效。

总的来说,既有研究,无论是新农合实践研究还是农村医疗卫生服务政策包括政策设计、政策变革、政策执行以及政策完善的研究,讨论的都是农村医疗卫生服务情况、问题以及相关政策,成果对推进农村医疗卫生事业发展具有一定的理论意义和应用价值。但多数研究偏向于就问题或情境而讨论、研判政策问题或提出政策改进建议,没有深入讨论国家供给医

---

① 韩俊江、王胜子:《试论我国农村医疗卫生服务体系的完善》,载《东北师大学报(哲学社会科学版)》2015年第2期。
② 吴闽川、吴志澄:《论农村医疗卫生服务能力建设的问题与对策》,载《福建论坛(人文社会科学版)》2009年第11期。
③ 毛捷、赵金冉:《政府公共卫生投入的经济效应——基于农民消费的检验》,载《中国社会科学》2017年第10期。
④ 李华、俞卫:《政府卫生支出对中国农村居民健康的影响》,载《中国社会科学》2013年第10期。

疗卫生服务与农民需要日益增长的关系。其实，国家改进农村医疗卫生服务，不仅要考虑到农村社会新情境和新问题，还需要国家对农民需要尤其是新需要作出及时、适度的回应，唯有如此，农村医疗卫生服务才能不断满足农民日益增长的美好生活需要。

也就是说，改进农村医疗卫生服务需要"问题导向＋精准因应"。当前农村医疗卫生服务不尽如人意，除了解决问题受到条件限制和需要时间外，还与国家没有精准回应农民日益增长的医疗卫生服务需要有关。新形势下，农民医疗卫生需要因生活水平提高和城镇化发展、乡村振兴等战略实施而不断翻新，变化性大，不确定性强，回应农民需要，提高国家对农民需要的因应能力，对推进医疗卫生服务体系和能力现代化，促进农村医疗卫生服务平衡充分发展有理论意义和应用价值。鉴于此，本研究基于"因应"逻辑皈依，检视农村医疗卫生事业发展回应农民日益增长需要的情况，解析当前农村医疗卫生服务结构性问题和困境，从而研判国家满足农民医疗卫生需要更有效的因应策略。

二、国家出场：推进农村医疗卫生服务

中华人民共和国成立后，国家在将建设和发展重点转移到城市和工业的过程中形塑了城乡二元结构，导致城乡医疗卫生政策迥异，居民健康保障割裂，农民几乎享受不到国家提供的医疗卫生服务。1952年，国家实行公费医疗政策，城镇职工及其家属享有国家和单位提供的免费或半费医疗卫生服务，基本实现病有所医。相比之下，中央和各级政府向农村供给的医疗卫生服务很少，农村医疗卫生资源匮乏，缺医少药问题严重，很多生病农民得不到基本治疗和必要护理。城乡医疗卫生服务巨大反差以及农民看病难问题引起毛泽东主席的重视，他曾严厉批评国家卫生部的工作，说卫生部是给占全国人口15％的城市人工作的卫生部，培养医生的方法和医院检查治疗方法"根本不符合农村"，并指示，"把医疗卫生的重点放到农

村去"①。

在毛泽东的指示下,国家加大农村医疗卫生事业投入,一些城市医生轮流参加巡回医疗工作,深入到农村、边疆为农民提供防病治病服务。与此同时,农村依靠农民自筹和生产大队集体资金陆续办起了合作医疗。②尤其在1968年《人民日报》刊发《从"赤脚医生"的成长看医学教育革命的方向》和《深受贫下中农欢迎的合作医疗制度》两篇报道后,农村合作医疗如雨后春笋般快速发展。合作医疗的兴起,部分地改变了农村缺医少药的窘境,农民看病有了自己的诊所和"赤脚医生"。

20世纪60年代,城市医疗卫生服务下乡,推动了农村的卫生防疫以及地方病、慢性病和多发病的医治工作,但鉴于国家经济困难,农村医疗卫生服务的硬件和软件并没有因国家领导人的指示和政府重视而发生实质性改变。另外,虽然农村合作医疗运作成本低,简单易行,但它体量小,所提供的医疗卫生服务水平低。一方面,农民每人每年交1元钱的合作医疗费,大队再从集体公益金中每人平均提取5角钱作为合作医疗基金,资金盘子过小,无法保证农民只交5角钱挂号费的"免费"治疗质量。也就是说,农村合作医疗只能解决小病的"有医""有药"问题,不能真正满足农民看病治病需求,甚至还有很多地方将常年吃药的农民排除在合作医疗外,不为他们提供免费服务。另一方面,为农民看病的医生是拥有祖传医术或经过短期速成培训的"赤脚医生",他们一边参加生产队的农业生产劳动,一边为农民看病治病,服务水平难以保证。不仅如此,治病的药品有限,主要是止痛消炎针剂、红汞、碘酒、阿司匹林等以及"赤脚医生"自己采集的中草药。

不难看出,在中华人民共和国成立后的十多年里国家医疗卫生事业发展重点在城市,农民较少得到来自国家提供的医疗卫生服务。虽然在60年代中后期,迫于农村缺医少药和农民看病难的现实压力,政府也积极推

---

① 中共中央文献研究室编:《毛泽东年谱(一九四九——一九七六)》(第五卷),中央文献出版社2013年版,第505页。
② 1966年8月10日,"乐园公社杜家村大队卫生室"成为中国历史上第一个农村合作医疗试点,组织农民办合作医疗,依靠集体的力量解决农民看病问题。参见张国清、吕有志主编:《新中国之韵》,浙江教育出版社2009年版,第306页。

进农村医疗卫生事业发展,但投入非常有限,巡回医疗和培训农村医务工作者只能部分地解决农村医疗卫生的暂时、局部问题,不能满足农民看病治病的需要。值得肯定的是,国家重视农村医疗卫生事业发展和城市医生下乡政策激活了农村医疗卫生工作,农村以此为契机创办起农民自己的合作医疗——被世界银行誉为成功的"卫生革命"——农村合作医疗、"赤脚医生"①和"保健站"(卫生室)成为解决中国农村医疗卫生工作的"三件法宝"。在国家的呵护下农村低水平合作医疗平稳运行,到 70 年代末,全国约有 90%的农村生产大队实行了合作医疗,每个生产大队有 1 至 3 名"赤脚医生",全国"赤脚医生"的数量达到 150 多万名,生产队的卫生员、接生员达到 390 多万人,②超过了 1964 年《关于继续加强农村不脱离生产的卫生员、接生员训练工作的意见》中提出的争取在 3—5 年做到"每个生产大队都有接生员,每个生产队都有卫生员"的目标。尽管依靠农民自身和集体力量创办的合作医疗被国家认可并得以全国推广,农民可以通过集体力量看病,但农村合作医疗不能真正解决农民治病难题。农村合作医疗是当时经济社会条件下国家作出的无奈选择,如 1974 年邓小平接见也门卫生部代表所说,"赤脚医生总比没有医生好"。③

人民公社时期国家回应农民医疗卫生需要更多体现在政策话语"重要"上,而给予农村的医疗卫生资源并没有多大提高,农民看病主要依靠低层级的集体合作医疗。即便如此,20 世纪八九十年代农村合作医疗也从农村场域中退出,广大农民看病又回到自费状态。改革开放后,村集体经济被家庭承包制削弱,有的村集体变成无资产、无收入的空壳,无力支撑合作医疗运行,村医疗室/诊所或解体或转为私有,不再免费为农民看病。这一时期,国家的农村工作重点在经济建设上,农村医疗卫生事业没有被重视,看病难、看病贵成为部分农民能否过上温饱、小康生活的最大障碍。可以说,改革开放后的 20 多年里,国家和地方政府在农村医疗卫生服务上是

---

① 联合国妇女儿童基金会 1980—1981 年年报高度评价中国"赤脚医生",认为"赤脚医生"为中国落后的农村地区提供了初级护理,为不发达国家提高医疗卫生水平提供了样板。参见昆明医学院健康研究所编:《从赤脚医生到乡村医生》,云南人民出版社 2002 年版,第 5 页。
② 李红岩、龚云、宋启发:《中国道路》,黄山书社 2012 年版,第 112 页。
③ 曹卫东:《红病历》,山西人民出版社 1993 年版,第 401 页。

缺位的,截至20世纪末,近90%的乡村居民没有任何医疗保险,①看病完全自费。尽管经济逐渐好起来的农民自费看病能力有所增强,但面对大病或重病,一些农户要么被疾病拖累,负债累累,要么选择放弃,在家等死。

农村医疗卫生落后状况与和谐社会建设、城乡统筹发展不相称,不管出于维护社会主义制度优越性还是出于让农民分享改革发展成果和全面建成小康社会,国家都需要将解决农民看病难问题提上日程。如是,2002年,中共中央、国务院发布《关于进一步加强农村卫生工作的决定》,开启国家出钱、政府主推农村医疗卫生事业的新局面。2003年,抗击"非典"的经验为各地政府全面启动农村基本医疗卫生服务体系建设注入新能量,新农合试点工作全面展开。2004年参合率近10%,两年后翻倍增加,2006年约50%乡村居民参加新农合,2008年超过90%,近几年都在90%以上,一些地方乡村居民几乎人人参加新农合。新农合政策初衷是解决大病统筹和因病致贫、因病返贫问题,支持"大病",兼顾"保小",但随着个人缴费标准由2003年人均10元/年增加到2020年人均250元/年,各级财政补助标准由2003年人均20元增加到2020年人均520元,农民看病门诊、住院报销比例大幅度提高,加上大病保险和重特大疾病医疗救助全面推开以及报销向贫困户倾斜,农民看病负担显著减轻,因病致贫、因病返贫现象大量减少。

比较来看,21世纪以来,国家在新农合上的担当与20世纪60年代中期的合作医疗不同。农村合作医疗是农民发明、创造而后被国家认可、推广的低层次医疗保障制度,国家出场更多表现在政策话语支持上,为农民合作医疗的实施撑场面,合作医疗运作的逻辑是农村事情由农民自己办。而新农合则不同,国家承担起道义责任,不仅各级政府给予新农合的财政补贴是农民个人缴费的2倍以上,而且在新农合运行中政府始终亲力亲为,不断完善医疗卫生体制机制,最大程度地满足农民医疗卫生需要。正是国家大力推进农村医疗卫生事业发展,各级政府把办好新农合和公共卫生服务纳入行政绩效考核中,农民获得的医疗卫生服务水平和质量才能大

---

① 洪秋妹:《健康冲击对农户贫困影响的分析》,经济管理出版社2012年版,第67页。

幅度提高。

三、现实困境:农村医疗卫生服务中的结构性问题

医疗卫生是公共服务的重要内容,《"十三五"推进基本公共服务均等化规划》中的医疗卫生领域服务项目有 20 项,重点任务集中在重大疾病防治、基本公共卫生、医疗、妇幼健康、计划生育、食品药品安全等服务上。其中,看病治病的医疗服务是医疗卫生服务的重点,也是国家医疗卫生体制改革的重头戏。从历时角度看,国家不断改进农村医疗卫生服务,农民享有的服务水平和质量渐次提高。近年来国家加快了城乡医疗卫生服务一体化,不仅新农合在国家"完全整合统一"政策安排下对接城镇居民医保,越来越多的农民享受到均等化医疗保障,而且国家的公共卫生补助也向农村倾斜,农村基本公共卫生服务工作得到了普遍加强。

然而,相比于城市,农村医疗卫生服务仍是国家医疗卫生事业发展的短板,无论是重大疾病预防和基本公共卫生服务,还是医疗健康服务与管理都存在不少弱项。国家因应农民日益增长的医疗卫生服务需要面临诸多挑战,亟须解决深层次结构性问题。当下农村医疗卫生服务中的结构性问题主要有:

1. 公平性问题

农村医疗卫生服务存在城乡、地域不均等的公平性问题。一直以来,我国医疗卫生服务重城轻乡,城市人享有较全面、较高水平的医疗卫生服务,而国家对农村医疗卫生服务的投入非常有限,主要投入在地方病如血吸虫病防治和疫苗接种上。城乡二元结构下广大农村公共卫生条件差,缺医少药,农民医疗卫生方面的需求只能"自力"或依托集体"合力"解决。不仅如此,不同农村地区的医疗卫生服务水平也有较大差距。中国农村地域广阔,各地自然条件、经济发展和农民生活状况差异大,城郊农村、经济发达地区农村的农民能从村集体得到较多的医疗卫生保障,而且这些地区的基层政府也有财力进行乡镇卫生院、村诊所建设和农村公共卫生条件改善,农民获得的医疗卫生服务比老少边穷地区和经济欠发达或落后地区农

村要多、要好。城乡不均等与地域不均等叠加,相互掣肘农村医疗卫生结构,加剧中国农村医疗卫生服务不公平问题。

农村医疗卫生服务不公平缘于国家医疗卫生资源的重城轻乡配置以及农村地区经济社会发展不平衡,即国家对城乡、不同地域、不同人群供给的医疗卫生服务不平衡和农村医疗卫生服务发展不充分。该问题主要表现为两个不足:一是农村医疗卫生服务供给不足,农民生病就医成本高,包括看病要花更多的路费、住宿费;二是农民的生命健康权保障不足,多数农村地区的医疗卫生条件不能满足农民"病有所医"的需要,尤其是一些事关农民生命健康的服务,如年度体检、临终关怀等还不能提供。就此看来,农村医疗卫生服务落后不仅是农民看病难、看病贵的问题,还有关系农民生命健康权益保障的深层次公正问题。公平性是农村医疗卫生服务的价值皈依,农村医疗卫生服务体系建构需要有公平、公正的基底。

2. 有效性问题

医疗卫生服务与其他类型的公共服务一样,需要国家和政府根据民众需求予以供给,唯有供需结构协调,医疗卫生服务才能实现有效。然而,长期以来农村医疗卫生服务供给的增长跟不上农民需要的增长,存在效率低的问题。其一,新农合的实施,国家供给的大病统筹服务部分地、一定程度地缓解了大病、重病医治问题,但农民承担比例较高,仍有不少病人家庭难以承受余下部分的医疗费用。其二,最初新农合的设计意向是"保大"甚于"保小",农民门诊看病报销门槛高、报销少,新农合在减轻农民医疗支出方面的效果弱。[1] 至今,新农合仍没有回应更多农民进一步提高报销比例的要求。其三,国家不断提高农民个人缴费档次,2020年达到人均250元,部分身体状况好且家庭经济条件差的农民不愿意再缴费,加剧了部分农民看不起病的问题。

此外,农村医疗卫生服务效率还存在有限的医疗卫生资源及其服务错位、越位问题。随着中国城镇化步入中后期,农村社会人口频繁流动,越来

---

[1] W. Yip, W. C. Hsiao, Non-evidence-based Policy: How Effective is China's New Cooperative Medical Scheme in Reducing Medical Impoverishment? *Social Science & Medicine*, Vol. 68, No. 2, 2009, pp. 201-209.

越来越多的农民进城打工、居住、上学,静态的医疗卫生服务不能满足流动人口需求。即使政府改善乡村医疗卫生条件,提高门诊、住院报销比例,也不能保障大量流动人口的医疗卫生权益。留守人口和流动人口对医疗卫生服务需求不尽相同,如年龄大的留守农民更需要机构提供上门服务,而流动人口则需要城乡医疗卫生保障对接,能随时随地享有医疗卫生服务保障。遗憾的是,当前实行的医疗卫生保障没有充分兼顾到农村人口居住空间的变化和异质性需求,也没有精准识别农民的需求表达,供给上的越位和错位造成有限的医疗卫生资源被闲置、被浪费。

3. 均衡性问题

作为公共服务重要内容之一的医疗卫生服务项目多达20项,除了医疗机构实施的看病治疗服务外,公共卫生服务需要开展传染病、慢性病、精神障碍、地方病、职业病和出生缺陷等的联防联控工作,高危孕产妇和新生儿健康管理、妇女常见病筛查率和早诊早治、妇女宫颈癌及乳腺癌项目检查的妇幼健康工作,以及食品药品安全、农村环境卫生整洁等工作。但国家对农村医疗卫生不同领域工作的重视程度不同,各级政府将工作重点放在新农合的医疗上,农村公共卫生问题突出:虽然2003年"非典"疫情后国家加强了公共卫生体系建设,提升了国家防治重大疾病和应急处理突发公共卫生事件的能力,但农村公共卫生一直是国家医疗卫生服务的软项——这次新冠病毒感染疫情防控再次暴露了农村应对突发公共卫生事件能力弱、资源不足等问题;虽然中央政府要求村卫生室承担40%左右的基本公共卫生服务工作任务,[①]新增的人均基本公共卫生服务经费重点向乡村医生倾斜,但现有的村卫生室条件和医护人员水平不能完全承担国家公共卫生服务职能的实施,有些公共卫生服务项目开展不起来或"空转"。

农村公共卫生服务还存在设施落后、条件差等方面的问题。例如,一些县市精神病院设施简陋、病房少,有的10多位患者同住一间病房,缺少公共活动空间。很多精神病院的床位严重短缺,一床难求,精神病人住院甚至需要地方主要领导干预才能解决,以至于一些精神病人流落在社会

---

① 其中不包含新纳入的免费提供避孕药具和健康素养促进这两项。

上,为居民生命安全造成隐患。再如,一些农村卫生监督机构存在设备落后、人员编制不足的问题,不仅大量地使用外聘人员或临时工,而且缺少资金添置新设备,不能对蔬菜、水果、蛋奶、肉类等农产品的化学元素超标进行有效检测。又如,农村环境卫生整治还存在诸多死角、空白处。政府推进的改厨、改厕、改圈等民生工程,以及"村收集、镇运输、县处理"垃圾处理和垃圾分类工作仍在实施中,一些村庄的环境卫生整治不彻底,按下葫芦浮起瓢,老的卫生问题解决了,新的问题又出现,甚至新问题比老问题还严重。

4. 可及性问题

医疗卫生服务可及性是指居民与医疗卫生系统间的"适合度",即居民能够容易地获得医疗卫生服务供给方提供的医疗卫生资源。潘查斯基（Penchansky）等认为可及性可以从可得性、可接受性、可适合性、可承受性、可接近性五个维度进行测量。[1] 在医疗卫生体系建设中,政府习惯通过患者到医疗卫生服务机构的距离来提高可及性,着力打造"30分钟服务圈",即看病农民10分钟到村卫生所、30分钟到乡镇卫生院。实际上,乡村在城镇化进程中已进行多轮拆并,乡镇或村的地域范围不断增大,不少农民难以在"30分钟服务圈"内获得服务。张云丰和王勇在重庆、四川、陕西、湖北、河南、贵州、河北及江西8个省市125个乡镇86个村做的调查显示,乡镇医院距病人平均7千米,病人走路需56.88分钟,约16.8%的调查对象距最近的乡镇卫生院在10千米以上,最远的达30千米;19.2%的调查对象到达村卫生室需30分钟以上,5.4%的需1小时以上,最长的要100分钟。[2]

过于强调将医疗卫生服务送到"家门口"的可及性现实意义不是很大,有可能造成医疗卫生资源闲置和不必要的浪费。依据潘查斯基等的"可及性"诠释,农村医疗卫生服务的可及性应该包括医疗卫生服务机构和设施

---

[1] R. Pechansky, W. Thomas, The Concept of Access: Definition and Relationship to Consumer Satisfacition, *Medical Care*, Vol. 19, No. 2, 1981, pp. 127-140.

[2] 张云丰、王勇:《欠发达地区农村基层医疗卫生服务网络调查》,载《重庆大学学报（社会科学版）》2014年第6期。

能够满足农民看病治疗需要、农民到医疗卫生机构比较方便、农民适应或认可医疗卫生服务方式、农民支付能力以及现有的医疗保险能够承受医疗卫生服务价格、农民对医疗卫生服务设施和服务态度满意。如今,除了极少数山区外,农村道路交通条件普遍比较好,农户的交通工具普遍是电动车、摩托车,拥有汽车的也不在少数,送病人到村诊所、乡镇卫生院看病没有多大难度。如此,当前农村医疗卫生服务可及性问题主要体现在:一些病人择医包括选择看病医院渠道不通畅,现有的报销体制限制了农民看病选择;外出打工者或居住在城镇的农民在居住地看病报销难;农民跨市、跨省看病报销比例低;还有,一些重病或年老病人希望有上门服务,而不少基层医疗机构没有资质开展送医上门服务;等等。可见,农村医疗卫生服务中的可及性不仅仅是农民与服务机构间的距离问题,还有选择优医、要求异地报销和上门服务等复杂问题,需要国家统筹解决。

四、提升能力:农村医疗卫生服务再改进

当下农村社会处于向现代社会转型和开启基本实现现代化的新阶段,农村医疗卫生服务中公平性、有效性、均衡性和可及性等结构性问题比20世纪八九十年代复杂,也与21世纪初有所不同。单纯地增强农村医疗卫生服务供给量不能解决农村医疗卫生服务结构不平衡、发展不充分问题和深层次矛盾,甚至可能造成医疗卫生资源严重浪费。城镇化发展尤其是新型城镇化和乡村振兴战略实施改变了农民需要结构、拉高了农民需要层级,农村医疗卫生服务的有效供给需要立足于农村社会新变化、新情况和新趋势。

1. 立足新变化,推进医疗卫生服务一体化发展

中国医疗卫生服务非均等化状况是城乡、地域的非均等化发展长期累积造成的,医疗卫生服务城乡不平衡发展和农村地域不充分发展的叠加导致一些农村地区和部分农民群体享受不到"国民待遇"。进入21世纪后,国家实行的新农合尤其是2009年的新医改确立了提高农村医疗卫生服务公平性和促进基本公共卫生服务逐步均等化的发展方向,在医药卫生资源

配置、机构设置、人员编制上向农村倾斜,不断改善农村基层医疗卫生条件。特别是近年来,国家实施乡村振兴、城乡融合发展和精准脱贫、全面建成小康社会等战略,逐步解决了农村社会因城乡二元结构消解和城镇化发展带来的一些问题和矛盾,城乡差距、农村地域差距逐渐缩小。2017年,国务院新闻办公室发布的《中国健康事业的发展与人权进步》白皮书指出,2011—2015年国家共投入420亿元,重点支持1500多个县级医院、1.8万个乡镇卫生院、10余万个村卫生室和社区卫生服务中心的建设,加快补齐农村基层医疗卫生事业短板。但是,新时代农村以及城乡关系出现了新变化,需要医疗卫生服务全面一体化。

作为重要民生的医疗卫生服务,国家在政策上已经对新变化作出城乡统一部署。2016年,《国务院关于整合城乡居民基本医疗保险制度的意见》指出,建立城乡居民医保制度,推行城乡居民医保在"覆盖范围、筹资政策、保障待遇、医保目录、定点管理、基金管理"等方面"六统一"。同年,《"健康中国2030"规划纲要》指出,保障乡村居民健康是构建全民健康和健康中国的重要组成部分,医疗卫生事业发展要"以农村和基层为重点,推动健康领域基本公共服务均等化",并且"逐步缩小城乡、地区、人群间基本健康服务和健康水平的差异,实现全民健康覆盖"。2019年,国家医疗保障局和财政部印发的《关于做好2019年城乡居民基本医疗保障工作的通知》再次提出,加快整合城镇居民医保和新农合,要求2019年年底前实现两项制度并轨运行,并向统一的居民医保制度过渡。当前最紧要的是认真落实上述"意见""纲要""通知",着力消除阻碍提升农村医疗卫生服务的不利因素,完善城乡医疗卫生服务一体化体系,促进城乡、地域间医疗卫生服务"整合""统一"。特别需要各级政府将改善和提高农村医疗卫生服务置于一体化中,利用移动通信技术手段和城市优质医疗卫生服务资源,构建城乡一体化、地域一体化、市域一体化的"智能传感终端 + 移动通信平台 + 医疗卫生服务"体系。

2. 面向新需求,实施医疗卫生精准化服务

鉴于农民对美好生活的向往,农民医疗卫生服务新需求多且复杂,需要政府提供精准的医疗卫生服务。然而,当前农村医疗卫生服务存在供给

不足、供给过剩的错置问题,农村医疗卫生服务投入大,而服务效率却并没有等值提高。近年来,国家和各级政府把体制机制建设重点放在供不应求的调整上,不断推出新农村医疗卫生政策,冀望通过增加服务供给量来满足农民的医疗卫生需要。但是,农村医疗卫生服务供需结构失调矛盾的主要方面在需求端上,即农村社会转型、人口流动以及居住空间整合和生活方式变化已经并正在改变农民的医疗卫生需求,国家和各级政府需要理顺供需关系,调整供给结构,唯如此,才能为农民提供更精准的医疗卫生服务。

　　也就是说,在国家供给保持不变的条件下农村医疗卫生服务效率的提高取决于准确识别农民需求及其变化。调整新农合的门诊、住院报销比例,实行基层首诊、双向转诊,组建医联体和医疗集团,以及安排城乡医生互动、培养基层全科医生等措施都是服务供给结构的调整,并取得了一些成效,但这些举措在实施过程中出现一些新问题,如农民看病、住院愿意向上转而不愿意向下转、乡村医疗机构门诊量少和运行困难等。这些问题是在扩大医疗卫生服务数量、增强农民医疗服务能力过程中出现的资源错配引发的,需要进一步调整供给结构。不过,供给结构的调整和完善要在识别农民医疗卫生需要基础上进行,尤其是基本公共卫生服务。因为公共卫生关涉大众公共利益,对农民个人的影响是间接的,其关注程度不及医疗,农民对公共卫生的自发性表达、组织性表达和参与式表达普遍较弱。[①] 在农村社会人口流动和空间调整的当下,越来越多的农民将预期放到城镇,不再关心身边的公共卫生问题。就此而言,国家试图把公共卫生服务送到每一个村和每一个农户,并为此而扩大公共卫生项目内容和增加公共卫生服务经费补助标准是不切实际的,也是没有必要的。再者,现有的乡村卫生院和诊所的人力不足以承担为乡村的流动人口提供基本公共卫生清单上的服务。当下最需要的是,国家和政府根据不同类型农民的居住预期、流动意向和未来需求提供固定性与流动性兼顾的疾病预防、身心健康、治疗护理服务。

---

　　① 蔡礼强:《政府向社会组织购买公共服务的需求表达——基于三方主体的分析框架》,载《政治学研究》2018 年第 1 期。

3. 根据新情况，优化农村医疗卫生服务资源配置

自 2009 年新医改提出"保基本、强基层"以来，农村医疗卫生服务出现了新情况。政府不断加强乡村卫生院和卫生室/诊所的建设，除了行政村的卫生室进行标准化建设外，乡镇的中心卫生院也提档升级，有的成为片区的中心医院，并设有康复、儿科、妇产科等特色专科，规模、设施、人员配置达到二级医院水平。然而，生活逐渐好起来的农民仍不满意乡村卫生院和诊所医疗水平和设备条件，宁愿多花钱到县级医院或地域中心"大医院"看病。近年来，政府采取拉大门诊、住院的分级报销差距等办法，希望把首诊、康复留在乡村。但遗憾的是，由于医疗机构等级差别大，分级治疗好像是分等级看病，加上管理部门给基层医院配备的是低价、低效药物，治病效果不理想，更多的病人还是选择到县市中心医院看病，致使大医院严重拥挤。相比之下，乡村医疗机构门诊量减少，2016 年全国县级包括含县级市的医院诊疗人次比上年增加 0.5 亿人次，而数量众多的乡镇卫生院诊疗人次仅增加 0.3 亿人次，村卫生室诊疗人次减少 0.4 亿人次，有的乡村医疗机构门诊减少一半；①更多的农民选择县级医院住院，自 2008 年以来乡镇中心卫生院床位使用率一直在 60% 左右。② 就此看，加强农村基层医疗卫生服务，并非只提高乡村医疗机构条件，还需要照顾农民更高的服务需求，加大县域、市域中心医院建设，扩大二甲以上医院的容量，以满足农民日益增长的医疗服务。未来乡村医疗机构职能定位重点应该在疾病预防、传染病疫情报告、计划免疫、妇幼保健、健康档案建立、卫生保健、常见病多发病慢性病的一般诊治和转诊服务，以及病、残等一般康复等工作上，而非门诊、住院。

其实，公共服务效率在生产阶段和分配阶段是不同的，生产阶段要实现投入与产出上的技术效率，分配阶段要实现供给与需求间的配置效

---

① 赵黎：《发展还是内卷？——农村基层医疗卫生体制改革与变迁》，载《中国农村观察》2018 年第 6 期。
② 根据 2019 年中国统计年鉴，乡镇卫生院床位使用率，2008 年为 55.8%，2013 年最高，为 62.8%，2018 年为 59.6%。

率。① 实现农村医疗卫生服务效率最大化,在生产阶段,既要改变政府独立从事服务经营的状况,支持社会力量参与农村医疗卫生服务,又要扩大购买医疗卫生范围,鼓励更多的有能力的社会医疗卫生机构和人员从事农村医疗服务和公共卫生服务;在分配阶段,除了上文提及的遵循需求端进行医疗卫生服务供给侧结构调整外,还需要调整大医院、小医疗机构(卫生院、诊所)资源配置,将资源优先配置给农民希望的机构中。不能将国家"强基层"的政策片面地理解为扩大、加强乡镇和行政村的医疗卫生服务机构,"强基层"的关键在于根据农民需要及其变化情况,优化、提高基层服务质量,不能违背农民意愿,强迫日子好起来的农民在乡村医疗机构看病、治病。

4. 顺应新趋势,推动健康服务与乡村振兴深度融合

随着"健康中国"战略的实施,农村医疗卫生服务出现新趋势,即国家和农民都愈发重视健康权及其实现。从政策层面看,政府不断完善农村基本公共卫生服务项目,增加人均基本公共卫生服务经费补助标准,并且向村和社区倾斜,让农民群众享有高质量的公共卫生服务。从实践层面看,家庭医生签约服务全面推开,乡村居民健康档案、健康教育、疫苗接种、疾病预防、儿童和孕产妇健康管理,以及农村 65 岁以上老人体检、慢性病和重症病人护理等服务逐步向广大农民覆盖,农民的健康权益得到了一定程度维护。但是,农村基本公共卫生服务仍差强人意,不仅家庭医生或家庭医生团队上门服务次数少,服务对象多,很多服务是乡镇卫生院和村卫生室的医务人员利用休息日或节假日时间开展的,难以保质保量地完成《国家基本公共卫生服务规范》规定的工作,而且广大农民尤其是老年农民对健康体检和慢性病健康管理的需求显著提高,②但基层基本公共卫生服务却没有及时、同步跟进。

根据《"健康中国 2030"规划纲要》中"将健康融入所有政策"的理念以

---

① 何兰萍、傅利平等:《公共服务供给与居民获得感》,中国社会科学出版社 2019 年版,第 122 页。
② 王伟:《山东省农村居民公共卫生服务需求及影响因素研究》,载《东岳论丛》2014 年第 10 期。

及农民日益增长的健康需要,农村医疗卫生服务要在"病有所医"的基础上转型、提升,将工作重点由"治病为中心"转变为"健康为中心",全方位立体式地保障农民的卫生健康权益。保障农民健康是一项重要民生服务工程。鉴于生活行为、饮食习惯、环境卫生等因素对一个人健康的后天影响比从母体带来的基因等先天因素影响更大,①保障农民健康权需要有相关的服务干预。当前,农村正在实施乡村振兴战略,可以将保障农民健康权置入乡村振兴中统筹实施。具体地说:一要在乡村产业振兴中推进大健康产业发展,不仅让健康产业带动农民就业、增加农民收入,还要借助健康产业振兴推进乡村健康事业;二要在乡村生态宜居中整治乡村居住和生活环境,让农民拥有清洁的空气、干净的河道、卫生的厕所,使居村农民甚至下乡居住的市民都有一个美丽环境;三要在乡风文明中弘扬健康文化,动员社会组织开展健康教育活动,支持和鼓励相关组织开展义诊,利用村民广场和文体活动室等开展健身娱乐活动;四要在逐渐富裕的生活中培养乡村居民健康生活方式,包括改变农民落后、不健康的饮食习惯,养成文明健康的生活方式;五要在治理有效中提高农村医疗卫生服务水平,治理有效的乡村应该是高水平医疗卫生服务的乡村,乡村治理需要通过提高乡村医疗卫生水平改变农民健康状况。

五、国家力量再加大:满足农民医疗卫生需要

城乡二元结构下的国家医疗卫生服务供给不能满足农民基本需要,尤其在20世纪八九十年代农村医疗卫生服务被遗忘,农村长期处于缺医少药和公共卫生落后状态。进入21世纪后,国家重拾农村医疗卫生事业,积极回应农民医疗卫生服务需要,持续改善农村医疗服务和公共卫生条件,农民的健康权益得到了有效维护和提升。当前,农村多数医疗卫生服务已经与城市对接或并轨,基本实现"看得起病、看得上病、看得好病、少得病"。但是,农村医疗卫生深层次问题并没有因为国家提供的服务项目增多而得

---

① 李华、俞卫:《政府卫生支出对中国农村居民健康的影响》,载《中国社会科学》2013年第10期。

到根本解决,仍需要国家力量再加大。

随着农村向现代社会进一步转型和农民生活预期变化,农民的医疗卫生需要更加多变、多样,带来的不确定因素将一次又一次地冲击国家的医疗卫生服务既定政策。面对农民日益增长的美好生活需要,国家需要在如下方面提高因应能力:

第一,优先发展农民健康事业。近20年国家推行新农合、新医改等政策,重点解决了农民看病难看病贵问题,提供的是"病有所医"服务,而"大健康"事业还方兴未艾。虽然公共卫生经费大幅度提升并向乡村底层倾斜,农民能够得到卫生防疫、健康教育等服务,但年度体检、疾病预防、健身保健等有助于农民身心健康的服务发展缓慢。"个人健康是立身之本,人民健康是立国之基。"[①]在全面建成小康社会决胜阶段和后小康社会里,发展农民健康事业、保障农民健康权益是实现乡村振兴和城乡融合发展的"压舱石",如果农民没有健康,就不会有幸福感、获得感和安全感。只有将农民健康事业放在优先发展的地位,以农民健康为中心,全方位全周期保障农民健康,农村美、农业强、农民富的乡村振兴才会有持久的生命力。

第二,增强国家的因应力度。纠正国家在集体经济时期和改革开放初期对农民医疗卫生服务需要因应迟缓或不因应,充分发挥国家在推进农村医疗卫生事业发展中的作用。新形势下,农民医疗卫生服务不再是农村的事,仅占GDP 7%的农业和农村小集体经济无法独立支撑农村医疗卫生事业,农村医疗卫生事业发展需要国家担当道义——国家支持农村医疗卫生事业发展只能加强,不能以任何理由削弱。已有的经验表明,乡村医疗卫生事业发展不能没有国家参与,正是"国家的形态创造和激活了社会"[②],21世纪的农村医疗卫生事业才得以快速发展。如今,国家不仅要加快补齐农村医疗卫生服务短板,为农民提供基本医疗卫生服务,还要秉承城乡一体化发展理念,促进城乡医疗卫生服务实现均等化。这是乡村振兴、城乡融合发展的实践需要,也是国家履行公平公正道义的责任要求。

---

① 白剑峰:《让全民健康托起全面小康》,载《人民日报》2020年4月10日第19版。
② 〔美〕乔尔·S.米格代尔、阿图尔·柯里、维维恩·苏主编:《国家权力与社会势力:第三世界的统治与变革》,郭为桂、曹武龙、林娜译,江苏人民出版社2017年版,第31页。

第三，着力打造农村医疗卫生服务"高地"。21世纪后尤其在党的十八大后，国家投入大量资金改造、提升县级医院、乡镇卫生院和村诊所，并通过学费补偿、助学贷款代偿、增加基层卫生机构编制等措施，鼓励医科大学生到乡村医疗机构工作，农村医疗卫生体系基本建立。然而，作为"社会制度和事实"的城镇化通过限制主体选择产生直接影响，并且通过影响人们的认知和实践的发展过程产生间接影响，①致使农村医疗卫生服务具有更大的不确定性。国家实施城镇化发展、城乡融合发展战略已经并正在改变农村未来和农民选择，农村医疗卫生服务机构设置和资源配置需要根据城镇化进程和农民需求的城镇化面向进行调整。当前，全国各地农村在国家资金支持下"一步到位"地配置医疗卫生资源，卫生室、卫生院、中心医院以及科室设置都普遍标准化，很多地方的医疗卫生服务出现"高配"现象，产生了因农民流动和农村人口减少而出现机构、设备、人员闲置问题。斯科特指出，国家对未来干预作出科学预判，如果不知道未来的变化，"我们更应该尽可能迈小步，停一停，退后观察，然后再计划下一步的行动"②。城镇化发展必然带来农村地域缩小、人口减少，农村医疗卫生服务的可及性不仅仅是"就近服务"。如此，国家设置乡村医疗卫生机构不能"撒胡椒面"，而要"天女散花"，在农村中心地区建设好医疗卫生服务"高地"。只要道路交通条件好且方便，只要服务资源能够与农民需求有效链接，中心城镇尤其是县城镇或县级市的医疗卫生机构能更有效地为农民提供医疗卫生服务。也就是说，政府需要根据城镇化发展趋势、农村人口流动和选择意愿，优先、重点建设好片区的医疗卫生服务高地，避免因农村人口流动或居住空间结构调整产生因应失灵问题，进而保证医疗卫生服务供给与农民需要全面、高质量对接。

---

① 〔美〕李丹：《理解农民中国：社会科学哲学的案例研究》，张天虹、张洪云、张胜波译，江苏人民出版社2008年版，第342页。
② 〔美〕詹姆斯·C.斯科特：《国家的视角——那些试图改善人类状况的项目是如何失败的（修订版）》，王晓毅译，社会科学文献出版社2012年版，第442页。

第二篇
乡村振兴与民生改善

第六章

乡村振兴中的农民问题与民生改善

农民问题是"三农"根本问题,乡村振兴要坚持以人为核心的理念,坚决维护农民的正当权益,充分发挥农民的主体作用,切实解决乡村社会转型中的农民问题。新发展阶段农民问题的情境与全面建成小康社会阶段不同,其矛盾的主要方面不是脱贫、致富,而是全方面提高乡村民生水平,全过程满足农民日益增长的美好生活需要。同时,城镇化快速发展进程中的农民问题更加复杂,进城与留守、空巢与养老、小农与大农、散居与聚居等民生问题相互掣肘,唯有抓紧、抓好改善乡村民生这个关键点,乡村振兴才能有效施展"组合拳"。如此,以人为核心的乡村振兴不能重物而轻人,不能把乡村振兴简化为美丽乡村建设,更不能在实施中违背农民意愿、损害农民利益。

一、研究问题的提出与文献评述

乡村振兴是化解农民日益增长的美好生活需要与城乡发展不平衡、农村发展不充分的矛盾,促进"三农"问题尤其是农民问题彻底解决的重大战略举措。乡村振兴要坚持以人为核心的发展理念,将农民问题及其解决作为中心工作。然而,在乡村振兴战略实施中一些地方将工作重点放到乡村"大花园""大庄园""大公园"建设和"全域旅游""全域民宿""全域特色"打造上,甚至出现为推进乡村振兴项目实施而驱赶农民、侵犯农民权益的问题。作为中国特色社会主义事业的乡村振兴,其应然形态是以农民为主要参与者、受益者的乡村振兴,不仅要"促进农业全面升级、农村全面进步、农民全面发展",着力解决掣肘农民过上美好生活的"三农"问题,还要避免乡村振兴异化为"重物""轻人"的"物的振兴"问题。

　　学者们对农民问题的研究更多关注农民的主体地位和主体作用,并形成较成熟的研究成果。雷晓明、陈宁化从人本主义、制度经济学和农民出身三个角度研判农民主体在新农村建设中的目标导向、产权条件,认为农民"具备发挥主体作用的理性前提"和"综合素质",新农村建设要"保证农民主体地位"。[①] 闵桂林和祝爱武基于新农村建设中农民主体地位体现不充分,农民参与新农村建设决策、实施程度低,实际受惠程度不高,利益没有得到有效保障等现实问题,研究指出在新农村建设中需要创新以农民为主体的决策机制、实施机制,完善农民增收和利益保障的长效机制和协调机制,从而发挥农民在新农村建设中的主体作用。[②] 还有一些学者从政府、企业、农民等主体比较中指出农民主体在农村建设中的重要价值。例如,刘利利和杨英姿研究指出,美丽乡村建设不同程度地存在"政府越位、企业错位、农民缺位"问题,以至于美丽乡村建设不能有效地产生强有力的内生力量,建议"政府适当退一步,企业尽量让一步,农民积极进一步",让农民在美丽乡村建设中发挥更大作用;[③]陈秋红基于浙江、安徽、四川三省的农户问卷调查数据,通过 Goprobit 模型分析相关影响因素,发现农民把中央政府视为美丽乡村建设的重要责任主体,把地方政府作为美丽乡村建设的第一责任主体,而更多地将自身定位为"第二责任主体",并由此指出,美丽乡村建设需要激发农民主体意识、发挥农民主体作用。[④]

　　近年来,学者们在乡村振兴的农民问题研究上愈发关注农民的主体地位和主体作用,成果集中在农民主体阐释以及存在的问题上。在农民主体

---

① 雷晓明、陈宁化:《论新农村建设中农民的主体地位》,载《农村经济》2009 年第 4 期。
② 闵桂林、祝爱武:《新农村建设中农民主体地位实现机制研究》,载《江西社会科学》2007 年第 11 期。
③ 刘利利、杨英姿:《美丽乡村建设中的主体角色定位探究》,载《福建师范大学学报(哲学社会科学版)》2019 年第 6 期。
④ 陈秋红:《农民对美丽乡村建设主要责任主体的认知及其影响因素分析——基于马克思主义主体论的分析》,载《经济学家》2018 年第 6 期。

阐释方面，一些学者研究指出：真正的乡村振兴是农民参与并主导的乡村振兴，①农民不仅是乡村振兴的受益者，农民的大胆实践和创新还是乡村振兴的原动力；②乡村振兴需要充分利用返乡农民工③、新乡贤④、基层干部⑤，他们分别是乡村振兴的依托性主体、撬动性主体、最主要的生力军。在检视农民主体问题方面，有研究发现，乡村振兴中农民主体能力和权利意识弱，并且流动造成农民"身心不在村"的状态，导致农民在乡村振兴中集体失语和实践缺场。⑥ 还有研究指出，当前农民的健康生存能力、自主学习能力、科技应用能力、社会认知能力、经营管理能力、人际交往能力、奋斗意识和奋斗能力等方面都存在不足，这不利于农民参与乡村振兴；乡村振兴"一切发展、一切努力，都是为了使农民不断获得和提升奋斗能力与发展能力"，彻底告别贫困，步入美好、幸福生活的康庄大道，这是乡村振兴的伦理价值和人性光辉体现。⑦ 笔者针对乡村振兴中出现的政府与农民"主体错位"问题，运用新公共管理理论和新公共服务理论的"划桨""掌舵""服务"等理论工具，研判政府和农民在乡村振兴中的"实然"角色，即政府不是乡村振兴战略实施中的"局外人、仆人，也不是当家人"，而是服务者，要"为乡村振兴做好引导、协助、调节等服务工作"；农民是乡村振兴的真正的、重要主体，乡村振兴规划制定、目标任务设置、实施行动都要尊重农民的意愿，服从农民的要求。⑧

综上所述，无论在新农村建设包括美丽乡村建设，还是在乡村振兴等重大战略主题研究中，学者们对农民主体地位及其作用都给予了充分关

---

① 吴重庆、张慧鹏：《以农民组织化重建乡村主体性：新时代乡村振兴的基础》，载《中国农业大学学报（社会科学版）》2018年第3期。
② 姜长云：《推进产业兴旺是实施乡村振兴战略的首要任务》，载《学术界》2018年第7期。
③ 刘祖云、姜姝：《"城归"：乡村振兴中"人的回归"》，载《农业经济问题》2019年第2期。
④ 应小丽：《乡村振兴中新乡贤的培育及其整合效应——以浙江省绍兴地区为例》，载《探索》2019年第2期。
⑤ 叶敬忠、张明皓、豆书龙：《乡村振兴：谁在谈，谈什么？》，载《中国农业大学学报（社会科学版）》2018年第3期。
⑥ 刘碧、王国敏：《新时代乡村振兴中的农民主体性研究》，载《探索》2019年第5期。
⑦ 龙静云：《农民的发展能力与乡村美好生活——以乡村振兴为视角》，载《湖南师范大学社会科学学报》2019年第6期。
⑧ 吴业苗：《乡村振兴中基层政府角色转换与再确定》，载《湖湘论坛》2020年第4期。

心。学者们不仅诠释了农民主体概念,阐释了农民在农村建设、乡村振兴中的时代意义和现实作用,而且较全面地论述了现实中农民主体能力不足、主体权益维护不力等问题,并结合研究任务的需要,就如何增强农民主体地位、发挥农民主体作用提出了见仁见智的看法。但是,以农民为主体不同于以农民为核心:以农民为主体的乡村振兴更多关心的是"如何"发挥农民主体作用,冀望农民能够真正地、有效地参与到乡村振兴中,研究着力于解决乡村振兴的工具合理性问题;而以农民为核心的乡村振兴侧重探究"为何"要以人(农民)为中心,怎样在乡村振兴中体现农民的意愿、满足农民日益增长的美好生活需要等问题,研究着力于解决乡村振兴的价值合理性问题。

鉴于当前乡村振兴实践出现程度不同的"重物"而"轻人"的现象,以及农民在乡村振兴中主体不够凸显的问题,并且考虑到学术界对乡村振兴中农民主体已有一定研究的现实,本章将重点放在乡村振兴"为何""如何"以人(农民)为核心上,并提出两个关切:一是研究推崇以人为核心的价值理念,阐释乡村振兴为何坚持以农民为中心;二是检视乡村振兴中出现的"人"的问题,阐释乡村振兴如何以农民为中心,希冀乡村振兴能够让乡村居民生活得更美好。

二、乡村振兴引擎:解决农民问题

满足农民日益增长的美好生活需要是新发展阶段实施乡村振兴的矛盾主要方面,即乡村振兴战略实施要以农民问题及其解决为引擎。这不仅因为"三农"问题的核心是农民问题,[①]不解决好农民问题,即使农业问题和农村问题解决了,也有可能出现反复,而且以农民为中心体现了习近平以人民为中心的新时代中国特色社会主义思想的要求。乡村振兴坚持以人为核心的理念,既要发挥农民的主体作用,依靠农民推进乡村振兴,更要增强农民福祉,让农民过上更美好生活。

---

① 张英洪:《给农民以宪法关怀》,九州出版社2012年版,第213页。

中国是农业生产大国,也是农业人口大国,中国革命、建设和发展都需要将农民问题视为核心问题。回溯近代中国历史,不难发现,凡是正确对待农民问题并予以积极地解决的,革命和建设事业就发展顺利;凡是误读农民问题,或忽视农民问题解决的,经济社会发展就会陷入困境,甚至出现吃不饱饭、经济衰退等严重问题。农民问题及其解决关系到占人口总量一半左右的乡村居民能否过上幸福美好生活,关系到中国经济社会能否良性运行、协调发展,还关系到中国特色社会主义现代化目标能否如期实现。

中国新民主主义革命的中心问题是农民问题,革命战争就是土地改革。鉴于农民对土地的强烈要求,中国共产党人将解决农民的土地问题、满足农民土地需要作为政治口号,并通过"打土豪、分田地"的方式调动农民的革命热情,进而号召、动员农民参加武装革命,最终取得新民主主义革命的胜利。正是中国共产党在新民主主义革命时期抓住了土地这个"牛鼻子",并将抗战时期减租减息的农村土地政策转换为解放战争时期"耕者有其田"的土地政策,亿万农民群众才能积极主动地投身到民主革命中,为中国新民主主义革命的胜利抛头颅洒热血。中华人民共和国成立后,中国共产党兑现了让农民成为主人、不再受地主剥削的承诺,在全国推行土地改革,解放了农业生产力、调动了农民生产热情,农业生产得到了快速恢复,并为国家发展工业和建设城市提供了广泛的物质基础。

在社会主义建设时期,国家将工作重点放在改造农民、实行集体化上。为了让农民"放弃小私有",[①]实现"农业社会化"[②],巩固社会主义成果,国家在动员、组织农民加入互助组、初级社、高级社的同时,不断加大对分散、私有、孤立的农民进行社会主义改造。但在改造过程中,国家忽视了农民提高生活水平的基本要求,以至于一些政策脱离了农村社会、农业生产和农民生活实际。现在来看,中华人民共和国成立后,国家对农民进行社会主义教育、组织他们走社会主义道路是必要的,社会主义新农村建设需要在集体经济基础上进行,然而,农村互助合作快速发展,其急躁冒进严重损

---

① 中共中央文献研究室编:《建国以来毛泽东文稿》第 5 册,中央文献出版社 1991 年版,第 435 页。

② 《毛泽东选集》第四卷,人民出版社 1991 年版,第 1477 页。

害了农民利益。尽管"合作社经济是在各种不同程度上带有社会主义性质的经济",①但国家在初级社尚不稳定、完善的情况下盲目地推进发展高级合作社,造成生产关系超越了农村社会的生产力。有研究指出:1956年秋全国实现了高级农业生产合作化,②可是不少合作社"不善于组织大规模的集体劳动,以致生产秩序混乱,形成'派活乱点兵,做活一窝蜂'的现象";"只靠命令办事,不和群众商量,有的甚至用'扣工分'、'不派活'的办法来推动工作",③出现"改造要求过急,工作过粗,改变过快,形式也过于简单划一"的失误。④ 也就是说,初级社和高级社包括之后的人民公社,建立的集体体制和集体劳动方式脱离了当时的农业生产力水平,缺乏社会主义觉悟的农民,在利用人力、畜力进行农业生产中"搭便车""偷懒",致使农业生产效率不增反降。尤其是,"大而公"的合作经济违背了农业生产最不适宜采用集体化生产形式的"铁律":莫尔豪斯指出,"在一切财产中,最不适宜公有公营的莫过于农业土地"⑤,徐旭初也曾研究指出,"事实上,世界上几乎所有国家的农业生产都是以家庭制的形式进行的","即便在土地规模经营机械化程度高的条件下,也依然以家庭生产为主"。⑥

改革开放后,国家实行家庭联产承包责任制,不仅解决了农业生产方式与农业生产力不匹配的问题,一家一户的小农生产适应了农业低生产力水平要求——农业生产在80年代几乎年年丰收,而且回应了农民吃饱饭的基本民生要求,农民家庭收入和生活水平得到快速提高。具体地说,国家"放权"给农民的政策激活了农村生产活力,激发起农民的生产热情。家庭联产承包责任制尤其是"交够国家的,留足集体的,剩下都是自己的"分

---

① 中共中央文献研究室、中华全国供销合作总社编:《刘少奇论合作社经济》,中国财政经济出版社1987年版,第45页。
② 罗平汉:《农业合作化运动史》,福建人民出版社2004年版,第308页。
③ 中共中央办公厅编:《中国共产党第八次全国代表大会文件》,人民出版社1957年版,第292页。
④ 中共中央文献研究室编:《十一届三中全会以来党的历次全国代表大会中央全会重要文件汇编(上)》,中央文献出版社1997年版,第170页。
⑤ 〔美〕伊利、莫尔豪斯:《土地经济学原理》,滕维藻译,商务印书馆1982年版,第183页。
⑥ 徐旭初:《中国农民专业合作经济组织的制度分析》,经济科学出版社2005年版,第102页。

配方式充分调动了农民劳动积极性,彻底解决了中国人吃不饱饭的问题。

　　农民问题是多方面的,土地问题、吃饭问题基本解决后,新问题又出现了。进入90年代后,农民的税费负担重问题突出。随着农村经济快速发展,地方政府维持机构运转和公共事业发展的财力支出缺口不断扩大,农民种田除了上交农业税外,还要承担"三提五统"的费用。名目繁多的税费让日子刚好起来的农民生活再次陷入困境中,甚至出现有的农户一年收入不够上缴摊派的税费。为了减轻农民种田和税费负担问题,首先,中央三令五申要求,取消不合理收费项目,确保农民负担降低不反弹,并规定"农民负担控制在上一年人均纯收入的5%以内";①其次,实行乡镇机构改革,合并职能部门,将农机站、农技站、种子站、畜牧兽医站、文化站等事业部门推向市场,压缩行政和事业单位的人员和行政开支,以减轻农民经济负担;最后,国家于2000年在全国推进"三取消、两调整、一改革"税费改革,②基本遏制了地方政府向农民乱收费、乱集资、乱罚款和乱摊派,较大程度地减轻了农民负担。在此基础上,国家于2006年1月1日废止《中华人民共和国农业税条例》,全面取消农业税费,终结了农民种田交税的历史。

　　与农民负担问题交织在一起的,还有乡村因人口外流而引发的"三农"问题,这个问题延续至今,并成为乡村振兴中最需要解决的问题。乡村人口流出始自20世纪80年代中期,乡镇企业发展吸引了乡村部分青年,他们到家乡附近的城镇企业打工。进入90年代,城市开放和沿海地区经济发展,越来越多的乡村青年甚至中年人参与到打工"大潮"中,一些农村地区因劳动力流出而出现严重的"三农"问题,即李昌平给朱镕基总理信中说的"农民真苦,农村真穷,农业真危险"。③尽管国家实行了一系列"多予、少取"政策,并在新农村建设、美丽乡村建设、精准扶贫等战略实施中加强乡村基础设施建设和公共事业发展,健全了农民社会保障体系,但"大转型"中乡村人口流失问题依然尖锐,乡村振兴必须解决这个棘手的历史性、

---

① 徐少淮:《负担在5%以内 为何农民还有意见?》,载《农村工作通讯》1994年第10期。
② "三取消",是指取消乡统筹和农村教育集资等专门向农民征收的行政事业性收费和政府性基金、集资;取消屠宰税;取消统一规定的劳动积累工和义务工。"两调整",是指调整现行农业税政策和调整农业特产税政策。"一改革",是指改革现行村提留征收使用办法。
③ 蒋高明:《乡村振兴:选择与实践》,中国科学技术出版社2019年版,第20页。

现实性问题。

乡村因城镇化发展而出现的人口外流问题还在加剧,并在一些地方造成农民不愿意种田、土地撂荒问题。虽然国家保护农户的土地承包权、经营权和宅基地的财产权,以及集体经济的收益权,明文规定"保持土地承包关系稳定并长久不变","不得以退出土地承包权作为农民进城落户的条件",但新发展阶段中农民留守等问题的症结已不在农村内部,它们源于城镇化发展并因乡村社会转型而加剧。如此,农民问题的解决不能拘泥于农村,需要跳出农村寻求更有效的解决办法。也就是说,新发展阶段农民问题的新情况、新挑战,要求乡村振兴战略与新型城镇化发展战略协同实施,把农民问题解决作为推进乡村振兴和新型城镇化发展的引擎,不仅要在乡村振兴和新型城镇化发展中着力解决农民问题,还要借助乡村振兴的势能,促进城乡融合发展。

三、乡村振兴抓手:改善乡村民生

新发展阶段乡村振兴的社会情境较为复杂。基于全面建成小康社会和农村实现全面脱贫基础上的乡村振兴处于"百年未有之大变局"中,国家不仅需要它为城乡发展释放巨大内需,以激发国内大循环潜力,而且希望乡村振兴能够补上现代化发展的短板、弱项,促进城乡融合发展。同时,新发展阶段乡村居民对未来美好生活有更多梦想、更高要求,乡村振兴面对的情境不再是农民要求脱贫、致富,而是城镇化发展、乡村人口流动造成的民生问题。鉴于此,新发展阶段乡村振兴不仅要推进乡村产业、人才、文化、生态、组织的全面振兴,实现乡村产业兴旺、生态宜居、乡风文明、治理有效和生活富裕,更需要解决农民日益增长的美好生活需要与乡村发展不平衡不充分的矛盾,改善乡村民生状况、提高农民获得感、幸福感和安全感。农民问题集中体现在民生上,改善乡村民生状况,满足农民日益增长的民生需要,是新发展阶段推进乡村振兴的"抓手",乡村振兴亟须抓紧、抓好这个关键点。

然而,乡村民生发展长期滞后于城市。中华人民共和国成立后,国家将发展、建设重点放到工业发展和城市建设上;实行粮食统购统销政策,将城市人与乡村人的吃饭问题分开解决,城市人的口粮由国家统一分配,乡村人的吃饭问题需要农民自己或农村集体解决;同时,国家推行严格的户籍管理制度,对城乡人口进行分开登记管理,限制农村人口向城镇流动。以这两项为基础的城乡二元制度,将中国城乡分成两个不同的公共性空间:在城市空间,公共性凸显"公性",国家和地方政府承担了公共设施建设、公共服务供给;而在农村空间,公共性凸显"共性",国家要求农村集体组织承担农村基础设施建设和公共服务供给。① 具体来说,城市居民的就业、医疗、养老、住房、教育等民生需要,地方政府和国有、集体单位全部包揽下来。虽然当时城市经济发展缓慢,不能给居民提供高水平的民生保障,但城市社会几乎是无风险的生活空间,居民可以在城市无忧无虑地生活。相比之下,生活在农村空间的农民们,要依靠自己解决生活上的困难。虽然国家在农村建立了社队集体组织,但多数社队集体经济收入少,教育、医疗等公共事业主要依靠农户出资,更何况,乡村集体的经济体量小,无法为农民提供与城市一样的民生服务。如此,改革开放前的城乡差距不仅仅在经济发展方面差距大,民生方面的差距更大。

家庭联产承包责任制实行后,国家允许农民自主从事农业生产,粮食和其他农作物生产以及农村副业快速发展,乡村民生在国家"放权"和农民自主经营下明显改善,农民基本解决了缺衣少食问题。20世纪八九十年代国家在乡村民生上的投入主要在乡村教育上。科教兴国战略提出后,国家大力发展乡村教育事业,建立了较完整的乡村教育体系,农村地区的适龄儿童在1986年后享受到义务教育权益。② 至于乡村其他方面的民生,主要靠乡镇政府和行政村向农民征收"三提五统"费来维系。行政村征收的公积金、公益金、管理费和乡镇征收的教育附加费、计划生育费、民兵训练费、民政优抚费和民办交通费,不仅名目繁多,而且居高不下,对冲掉家庭

---

① 吴业苗:《城乡二元结构的存续与转换——基于城乡一体化公共性向度》,载《浙江社会科学》2018年第4期。
② 国家拨给的教育事业费难以保证乡村教育发展,1984年《国务院关于筹措农村学校办学经费的通知》要求"乡人民政府可以征收教育事业费附加"。很多地方政府根据此《通知》每年要求农民上交20元的教育附加费。

部分增长的收入,致使乡村民生改善缓慢。

　　新农村建设战略实施是继农业税费取消后国家改善乡村民生状况的又一重大举措。农业税费取消后,农民种田不再有税费负担,农户的种田收入和家人进城打工收入大幅度增长,家庭生活水平显著提高。与此同时,国家开启新农村建设,增强乡村公共设施建设、改造力度,越来越多地承担起乡村道路、交通、电网、通信、有线电视、农田水利设施、垃圾处理等公共设施以及教育、医疗、低保等公共事业发展责任,乡村基础设施、居住环境、生活条件得到了较大改善,乡村民生状况随之发生较大改变。具体地说,自从国家力量加入到乡村建设和民生事业发展中,乡村一直处于民生不断改善的通道上:美丽乡村建设让新农村建设"锦上添花",打造出了一个又一个环境美、产业美、人文美的乡村;精准扶贫脱贫方略是国家为新时代乡村良好发展"雪中送炭",其中,以农民家庭年人均纯收入达到国家现行扶贫标准的"一达标",义务教育、安全住房、基本医疗有保障的"三保障",以及不愁吃(含安全饮水)、不愁穿"两不愁"为主要目标的实现,让乡村每一个人"都不落下"。换言之,新农村建设和美丽乡村建设初步解决了国家在乡村民生中的缺位、不足问题,精准扶贫脱贫方略的实施填堵了乡村民生"漏洞",消除了乡村民生死角,补齐了乡村民生短板,增强了乡村民生弱项。

　　新农村建设战略和精准扶贫脱贫方略的实施初步解决了乡村民生问题,缩小了城乡民生差距,乡村居民的民生权益正在与城市对接。但是,乡村民生还有很多痛点,城乡民生融合发展还有很长的路要走。相比于城市,乡村在"幼有所育、学有所教、劳有所得、病有所医、老有所养、住有所居、弱有所扶"等方面还存在一定的不足。(1)在幼儿教育上。多数村庄没有幼儿园,乡村幼儿仍缺乏正规教育。诚如何静、严仲连所说,乡村幼儿有足够的玩耍游戏时间,追逐跑跳让他们具有较好的动作能力,但他们缺乏语言、逻辑思维等方面的"入小学的准备"。[①] (2)在义务教育上。城镇化发展严重冲击了乡村义务教育,父母外出打工导致留守儿童教育管理缺

[①] 何静、严仲连:《农村学前教育需要合理的质量标准》,载《现代教育管理》2014年第8期。

位,并且村庄人口流出,乡村学校学生数量锐减,一些地方出现"麻雀班级""麻雀学校",还有一些地方的学校被大量撤并,乡村学龄人口不得不到距离更远的中心城镇、县镇学校读书。①(3)在劳动就业上。虽然农业生产机械化程度的提高和农业社会服务发展减轻了农业主要劳动力外出打工造成的种田困难,老年人能够在一定程度上担负得起农业生产重担,但农业劳动收益低的状况没有改变,越来越多的农民不想继续从事农业劳动。(4)在看病治病上。农村新型合作医疗制度的实行解决了农民看不起病、不敢治病的问题,农民看病的门诊、住院报销比例低和报销难问题也得到一定的缓解,但新型合作医疗报销比率仍低于城镇居民,尤其是门诊报销还有诸多限制,农民看病治病仍不够方便,因病致贫问题时有发生。(5)在老人养老上。习惯依靠子女养老的乡村老人,因子女外出打工,只能通过自己劳动来保障生活资料的自给或半自给,多数老年人一直维持着劳动状态直至"劳作终结"。②(6)在住有所居上。传统乡村社会的农民把住房看作门户的脸面,一有多余的钱就翻盖住房。改革开放后,多数村庄中的农民住房都经过若干次翻建或改建,居住条件得到极大改善。但由于农户居住分散,房子盖得好并不意味农民生活好,与房子配套的公共设施没有及时跟上,以至于越来越多的农民舍弃村庄住房到集中社区或城镇新建或购买住房。(7)在困难群体帮扶上。国家实施的精准扶贫脱贫方略解决了农民绝对贫困问题,一些缺乏生产能力的农民生活也有民政提供的托底保障,但由于乡村人口多,农业生产的风险高,农民因病致贫、因经营不善致贫以及因其他一些不确定因素影响而返贫的时有发生。

总的来说,乡村民生好坏是检视乡村振兴效果的"试金石"。新农村建设、精准扶贫脱贫都在一定程度上促进了乡村民生问题的解决,如政府公共服务下乡,乡村社会的公共设施条件、公共服务水平不断提升,乡村居民的文化教育、劳动就业、卫生健康、居住环境、养老保障等民生权益都有所改善。但是,乡村民生在新发展阶段还存在不少问题,城乡民生差距尚待

---

① 秦玉友:《教育城镇化的异化样态反思及积极建设思路》,载《教育发展研究》2017年第6期。

② 陆益龙:《后乡土中国》,商务印书馆2017年版,第185页。

进一步缩小,有必要将乡村民生改善作为乡村振兴战略实施的重要抓手,从而提高农民的幸福感、获得感和安全感。

四、乡村振兴遵循:满足农民意愿和要求

新发展阶段农民的意愿和要求与20世纪八九十年代不同。在农业生产力水平低、城乡二元壁垒坚固的时代,农民的意愿和要求集中在基本生活上,种田收粮几乎成为农民经济生活的全部。进入21世纪后,日子逐渐好起来的农民发现种田与打工的收益悬殊,纷纷将家里的田地丢给老人、妇女耕种,非农业收入成为多数农户增收的主要收入来源,农业逐渐沦为农户的兼业或副业,更多农民的意愿和要求不再止于基本生活,而是改变家庭生活状况,过上更好的日子。新发展阶段农民意愿与要求的变化主要体现在如下方面:

第一,新发展阶段城乡差距缩小,广大农民尤其是进城农民希望拥有新身份。近年来,城乡差距不断缩小,2020年乡村居民人均可支配收入达到17131元,城乡居民人均可支配收入比值已经由高值3.33下降至2.50。[①] 同时,国家政策鼓励农民进城、转变身份:根据国家统计局发布的《2020年农民工监测调查报告》,城镇已有2.8亿以上的农民工人口,而且3—5岁随迁儿童入园率达到86.1%,随迁儿童义务教育在校率达到99.4%,农民工及其随迁子女正在逐渐融入城市;国家进一步降低城市落户门槛,300万人口以下城市全面取消落户限制,更多的乡村居民可以转变为城镇居民。尽管如此,居村农民从事的还不是体面的职业,进城农民还难以成为名副其实的城镇人,他们中的不少人梦想着从村庄真正地走出来,切实转变传统农民身份,过上现代的、文明的生活。

第二,新发展阶段乡村的家庭生产情境与20世纪末不同,多数农民不再看重农业生产。20世纪八九十年代农业生产力水平低,实行的家庭联产承包责任制适应当时生产力发展水平,可进入21世纪,尤其在深度城镇

---

① 《中华人民共和国2021年国民经济和社会发展统计公报》,载《人民日报》2022年3月1日第10版。

化后,工业反哺农业、城市支持农村的力度不断增大,农村生产力水平大幅度提高。2020年,全国农作物耕种收机械化率达到71%,其中小麦、水稻、玉米的耕种收综合机械化率稳定或超过95%、85%、90%。一家一户的农业生产方式愈益不适应农业生产力发展要求,越来越多的农户更愿意把承包地流转给种田大户、家庭农场、专业合作社,全家流转到城镇生活。全国的农业生产局面和家庭经营形式因大量劳动力外出和农业机械化发展而发生巨大改变,广大农户不再将致富、过好日子的期望放在"一亩三分地"上。尽管边远地区包括山区、少数民族地区的农村人口城镇化、农业机械化、土地规模化、经营产业化发展慢于经济发达的沿海和城市郊区农村,但城镇化、机械化、规模化和产业化是农业经济发展趋势,多数农民将逐渐放弃农业生产;尽管一家一户的农业生产是维持农民生活的稳定器,是进城农民谋生的调节器和国家经济波动式的"蓄水池",保持一家一户的农业生产方式长久不变,对国家经济社会既稳又快发展有利,但现在的问题是,小农一家一户的农业生产难以让农民获得社会平均利润,也难以做到让农民不"见城思迁"。

第三,新发展阶段农村留守老人希望过有质量的养老生活。如今,老年人是乡村农业生产的主体力量,他们用羸弱的身躯担负起沉重的农业生产重担。虽然他们还可以为乡村振兴和农业农村现代化继续做贡献,但充其量只能维持小农生产十至二十年。更何况,新发展阶段乡村老人的权利意识有所增强,其中一些人不再愿意做苦活、累活,也不再愿意过"自力"的老年生活,越来越多的老人希望过与城市老人一样的、有养老保障的生活。

综上可见,新发展阶段农民的意愿和要求的变化,导致乡村振兴战略实施面临诸多困境,如乡村振兴战略实施需要在尊重农民意愿的前提下满足农民继续进城、不想种田、养老等方面要求。简言之,乡村振兴战略实施需要充分尊重农民离村、进城的意愿与要求,不能强迫农民留在乡村并要求他们参加乡村振兴的建设行动。有领导曾感慨江苏省苏北的农村住房还不如甘肃农村,殊不知日子好起来的苏北农民心思已不在村庄,他们中的多数人有城镇住房,村庄中的旧房子只是他们的"老家"。对江苏苏北农村的调查发现,由于农村新生代向往城市生活,普遍不愿留村,今后一个时期苏北农民进城、入镇、留村的意愿有可能呈现5∶4∶1甚至6∶3∶1。①因此,乡村振兴战略实施需要充分预估农民进城的不确定性,切忌在村庄改造和兴建新社区中"撒胡椒面",将乡村振兴误解为每一个村庄的振兴,以至于造成资源浪费和出现村庄再度空心。

诚然,农民离村、进城只是部分农民或大部分农民的意愿和要求,并不是所有农民的意愿和要求。乡村振兴战略实施需要看到中国地域差异和乡村经济社会发展不平衡的现实以及乡村居民的不同愿望和要求,尤其需要充分尊重那些留守在村庄、继续从事农业生产的农民需求,不能借口村庄整体规划,强制留在村庄从事农业生产的人离开村庄。中国农业生产不同于美国,难以全面推行大规模农业生产;中国农业生产也不同于日本、韩国,难以全面推行精品农业生产。中国人口,即使城镇化率达到80%左右,乡村也还有几亿人口居住,尤其在丘陵、山区的乡村,农业生产规模化程度有限,一家一户的小农或将在很长的时期都存在。即使在经济较发达的农村地区,也有农民要求继续过村庄式生活,从事小规模或大规模的农业生产。乡村振兴需要尊重他们的选择,不仅因为乡村振兴是以农民为主体的,更重要的是,留住部分村庄和小农户,可以让农民尤其是小农拥有一个长久的安居之所;可以保持农业生产活性和农产品多样性,满足不同生产者和不同消费者的不同需求;可以让城市有个牢固的大后方,纾解现代化发展不确定性带来的压力,防范"农村病"与"城市病"叠加情况的发生。

五、乡村振兴的"重中之重"

农民问题是关涉全面建设社会主义现代化的全局性、战略性问题,新发展阶段的乡村振兴亟须解决农民民生问题。国家在全面建成小康社会中高度重视农民问题及其解决,实施了一系列强农、惠农、富农的利农政策,农业现代化、农村现代化和农民生活现代化的水平显著提高,初步形成了农业基础稳固、农村发展稳定和农民收入稳增的局面。然而,中国农民

---

① 储胜金:《积极稳妥推进农民集中居住》,载《新华日报》2019年7月2日第13版。

的结构性矛盾和深层次问题依旧严峻,不少农民仍处于农业劳动累、生活压力大、社会保障弱的情境中。鉴于此,以农民为核心的乡村振兴,应该把解决好农民问题作为乡村振兴"重中之重"的工作。

其一,乡村振兴战略的实施不能损害农民利益。近年来,一些地方围绕乡村振兴宏大主题开展了乡村产业发展、村庄改造、文化建设、村级治理和农民增收系列行动,并取得骄人的成绩,但却程度不同地存在忽视农民主体地位的现象。农民是乡村的真正主人,农村社区是农民温馨的家园,乡村要在顺应村情民意上推进振兴。乡村振兴战略的实施"要充分发挥农民主体作用,不能代替农民、替农民决策,更不能排斥农民"①。政府在乡村振兴中发挥发展乡村产业、改变乡村面貌、提高农民生活水平,促使乡村全面对接都市,让乡村居民过上现代文明生活的伟大事业的作用,需要农民全方位、全过程地参与。"有农民参与的乡村振兴才是真正的乡村振兴。"②

其二,乡村振兴重点不在打造美丽村庄上。近年来,一些地方乡村振兴重点放在农舍改造、粉刷,以及民俗馆、图书室、活动室、会议室、诊所等公共设施建设上,乡村不乏人工精心打造的蜿蜒曲折的小道、镂空的河道护栏、供人休憩的凉亭。尽管这些花巨资精心打造的村庄酷似一幅幅水墨画,美轮美奂,但它们更似城市的公园、园林,或者似欧美的传统庄园,已经没有多少中国乡村气息,其中的一些村庄已经不适合农业劳动者居住、生活,既不方便居民做农活,又不适宜饲养家禽家畜。乡村振兴需要改造村庄,让农民居住环境更宜居,但不能把乡村振兴简化为美丽乡村建设,乡村振兴是乡村的全面提升和整体振兴,尤其要提高农民民生水平。

其三,乡村振兴不能搞"锦上添花"。乡村开放旅游资源、发展农家乐,是乡村发展经济、增加集体实力和提高农户收入的重要途径,但政府是乡村振兴的主导者,其职能主要体现在为乡村振兴提供公共产品和公共服务上。也就是说,政府在乡村振兴中的职能更多体现在村庄基础设施和农田

---

① 赵永平:《乡村振兴要精准发力》,载《人民日报》2018年6月10日第9版。
② 龚丽兰、郑永君:《培育"新乡贤":乡村振兴内生主体基础的构建机制》,载《中国农村观察》2019年第6期。

水利修建上,资金要用在为乡村振兴夯实基础上,即帮助村庄修建通往各村各户的硬质公路,既让农机、农资、快递,以及一般的生活用品和公共服务能够进入村庄,又方便农产品出村、居民外出,包括购物、上学、看病等;推进农田水利设施实现现代化,建设高标准农田,完善农田排灌系统,让乡村更有乡村特色——在广袤无垠的田野上,映入眼帘的是绿油油的麦苗、稻苗,或是沉甸甸、黄灿灿的谷穗;促进农地向家庭农场、种田大户、专业合作社流转,加快农业生产规模化和机械化发展,让从事农业劳动的人成为体面的劳动者,有完善的社会保障,有与城市人差不多的现代生活。

第七章

"民生为先":乡村治理的基本遵循

乡村民生事业发展缓慢和民生服务供给不足是乡村振兴的弱项、短板,乡村治理亟须振兴乡村民生事业。然而,一些地方在乡村治理包括乡村振兴中没有将工作重心放到民生问题及其解决上,出现乡村振兴与民生改善相悖的问题。尤其是,强力改造村庄,强迫农民集中居住或进城的治理方式,让部分农民的民生权益在乡村振兴中受到损害。在新发展阶段,城镇化发展对乡村民生问题的解决日渐式微,乡村振兴成为乡村治理和民生改善的重要抓手。唯有在乡村振兴中优先振兴乡村民生事业,补上乡村民生的短板,强化乡村民生的弱项,才能有效地提升乡村治理水平。

一、增进民生福祉的乡村治理问题

乡村治理是国家治理的基础,全面建设社会主义现代化国家需要夯实乡村治理,推进乡村实现有效治理。不仅乡村治理水平低于城市,需要与城市治理对接、并轨,而且乡村治理中重管理、轻服务的问题突出,民生事业发展缓慢。改善乡村民生、满足乡村居民日益增长的美好生活需要是新发展阶段乡村社会矛盾的主要方面,理应成为乡村治理的重要抓手。唯有在乡村治理中不断增进民生福祉,提高乡村居民的获得感、幸福感、安全感,才能更有效地推进乡村实现振兴和更扎实地推进共同富裕。

学术界对乡村治理展开了广泛研究,成果已具有较高的成熟度。学者们从多个层面展开乡村治理研究,包括国家权力如何治理乡村的国家治理层面、乡村村民如何进行乡村治理的自治层面,以及民间组织、宗族、经济能人等社会力量如何参与乡村治理的社会层面,[1]其中,国家权力与乡村权力结合、村民自治成长与运行、多元主体与协同治理等一直是学术界关注和讨论的热点。从国家权力下乡[2]、政党权力下乡[3]的乡村治理研究到国家权力与自治权力的合作、博弈以及引发的村级治理行政化[4]、半行政化[5]、行政吸纳等的治理研究[6],再到乡村多元主体参与治理研究[7]和"三治"结合的乡村治理体系建构的研究[8],学者们已经对乡村治理进行了全方位、全过程的理论、实践与政策研究。不同视角的乡村治理研究见仁见智,基本实现了工具理性与价值理性的统一,并达成理论与现实的和解。尤其是乡村治理研究始终保持着与国家治理方向上的一致,即使对乡村治理现实问题及其解决的研究也在国家治理框架下进行:一方面,为国家治理夯实乡村治理基础,冀望乡村治理和国家治理都能行稳致远;另一方面,在乡村治理中嵌入新农村建设、美丽乡村建设、小康社会建设、扶贫脱贫、乡村振兴等宏大主题,希冀有效的乡村治理能够将农业农村现代化、乡村振兴等国家战略变现、落地。

除了国家层面、自治层面和社会层面的乡村治理研究外,随着国家推进城乡统筹、城乡一体化和城乡融合发展战略的实施,一些学者将乡村治理置于城镇化、城乡统筹发展、城乡一体化发展和城乡融合发展中,研判乡

---

[1] 姬超:《城乡结构演变视阈下的乡村治理体系优化研究》,载《农业经济问题》2018年第8期。

[2] 谷家荣、杨素雯:《从"权力下乡"到"权力在乡"——滇越边境瑶族村治变迁实证研究》,载《广西民族大学学报(哲学社会科学版)》2010年第4期。

[3] 徐勇:《"政党下乡":现代国家对乡土的整合》,载《学术月刊》2007年第8期。

[4] 朱政、徐铜柱:《村级治理的"行政化"与村级治理体系的重建》,载《社会主义研究》2018年第1期。

[5] 王丽惠:《控制的自治:村级治理半行政化的形成机制与内在困境——以城乡一体化为背景的问题讨论》,载《中国农村观察》2015年第2期。

[6] 吴业苗:《行政化抑或行政吸纳:民生服务下政府参与村级治理策略》,载《江苏社会科学》2020年第4期。

[7] 李长健、李曦:《乡村多元治理的规制困境与机制化弥合——基于软法治理方式》,载《西北农林科技大学学报(社会科学版)》2019年第1期。

[8] 高端阳、王道勇:《乡村治理中的合作场域生成——基于T市"三治融合"实践的分析》,载《社会学评论》2021年第3期。

村治理的新形态和新样式。学者们研究指出,乡村治理不仅要构建与城镇化相适应的开放包容体系,①将中央的"加快推进市域社会治理现代化"作为乡村治理的政策语境,在"大城市、小农村"基础上建立城乡一体化治理体制,②而且要摒弃重城轻乡的"寄生型"治理、"偏利共生型"治理和"非对称互惠共生型"治理,在城乡"对称互惠共生"中实现城乡治理"空间正义"。③ 还有学者在研究中注意到中国城乡情境变化,认为新发展阶段的乡村治理应该与城市治理对接,适度地实行城镇化治理。④

学者们根据时代发展的新情境拓展乡村治理研究新领域,并结合新趋势新要求不断丰富乡村治理研究的内容,但较少把乡村民生作为乡村治理研究的主要内容:要么在乡村治理中把乡村民生作为"事由",从乡村民生中检视乡村治理的不足与问题;要么把乡村民生作为研究主题,较少运用乡村治理范式诠释乡村民生。本章将乡村民生作为乡村治理研究的抓手,深度解析乡村振兴实践中的乡村民生改善不足和偏离,冀望乡村治理既能有效地推进乡村振兴,又能优先振兴乡村民生事业,进而实现乡村振兴与乡村民生改善协同发展。

二、从城乡分离到城乡融合发展:乡村治理中的民生情境转换

中华人民共和国成立后,中国乡村治理经历了城乡分离—城乡统筹—城乡一体化三个情境。在城乡分离情境下,国家对乡村实行"纵向到底、横向到边"的行政管控,乡村主要采用集体化方式解决乡村民生问题;在城乡统筹情境下,国家放权给乡村社会,乡村主要采用市场化方式解决乡村民生问题;在城乡一体化情境下,国家让利给乡村社会,乡村采用"半行政化"

---

① 辛宝英:《城乡融合的新型城镇化战略:实现路径与推进策略》,载《山东社会科学》2020年第5期。
② 党国英:《论城乡社会治理一体化的必要性与实现路径——关于实现"市域社会治理现代化"的思考》,载《中国农村经济》2020年第2期。
③ 武小龙:《新中国城乡治理70年的演进逻辑》,载《农业经济问题》2020年第2期。
④ 吴业苗:《村级治理的情境变化与转型路向——基于改善民生逻辑》,载《学术界》2019年第11期。

方式解决乡村民生问题。乡村民生在城乡关系演变和治理方式转化中得以改善,乡村居民生活也由贫困、温饱转变为全面小康。

中华人民共和国成立初期,城乡关系处于"混沌"状态,[①]城乡居民拥有相对均等的民生权益。尽管农村存在经济发展落后、民生设施水平低等问题,但乡村居民可以通过流动、进城的途径获取与城市居民差不多的民生权益。1958年,《中华人民共和国户口登记条例》实施后,国家以法规形式将城乡居民划分为农业户口和非农业户口,严格限制农民向城市流动,城乡民生被城乡两个空间结构化,受到两个不同的体制规约:具有城市户籍的人拥有高于农村人的劳动就业、医疗保健、养老保障、文化教育、子女落户,以及粮油、副食品补贴等一系列待遇;[②]而国家力量较少介入乡村民生事务,乡村大量民生问题主要依靠集体经济力量和农民集资解决,乡村道路、农田水利,以及学校、医院、老人养老等设施都由乡村集体主办和农民出资、出力兴办,多数乡村居民处于低保障或无保障的贫困状况。1978年年末我国农村贫困人口有7.7亿人,农村贫困发生率高达97.5%。[③]

进入20世纪80年代,家庭联产承包制的实行提高了农户家庭收入,城乡居民收入差距由1981年的2.5倍缩小到1982年的1.8倍,并在4年里保持在2倍以下,直到1985年(1.86倍)。随着城市改革加快和市场化推进,城市居民收入不断提高,城乡居民收入差距在1986年达到2倍以上(2.21倍),一直到2001年(2.9倍)。21世纪后,城镇化发展进一步加快,城乡居民收入差距持续扩大,2002年达到3.11倍,并在12年中保持在3倍以上,直到2014年才下降到3倍以下(2.92倍)。城乡居民收入是检测民生的重要指标,因为居民收入水平的提高,能够"自力"地改善民生状况。

80年代初的前4年,虽然农村仍与城市割裂,很少有农民进城打工,但粮食的丰收解决了绝大部分农民的吃饭、穿衣问题。80年代中后期,乡镇企业发展和小城镇建设,以及90年代农民向城市流动、打工,不同程度

---

① 费利群、滕翠华:《城乡产业一体化:马克思主义城乡融合思想的当代视界》,载《理论学刊》2010年第1期。
② 吴业苗:《人的城镇化研究》,社会科学文献出版社2021年版,第280页。
③ 《新中国经济70年·精准扶贫》,载《中国经济周刊》2019年第18期。

地提高了农民家庭收入。但相比于城市快速发展和职工收入的快速增长,农民家庭收入和农民民生水平的提高依旧缓慢。鉴于此,国家在90年代后期推行城乡统筹发展战略,并在党的十六大后推行城乡一体化发展战略,希望通过不断加大"以工促农、以城带乡"的强农、惠农、富农的方式,缩小直至消除"工农差别、城乡差别,促进工农结合、城乡结合"[①]。

乡村民生状况在国家城乡统筹、城乡一体化发展战略推进中不断得到改善。新农合的实施和看病、治病报销比例不断提高,以及大病统筹、大病救助等政策的实施,基本解决了乡村居民看病难、看病贵问题,有效地减少或避免了农户因病致贫、因病返贫。不仅如此,农村老人的养老保障、农村妇女的生育保障和"两癌"筛查、农村少年儿童的义务教育、农村弱势群体和困难人群的"低保"等公共事业也快速发展,国家和地方政府为老人、妇女、儿童和困难人口建立了全方位的"托底"保障。尤其是新农村建设、美丽乡村建设、特色小镇建设、精准扶贫脱贫等战略的实施,乡村民生的硬质设施包括乡村道路、农田水利、通信网络、电力设施、公共交通、公共卫生、文化娱乐场所等条件明显改善,乡村居民享有越来越多的公共服务。但城乡统筹和城乡一体化发展在本质上隶属于城镇化发展,城乡在经济社会发展中的地位是不平等的。虽然国家和地方政府在发展策略上不再"重城轻乡""重工轻农",强调城市发展要兼顾农村,城市发展要将乡村纳入一体化、统筹发展中,但发展的主阵地始终在城市,采用的方式是"以工促农、以城带乡"。中国农村人口众多,地域范围广,发展体量巨大,尽管城市和工业在国家一系列优惠政策安排下推进农业发展、农村建设和农民增收,并在一定程度上缓解了"三农"问题,但难以从根本上促进农业农村现代化和解决乡村民生的问题。

然而,学术界普遍认为"三农"问题的解决需要跳出乡村、依托城镇化,才能寻求到有效的解决办法。按照从"三农"外寻求解决乡村问题的逻辑,国家和地方政府都习惯性地依托城镇化发展解决乡村问题,其中,鼓励农民进城打工被看作提高农户家庭收入、改善乡村民生的重要途径。农民进

---

① 黄坤明:《城乡一体化路径演进研究:民本自发与政府自觉》,科学出版社2009年版,第39页。

城打工,一方面改变了农业劳动力结构,多数农户将年轻、身强力壮的劳动力安排进城,非农收入在家庭收入中占比逐渐超过农业收入,缓解了农民家庭的经济问题;另一方面,农民进城带来了愈益严重的民生问题,如出现了前所未有的"三留守"问题,尤其是留守老人的晚年生活和养老问题变得非常严峻。如果说城镇化进一步发展有可能解决留守妇女和儿童进城打工、居住、生活、学习问题——现实中,越来越多的留守妇女和儿童正在加速进入城镇,他们的民生问题不再像20世纪初那么严重,但留守老人进城缓慢,他们的生活困难和养老问题极有可能成为下一个十年甚至二十年最棘手的乡村民生问题,并将对全面推进乡村振兴和扎实推进共同富裕战略形成掣肘。另外,政府大力推进城镇化包括重建乡村居住空间和异地安置,村庄拆迁、合并的力度不断加大,一些农民被动地进入城镇,他们中的一些人缺乏非农工作能力,或不适应城镇生活,其民生问题有可能因城镇化进一步发展而加剧。这是因为,乡村家庭成员没有完全进城前,居村农民的民生问题可以借助于进城农民打工消解,进城农民民生问题也可以依靠居村农民的农业生产化解,民生问题的解决有比较大的回旋空间。而全家人进城后,一旦出现失业等民生问题,一般的家庭将无计可施——回乡,没有田可以耕种;留城,缺乏社会保障支撑。

城镇化发展是乡村治理中的"双刃剑",它在解决乡村一部分民生问题的同时加剧了另一部分民生问题。也就是说,城镇化发展对乡村民生问题的解决有利也有弊:其利一般表现在,部分农民进入城镇居住、生活,农户家庭收入有所提高,一些乡村居民获得均等化公共服务;其弊最集中体现在,老人无力从事农业劳动,老人晚年生活缺乏家庭照顾,进城农民生活不稳定、不适应等问题。毋庸置疑,当前的乡村民生问题不全是乡村有机体在自身运行中出现的,更多的是出于城镇化发展对乡村的影响和冲击。尽管有些民生问题,如进城农民就业问题、进城孩子上学问题等可以在城镇化进一步发展中得到解决,但有些问题,如老人进城难、缺乏家庭照顾等问题,将因城镇化进一步发展而加剧,甚至一直伴随着全面建设社会主义现代化的全过程,直至城乡全面、高度融合。

可以肯定的是,当城镇化发展进入中后期,乡村深层次的民生问题包括老人养老等民生问题的解决更需要乡村自身发力,不能再依赖城镇带动或促进。这是因为,在农业生产发展缓慢、农村建设落后和农民生活水平不高的情况下,国家实行"以工促农、以城带乡"的城乡统筹发展、一体化发展战略,有助于乡村脱贫致富、实现小康,但当城市与乡村的"势差"缩小后,城市失去了对乡村的有效"带动""促进"的"势能",或者说,城市不能再充当乡村发展引擎,乡村治理中的民生问题解决只能依靠乡村自身"蓄能"。正如梁漱溟所说,乡村建设"实是乡村自救",因为乡村"寻不出一个超于乡村而能救顾他的力量"。① 因此,新发展阶段乡村治理中的乡村民生问题解决不能过于依赖城镇化发展,需要把乡村振兴作为着力点和落脚点。唯有做大做强乡村,才能从"工农互促、城乡互补"的城乡融合发展中寻求到乡村民生治理的有效办法。

三、乡村振兴"错位":放大乡村治理中的民生不确定性

在城乡统筹发展和一体化发展中,国家不断地补齐乡村公共设施短板,强化乡村公共事业弱项,乡村发展不再严重附属于城市,②而是拥有自我成长能力。新发展阶段乡村具有与城市同等重要的战略地位,肩负着推进乡村振兴和城乡融合发展的双重重任。但中国的城镇化仍处于进一步发展的过程中,人口还将不断地流向城市,乡村人口结构、空间结构和社会结构的不确定性在短时期内难以消除,乡村居民过上美好生活还存在一定的变数,并且获得与市民等值的民生服务也有一定的难度。鉴于此,乡村治理既不能过于强调乡村自身的再生能力,不顾人口进一步进城的现实和趋势,盲目地、偏执地为进城农民留退路或留乡愁;也不能过于激进,不顾乡村发展的实际情况和居民的长远需要,搬用、套用城市治理方式,将乡村未来发展命运寄托在城市"后花园"的建设上。

受城乡统筹、城乡一体化发展战略实施及其惯性影响,很多地方的乡

---

① 梁漱溟:《乡村建设理论》,上海人民出版社 2011 年版,第 13—14 页。
② 许彩玲、李建建:《城乡融合发展的科学内涵与实现路径——基于马克思主义城乡关系理论的思考》,载《经济学家》2019 年第 1 期。

村治理存在搬用城镇治理方式的倾向。改革开放后的乡村民生与治理不同程度地受到城镇化侵蚀和破坏,乡村沦为城市劳动力的"蓄水池"和农民进城打拼的"大后方",不仅越来越多的家庭不再专心于农业生产,把种植粮食和饲养家禽家畜的农业生产降格为家庭副业,而且越来越多的家庭将发展预期放在家人打工所在地的城市或县城镇上,并不遗余力地向城镇转移,致使一些地方的乡村振兴战略因缺少人而难以实施。相应地,一些地方政府和村集体不再重视乡村民生设施改造、升级,也不再重视发展乡村养老、教育等民生事业。尤为严重的是,乡村居民对地方政府供给的民生服务持冷漠态度:不向地方政府表达改善民生的需求,视政府发展乡村民生事业为"不务正业";不参与乡村民生事业发展,甚至反对、抵制地方政府改善民生项目。这在一定程度上增大了地方政府供给民生服务的难度和经济成本,造成一些地方的民生服务因财政投入不足或官员积极性不高而发展缓慢。究其原因,主要是城镇化单向发展导致乡村社会碎片化、乡村居民原子化,以及乡村集体组织力式微,致使乡村居民看不到乡村的未来和希望,纷纷离乡进城。换言之,城镇化发展让乡村民生问题及其解决变得更加复杂,一些乡村的诊所、学校、商店因缺少人气而不得不关闭,村民看病、上学、购物等需要走更远的路。

城镇化发展严重动摇了乡村发展根基,乡村振兴成为解决村庄空心、挽留乡村劳动力、保留乡村文化、维护农业生产、确保粮食安全的重要依托。党的十九大后尤其是在全面建成小康社会后,乡村被视为与城市同等重要的主体,各地政府以乡村振兴为抓手和引擎,全面推进农业农村现代化。一些地方的乡村振兴取得了显著成效,不仅阻断了城镇化对乡村的继续侵蚀,村庄空心、土地撂荒、劳动力流出等问题有所缓解,乡村的生产生活得到一定的恢复,而且乡村振兴战略实施促进了农村基础设施建设,提高了农户家庭收入和农民的消费水平,推动了"以国内大循环为主体、国内国际双循环相互促进的新发展格局"的形成。但很多地方没有把乡村民生改善置于乡村振兴和城乡融合发展中,一些地方的乡村振兴开展得轰轰烈烈,而乡村民生水平却没有与之同步提高。

一是破坏了乡村有机体,乡村成为城市附属地。综观全国乡村振兴战略实施,很多地方以乡村振兴为契机,"大手笔"擘画乡村美丽蓝图,高标准建设美丽村庄,高档次打造乡村公共设施,一些乡村尤其是城市周边的乡村涌现出大批旅游村、度假村、民宿村。从形态上看,这些村庄除了处于"乡野"中,外围有山林、农田、农作物外,内部更似城市的乡村公园。几乎每一处建筑包括厕所都经过大城市专家团队的精心打造,充满着丰富的文化内涵和诗情画意。然而,与其说这些是美丽乡村,不如说它们是城镇化发展的"另类",村庄里的娱乐园、亲子采摘园、小火车、民宿、餐饮、咖吧、茶室、陶艺馆等也不再属于村民。很多村庄已经没有真正意义上的农业生产,兴办的产业也缺乏乡土本色,偏离了农业、畜牧业、渔业的产业特性。

二是乡村振兴成为政府工程,村民没有发挥主要作用。凡是按照统一标准建设的村庄,基本上是村两委主推的,其背后力量往往不是村民,而是基层政府。一些乡村振兴的典型村庄往往是地方政府精心、倾力打造的,甚至是省市主要领导联系的定点村。尽管这些典型村在建设中体现了自身优势和天然禀赋,开发出了村特色品牌,如红色文化、蔬艺文化、荷花文化、稻田文化和麦田文化,以及樱桃、苹果、桃、葡萄等"果"文化等,但几乎都存在程度不同的过度开发问题:在包装、品牌上进行商业化精心打造,以体现政府对"一村一品、一村一景、一村一韵"的精品需要,唤起新时代对村庄历史记忆、乡土风情的商业价值。不难发现,一些村在乡村振兴中更加注重特色、品牌等方面的文化价值再建,而忘记在乡村场域中生活的人。一些地方把原居民作为改造对象,不断减少他们的数量。

三是重视商业开放,而忽视民生改善。乡村振兴搞得好的村主要体现在产业发展、村庄环境打造上。如此,乡村振兴培育的特色产业往往是民宿、农家乐等旅游产业等,较少将工作重点和主要精力放在粮食产业发展上,并且村庄改造不是为乡村居民提供生态宜居的环境,而是把更多的投入放在"美丽""亮化"上,以吸引更多游客。南京市郊区的某村,拥有全国乡村旅游重点村、中国最美休闲乡村、全国休闲农业与乡村旅游星级企业、中国美丽乡村百佳范例、全国首家社工村等称号。村内有100多个农家乐、民宿、店铺,还有若干栋高档次别墅,但只有3户是本村人经营的,其他的都由村集体和地方政府出租出去,村民主要依靠房租、店面租金和外出打工收入生活。村民反映:现在的村内生活很单调、枯燥,没有农田耕种,也不能饲养家禽家畜,几乎没有"正经事"可做;村内为居民服务的设施少,没有医疗、养老等服务设施,村内一些公共设施包括亲子活动园等都是为方便游客设置的;村内没有市场、商店,居民购物不方便,肉食、蔬菜等都需要到几公里外的镇上购买。像这样的村笔者在调研中发现不少,有的村把自己整体打包给旅游公司开发,不再考虑本村居民的民生需要,甚至将全村的人都迁移出去,村民除了与村有一定的经济分红联系外,村集体或村委会经营活动和村今后的发展已经与他们没有多大关系。

四、乡村治理中的民生服务:由不充分到优先与优质发展

城镇化发展对乡村民生问题解决不断式微,乡村别无选择地要依托自身振兴来促进乡村民生事业发展。这其中的逻辑在于:一方面,实施乡村振兴,着力解决乡村发展不充分问题,有助于推进乡村产业振兴、文化振兴、生态振兴、治理有效和农民富裕,以及全方位地促进农业升级、农村进步和农民发展;另一方面,实施乡村振兴,着力解决城乡发展不平衡问题,有助于促进城乡各类要素自由流动,合理配置城乡公共资源,实现城乡同频共振与共同繁荣。另外,实施乡村振兴,着力增强乡村发展势能,有助于加快补齐乡村民生短板,夯实乡村民生事业发展基础,促进乡村居民过上更加美好的生活。

然而,掣肘乡村振兴助力民生事业发展的问题是一些地方的乡村振兴"跑偏"。乡村调查发现,那些已经被打造为生态宜居乡村、民宿文化乡村、旅游度假乡村、美丽田园乡村、休闲养老乡村的村庄,多数是将乡村振兴的重点放在村庄硬件设施提档升级和特色品牌产业培育上。例如,在硬件设施上,一些地方政府和村集体把村庄当作城市的乡村公园、度假庄园来打造,聘请专业设计师对村庄进行精致雕琢,力求乡村中的一草一木、一山一水、一丘一壑、一田一地、一塘一池、一沟一埂、一砖一瓦具有丰富的文化蕴涵,充满浓厚的诗情画意;在特色品牌产业上,不少村庄充分挖掘本地"特色"产业,开发出能迎合城市人趣味的新产业,包括旅游产业、娱乐产业、民

宿产业、慢生活产业等,利用乡村自然、生态和物产资源,专做吸引城市人消费、能赚钱的产业。显然,这些乡村的硬件设施建设和产业发展都没有考虑乡村民生——设施建设是为了吸引更多的城市人观光、旅游,村庄成为以城市人为主体的乡村公园;产业培育和开发是为了让乡村有商业气、市场气,保留的农业生产也要为乡村旅游服务。

尤其在一些经济发达、乡村振兴程度较高的村庄,村民难以享有与村庄相匹配的民生服务。一些地方政府把乡村的全域纳入整体规划中,进行统一"包装"打造。村庄中房屋由地方政府和村级组织统一收购,村民领取补偿款,或到城镇、城市购买新住房,或到政府集中安置区,成为不住在村庄的社区居民。留在原村庄里的居民越来越少,并且一般不再从事农业劳动——农户的承包地基本流转给村集体或新型农业经营主体经营,他们与原村庄的联系只限于承包地的流转费和少量集体资产的分红。这类村庄的民生服务不健全,甚至有些开发程度高的村庄已经没有为村民生产、生活服务的设施,少数居村农民只得从村庄外寻求民生服务。

在经济欠发达、乡村振兴程度不高的农村地区,民生服务发展缓慢。分散居住在村庄中的农民,一些人继续从事着农业与非农业劳动,但更多的人以外出打工、做生意为主要营生。这类乡村的基本公共设施和基本公共服务比较完善,水网、电网、有线电视、通信网络、道路交通齐全,村民看病就医、购物甚至收寄快递也比较方便。但即使这样民生服务也存在不少问题,突出的是:政府和社会供给的服务不能满足居民多样化需要,民生服务供给与居民的民生需求不完全对称;居村农民还有很多民生需求得不到满足,尤其是为老服务发展缓慢,不能满足农村老人日常生活和养老、看病的需要。

新发展阶段的乡村民生问题与20世纪八九十年代吃饱饭、多挣钱的民生问题不同,与21世纪初乡村居民拥有基本民生保障也不一样。20世纪八九十年代,国家在农业生产与经营管理上放权给农民,农民可以利用承包地多收粮食,并且可以利用乡镇企业、小城镇发展和城市快速发展的契机,外出从事非农产业,赚取比农业生产高得多的收入。进入21世纪的20多年里,虽然大多数农民已经基本解决了吃饭、穿衣问题,但农民尤其是第一代农民工们仍把挣钱作为谋生、致富的第一目标,毕竟乡村房子翻盖、修建、进城买房,以及子女上学读书、人情往来的"人事"都需要大量的资金。鉴于此,农户们一方面继续从事家庭的农业生产,稳固家庭的经济基础,夯实进城人员的大后方;另一方面继续外出打工,提高家庭收入,并在让家庭富起来的同时尽可能地向城镇转移。

当前,越来越多的乡村民生设施和公共服务比较完善,绝大多数农民家庭已经实现了小康,不再生活困难,但居村农民和进城农民对民生需求更多、更高,有的已经接近甚至超过城市居民的民生需求水平。同时,更多的乡村家庭生活预期已经不在村庄,他们中的不少人已经把到城镇买房、送子女进城读书、不再从事农业生产劳动作为生活预期。尽管中国城乡发展仍存在一定的差距,乡村总体公共服务水平仍落后于城市,小康后的乡村民生问题及其治理还需要诉诸城镇化发展,但乡村民生问题的解决还需要依赖乡村振兴战略。唯有乡村民生事业实现振兴,乡村才能在城镇化中不再颓废、萧条,才能再生或恢复乡村的人气、财气和烟火气,也才能扎实地推进乡村居民走向共同富裕。

事实上,改革开放40多年,农民们通过打拼已经摆脱了绝对贫困并过上了小康生活,但他们对美好生活有更高需求。农民在居住空间上已经分为居村农民和进城农民两大群体,居村农民随着城镇化进一步发展还将继续减少,进城农民也将随着市民化不断推进而转身为城市居民。但无论是进城农民还是居村农民,他们的生存环境和生活状况都已经有了质的提高:城市的公共服务越来越多地向常住户口覆盖,进城打工农民及其家属和子女越来越充分地享有城市公共服务;新农村建设尤其是精准扶贫脱贫方略的实施,不仅全面提升了居住环境和公共服务水平,而且强弱项、补短板的利民政策实施,让"老、少、边、穷"农村跟上了现代化发展步伐,居村农民整体生活水平显著提高。鉴于此,当前的乡村治理工作重点不再是国家的"放权""让利",即支持农民增加经济收入、鼓励农民进城谋生,而是要改善为民服务质量,提高为民服务水平,让乡村居民在全方位、全过程、全要素服务中过上更美好的生活。

也就是说,乡村振兴需要将重点放在乡村民生的优质服务上。原因在于：一是乡村的民生服务落后于城市。不仅养老服务、卫生健康服务、就业服务、教育服务的整体水平低于城市，乡村居民享受不到高水平服务，而且一些乡村民生服务还严重缺乏，居民生产生活中的很多问题仍依托家庭内部解决。二是乡村民生服务与发展滞后，不能满足居民日益增长的美好生活需要。政府在乡村提供的服务更多集中在农业生产中，多数地方能够为种田农民提供产前、产中和产后服务，能为饲养家禽家畜的农民提供防疫、免疫甚至销售服务，但政府和社会为农民生活提供的服务非常有限，多数地方的农民生活服务仍依赖家庭或市场。三是乡村居民急需的服务严重不足。改革开放后，乡村变化最大的要算人口流动和人口结构变化，乡村中青年人口进城造成很多村庄成为老人留守、看守的村庄。如果说曾经的城乡差距突出表现在居民的经济收入上，那么，如今城乡差距将越来越多地表现在民生服务上。唯有优先振兴乡村民生事业，不断满足乡村居民日益增长的民生需要，才能有效地推进城乡平衡发展和实现乡村全面振兴。

五、乡村振兴：优先保障乡村民生

乡村振兴战略实施为乡村治理中民生改善提供了新机遇，然而一些地方政府在推进乡村振兴中没有充分重视民生事业发展，甚至造成新的民生问题。处于城乡融合发展进程中的乡村振兴不同于城乡统筹发展和城乡一体化发展中的新农村建设和美丽乡村建设，不仅要在治理中解决城乡发展失衡和乡村发展滞后问题，促进城乡全面、深度融合发展，而且要补上乡村民生的短板、强化乡村民生的弱项，满足乡村居民"幼有所育、学有所教、劳有所得、病有所医、老有所养、住有所居、弱有所扶"的需要。鉴于此，新发展阶段乡村振兴要以民生为先，全面促进乡村民生事业发展。

首先，乡村振兴不能"跑偏"，需要优先发展乡村民生事业。近年来，各地在乡村振兴战略实施中投入很大，并对基础好的村庄尤其是有"特色"的村庄给予大量的物力财力支持，建设了一大批山美、水美、田美、村美、物美的特色田园乡村，包括产业特色、文化特色、生态特色、建筑特色的村庄，以及红色游（历史记忆）、蟹塘游、稻田游（地域特点）、村庄游（乡土风情）等特色旅游村庄。但乡村民生事业发展没有跟上乡村振兴战略实施步伐,即使在乡村振兴程度比较高的村,也出现乡村民生服务低配的情况。民生事业发展滞后和民生服务供给不足的乡村难以实现全面振兴,乡村振兴必须优先改善民生并振兴乡村民生事业。

其次,乡村产业不能过度非农化,需要农业为居村农民提供就业岗位。一些地方在乡村振兴中大力"推动农业与其他产业融合,发展乡村休闲、观光、养生、旅游、度假产业"①。振兴的乡村产业集中在大健康产业、大旅游产业、大融合产业和高科技产业上,并采用公司化、规范化、科技化的运作,注重生态自然和旅游产品、度假产品的组合,将山地、水田、茶山、林园打造成景观,希冀依托粮、菜、果、茶、畜、渔,建构加工、物流、旅游一体化和一、二、三产业联动发展的现代复合型、循环型产业体系。但农业是乡村的根本,乡村振兴要守住农业和粮食生产。在任何时候乡村的主导产业都应该以粮食生产为主业,并与林业、牧业、副业和渔业一起形成"大农业"系统;农业是乡村振兴的底色,也是乡村最有特色的产业,乡村不能没有农业,也不能没有从事农业劳动的农民。农业生产及其经营是居村农民主要的民生依托,振兴乡村产业一定要优先振兴乡村农业,保障居村农民充分就业,而不能为了"赚钱"而丢掉农业,让农民成为居住在农村而无所事事的"混日子"的人。

最后,民生服务不能过于集中,需要为居村农民提供多样化服务。以耕地为劳动对象且以种植业和养殖业为主业的农民,"小集中—大分散"的居住状态不能轻易改变。而一些地方政府不顾居民分散居住的实际情况,在行政村或中心村高规格建设服务中心,开展一些与城市社区类似的为民服务活动。尽管在一些农民集中安置区中政府可以按照城市社区样式建设服务设施,提供服务项目,村集体经济发展好的地方甚至可以提供高于一般城市社区的服务,如就餐服务、健身服务、娱乐服务,但更多乡村社区服务设施只能为居住在附近的村民提供服务,使用率不高,甚至长年空置。乡村民生服务要体现乡村自身特色,大面积、多场馆、全功能的服务供给只

---

① 张军:《乡村价值定位与乡村振兴》,载《中国农村经济》2018年第1期。

适合部分农民集中社区。振兴乡村民生事业,需要有切合乡村实际和农民需求的民生服务,不能不顾乡村居民的居住特点和实际需求,盲目求大、求全、求高。乡村居民有着与城市居民不一样的服务需求,需要政府根据乡村居民的居住、家庭、经济、生活等情况,选择不同的服务方式,为居民提供精准的民生服务。

第八章

乡村振兴中的农民问题与政府应对

中央已经擘画好乡村全面实现振兴的美丽图景,广大乡村居民对乡村振兴也充满着期待。然而,基于全面建设社会主义现代化国家新起点上的乡村振兴,面临的任务十分繁重,不仅要巩固精准扶贫脱贫成果,推进扶贫脱贫向乡村振兴过渡和衔接,还要结合新发展阶段现代化发展目标的要求,解决农业农村现代化发展中的深层次问题,满足乡村居民日益增长的美好生活需要。同时,处于乡村社会大转型、农业人口大转移以及世界百年未有之大变局中的乡村振兴,不确定性、复杂性和艰巨性显著增大。为确保乡村振兴行稳致远,乡村振兴战略的实施要在全过程中坚持以人为核心、以农民为中心的理念,切实解决农民问题,促进乡村振兴与农民的友好。

一、以农民为中心:乡村振兴的核心要义

以农民为中心是乡村振兴坚持习近平"以人民为中心"发展思想的实践要求,乡村振兴要"把维护好、实现好、发展好农民权益作为出发点和落脚点"。① 乡村振兴是乡村人尤其是农民的乡村振兴,需要更好地保护农民、转变农民、提升农民,最大程度地提高农民的获得感、幸福感和安全感,促使农民过上更美好的生活。《中华人民共和国乡村振兴促进法》明确指出,中国特色的乡村振兴要坚持农民主体地位,尊重农民意愿,保障农民民

---

① 何鼎鼎:《资本下乡,如何安农富农》,载《人民日报》2018年2月5日第5版。

主权利和合法权益,维护农民根本利益。① 以农民为中心,体现了乡村振兴的价值旨趣和农民立场,乡村振兴要坚定不移地捍卫农民的正当权益和主张。

农民问题是"三农"问题的核心,乡村振兴战略实施要以解决农民问题为引擎、为抓手。"农民问题是中国革命、建设和改革的根本问题"②,也是新发展阶段国家实施乡村振兴战略的问题指向。中国新民主主义革命和社会主义革命的胜利解决了农民土地问题,广大农民成为土地的主人,不再为种田没有耕地而烦恼。社会主义建设和社会主义体制改革解决了农民贫困问题,绝大多数农民摆脱贫困并逐步过上了小康生活。新发展阶段的农民问题不同于中华人民共和国成立初期,也与20世纪八九十年代和21世纪初期不同,农民拥有了国家确权的、能够长久经营的承包地和自我治理、自我发展的自主权利,可以根据家庭和自身利益需要在城乡间自由流动、自主择业。但新发展阶段的农民问题没有因贫困人口如期脱贫和全面建成小康社会而消除,有些问题发生了新变化,其解决也变得更加棘手。例如,城镇化发展造成乡村出现愈发严重的空心化,不仅劳动力加快流出乡村,而且一度留守在乡村的妇女、儿童也随着城镇化进一步发展不断从乡村流出,越来越多的村庄变成老人看守的、缺少人气的"老人庄";小农户为主体的农业生产,与家庭农场、专业大户等大主体,以及大市场、大社会和大生产形成的结构性矛盾愈发尖锐,越来越多的小农户不想再经营小块承包地,已经或打算放弃农业生产;③居村农民还不是"体面职业",晴天一身灰、雨天一身泥的日晒、风吹、雨淋的作业环境与不稳定、低保障的生活状况没有得到根本改变,农民包括农民工从事的工作几乎是苦活、累活、脏活、危险活。

另外,当前的农民问题不只是从事农业生产劳动的农业劳动者问题,也不完全是乡村空间中农民穷、农民累的问题,其中一些是跨越城乡、关涉农民身份的公民权益问题。这些问题依附在乡村有机体上,盘根错节,即

---

① 《中华人民共和国乡村振兴促进法》,载《人民日报》2021年5月20日第16版。
② 张英洪:《农民权利论》,中国经济出版社2007年版,第3页。
③ 吴业苗:《城镇化进程中的小农户分化与升级》,载《社会科学》2019年第9期。

使解决了一个问题,也会出现另一个问题。也就是说,新发展阶段农民问题是多层面、多方面的复合性问题,它比贫困问题更难以解决:扶贫脱贫战略实施,面对的是农民中小部分贫困人口,只要解决扶贫对象愁吃、愁穿问题,并为其提供义务教育、基本医疗、住房保障即可;而乡村振兴战略实施则要面对全体农民,包括居村农民和进城打工农民,不仅要在经济上促使产业兴旺,保障农民过上富裕生活,还要在社会、文化、政治、生态等方面打"组合拳",促进农民全面发展,让农民成为体面的职业。

然而,学界在乡村振兴研究中没有充分关心农民的民生和发展问题,而是将重点放在如何尊重农民的主体地位,以及如何发挥农民的主体作用上。如一些研究指出:农民是乡村建设的行动主体,农民的身体和精神都要在乡村振兴中始终"在场";[1]当前作为乡村主人的农民还没有在乡村振兴"大戏"中真正登场,他们的主体性没有被充分调动起来。[2] 鉴于此,学者们建议:乡村振兴要"知民之所需,供民之所求",[3]尤其要提升农民职业技能,提高农民的主体地位,[4]实现农民自身发展,促使农民成为有科学素养的"现代农民"。[5] 不难看出,学者们对于乡村振兴中的农民主体地位和主体作用的认识比较深刻,并结合乡村振兴战略实施的需要提出了一些颇有价值的建议。但学者们没有把农民"完整"地嵌入乡村振兴中,更少见将农民问题及其解决作为乡村振兴研究的中心议题。

其实,新发展阶段农民问题集中体现在民生上,以农民为中心的乡村振兴需要回应农民的民生需求。中华人民共和国成立后,直到农业税取消前,国家公共设施和公共服务供给的重点都在城市,乡村道路、农田水利等公共设施和乡村文化、教育、卫生、健康、体育、娱乐等公共事业发展严重滞后于城市,并成为消弭城乡差距、实现城乡融合发展的瓶颈。尽管在新农

---

[1] 刘碧、王国敏:《新时代乡村振兴中的农民主体性研究》,载《探索》2019年第5期。
[2] 赵月枝、沙垚:《被争议的与被遮蔽的:重新发现乡村振兴的主体》,载《江淮论坛》2018年第6期。
[3] 陈秋红:《乡村振兴背景下农村基本公共服务的改善:基于农民需求的视角》,载《改革》2019年第6期。
[4] 隋筱童:《乡村振兴战略下"农民主体"内涵重构》,载《山东社会科学》2019年第8期。
[5] 张照新、吴天龙:《培育社会组织推进"以农民为中心"的乡村振兴战略》,载《经济纵横》2019年第1期。

村建设、美丽乡村建设和精准扶贫脱贫方略实施中,国家加大了对乡村公共设施和公共服务的投入,乡村民生状况得到较大改善,但新发展阶段的乡村民生还存在诸多短板、弱项,并对乡村振兴解决农民问题形成掣肘。同时,随着国家经济社会进一步发展,农民对美好生活提出了更多、更高需求,如果国家不能满足其日益增长的美好生活需求,农民的这些新需求就可能转变为新发展阶段的农民新问题。如此,新发展阶段的农民问题既有遗留的、尚未彻底解决的民生问题,又有因经济社会发展不平衡不充分而产生的新民生问题,乡村振兴战略实施需要全过程全方位地化解农民民生问题。

国家在乡村民生上负债沉重,不能冀望乡村振兴一蹴而就地解决所有乡村民生问题,让农民的生活更美好。如留守老人问题的解决不仅需要国家给予更多的资金投入,还需要有耐心,以时间换城乡均等化发展空间,进而在新型农村社区或城镇社区中解决乡村留守问题。相比老的农民问题,农民因新需求而出现的民生问题更难以解决。因为这些需求,有的不是在乡村空间中就能够解决的,需要向城镇"借力"才能解决。如乡村空心化严重,农民看病、教育、就业等民生问题的解决,需要城乡双方携手"共治"才有成效。如此,振兴乡村民生事业,解决乡村的农民问题,一方面,要强化乡村基础设施建设和公共服务供给,保障乡村居民"幼有所育、学有所教、劳有所得、病有所医、老有所养、住有所居、弱有所扶"的基本权利;另一方面,要有条件、有步骤、有区别地提升乡村民生水平,让他们逐渐获得更好的幼儿抚育和教育服务,更优的义务教育服务,更多的劳动就业保障服务,更便捷的看病治病和报销服务,更舒适的居住服务,并让乡村弱势人群和困难人口在乡村振兴中不掉队,过上有尊严、有保障的幸福生活。

二、服务农民民生:政府为乡村振兴"划桨"

按照西方新公共服务理论的诠释,乡村民众应该是推进乡村振兴航船前行的"划桨人",政府的角色是为划桨提供服务且是间接服务。不过,在中国乡村振兴中,政府与农民角色不能完全照此划分,即乡村振兴不能完全依赖农民"划桨",政府也不限于为乡村振兴建立一个"完善整合率和回应力的公共机构",为"划桨人"提供非直接服务。[①] 这是因为,推进地域范围广、地形地貌差异大、农业人口众多、发展参差不齐的乡村实现全面振兴是一项巨大的民生改善工程,不仅需要政府掌舵,动员、组织农民参与乡村振兴事业,还需要政府从事服务工作,甚至为乡村振兴"划桨"——在乡村振兴中,政府既是服务者又是划桨者。

城镇化快速、不协调发展,打破了乡村社会的"有机团结",不断流出的乡村人口加剧了乡村社会碎片化、成员原子化、组织无序化。以地缘关系为基础和以血缘关系为纽带的乡村熟人社会已经在城镇化发展中逐步转变为"半熟人社会"甚至"陌生人社会"。除少数经济发达地区和城郊地区村庄以及个别超级村庄外,大多数村庄的集体经济式微,没有足够的财力、物力和人力维持村庄良性运行,一些村庄的公共设施遭到荒废。村庄劳动人口大量、持续流出,村民自治制度和"一事一议"制度运行陷入困境:有些村的村民大会或村民代表大会的召开难以达到法定人数,出现会难开、事难议、决难行的问题;有些村庄由于人员变老、住户减少而难以实行有效治理,陷入无人管事、无人做事、无人问事的治理空转状态。尽管乡村振兴的重要主体是农民,乡村振兴战略实施要依靠农民,但缺乏组织力、凝聚力的村庄难以维系村民自治的正常运行,毋宁说为乡村振兴"划桨"而出人、出力了。

政府必须担负起推进乡村振兴战略实施的重任。改革开放后,虽然地方政府通过家庭联产承包责任制和村民自治制度"放权"给村民和村组织,村民自主经营、自主治理的权利得以较大程度提升,但地方政府一直在乡村社会保持着"强势",并较好地完成了国家和上级政府交办的征收粮食、收取税费、控制人口的任务。其间,地方政府曾在国家取消农业税费以后一度蜕变为"悬浮政府"——失去税费提成而出现一定的财政困难,不得不从乡村底层上收部分权力,减少了乡村公共设施投入和公共服务供给。但乡村社会的政府缺位时间很短,国家实行的新农村建设再次促使政府下

---

① 〔美〕珍妮特·V.登哈特、罗伯特·B.登哈特:《新公共服务:服务,而不是掌舵》,丁煌译,中国人民大学出版社2010年版,第5页。

乡，即政府在执行国家"多予"政策中逐渐形塑出服务"三农"的形象，主动将越来越多的公共产品、公共服务送到农民手中。就此而言，国家取消农业税费和实行新农村建设是地方政府在村级治理中扮演不同角色的分水岭：之前是"多取、少予"，政府强制管理乡村社会和民众；之后则是"多予、少取"，政府成为服务型政府，主动地、自觉地服务乡村广大民众。近年来，乡村公共设施提档升级，居村农民享有的公共服务越来越多，尤其是农村贫困人口全部脱贫，这些成绩的取得都来自地方政府亲力亲为——地方政府及其官员在新农村建设、扶贫脱贫中劳苦功高。地方政府一直战斗在改变乡村面貌、改善乡村民生的最前沿，既"掌舵"做指挥员，又"划桨"做战斗员。

新发展阶段的乡村振兴是继新农村建设、美丽乡村建设后的农村建设行动"升级版"，对地方政府的角色期待更高。乡村振兴战略实施基础比2006年实施新农村建设牢固，新农村建设、美丽乡村建设、特色小镇发展，尤其是农村贫困人口的全部脱贫，为乡村振兴战略实施提供了牢固的经济社会基础。但新发展阶段的乡村振兴，国家有更高更远的战略要求，不仅要实现农业农村现代化，让农业变得更强、农村变得更美、农民变得更富，还要彻底消弭城乡差距，让乡村全面、无缝对接城市，进而实现城乡融合发展。鉴于此，乡村振兴是国家改变中国乡村面貌、提高乡村民生水平的全场域行动，需要动员多方面主体参与，包括企业、社会组织和乡村居民都要参与到乡村振兴这项宏伟事业中，为乡村振兴尽一份力。但政府尤其是地方政府应该是参与乡村振兴多元主体中的"带头大哥"，不仅要发挥表率作用，多出钱、多出力，还要放下身段，做好服务员，为市场力量和社会力量参与乡村振兴事业提供平台和支持。进言之，全面建设社会主义现代化国家对乡村振兴有更高要求，乡村居民对乡村美好未来有更多的期待，地方政府需要将工作重点从扶贫脱贫、全面建成小康社会中转移到全面推进乡村振兴中，全方位、全过程地投身到乡村振兴的伟大事业中，发挥社会主义制度集中资源办大事的优势，广泛动员、组织农民参与到乡村振兴中，补上乡村民生短板，消除掣肘乡村实现全面振兴的弱项，尽快缩小城乡发展差距，让乡村居民过上幸福美好的生活。

需要注意的是,乡村振兴需要政府"划桨",但政府不能完全取代农民。就当前乡村振兴的实施情况看,各级政府尤其是基层政府正在积极响应中央推进乡村振兴战略的号召,几乎全身心地投入到乡村振兴战略的实施中。但一些地方的乡村振兴工作出现没有农民、忽视农民甚至损害农民利益的过激行为,致使乡村振兴事业出现不和谐。政府是推进乡村振兴的主导力量,而很多地方政府将"主导"当作"主体",大包大揽乡村振兴所有事务;或者"赤膊上阵",将以农民为中心的乡村振兴看作以政府为中心的乡村振兴,不顾农民的利益和要求,一厢情愿地、武断地推进乡村振兴;或者"急躁冒进",不顾地方经济社会发展的现实条件和成本承受力,背债甚至不惜代价地打造乡村振兴示范点,并强行推广;或者"借机寻租",打着乡村振兴战略的旗号,强拆农民住房,强征农户宅基地,从而谋取土地高额利润。以至于一些地方的乡村振兴成了政府干事—农民观看、政府流汗—农民抱怨的政府工程。诚如梁漱溟检讨20世纪30年代乡村建设问题时说的,我们走上了一个站在政府一边改造农民的道路,"假若农民力量老开发不出来,老是我们主动,则乡村运动终无前途"①。鉴于中国乡村在城镇化中受到严重"损伤"的现状,指望农民推进乡村振兴是不太现实的,政府也需要在乡村振兴中发挥更大作用。但乡村振兴毕竟是以农民为中心的、关涉农民能否过上美好生活的工程,政府不能包办乡村振兴所有事务,也不能越俎代庖,代替农民绘制乡村振兴蓝图,更不能把乡村振兴异化为地方政府的面子工程、政绩工程、形象工程。乡村振兴这艘航船的前行,需要政府掌舵和划桨,更需要政府能够动员农民广泛参与,这是保证乡村振兴这艘航船不偏离方向且有较快前行速度的战术支撑点。

三、基于农民立场:让乡村振兴更友好

以农民为中心的乡村振兴,要求政府站在农民立场上推进乡村振兴。具体地说,乡村振兴要在全面建成小康社会、消除农民贫困问题的基础上,

---

① 梁漱溟:《乡村建设理论》,上海人民出版社2011年版,第410页。

从源头上消除农民问题,如留守人员生活困难、社会保障水平低、农民身份转变难等问题,让农民成为体面的职业;乡村振兴要推进城乡、不同农村地区的平衡充分发展,不断满足乡村居民日益增长的美好生活需要,让农民过上更美好的生活;尤其是乡村振兴要遵循友好愿景,疏通农民与城市、农民与市民、先富农民与尚未富裕农民的共生共享通道,让农民拥有温馨的生活环境。为了让乡村居民"无忧无虑地生活在那里",拥有较高且确定的安全感,①新发展阶段的乡村振兴要站在农民立场上,促进农民与自然、城市、市民以及农民自身的友好。

1. 改善乡村人居环境,让农民与自然友好

自 2018 年中国实施乡村振兴战略以来,全国各地都高度重视乡村居住环境改造,乡村"生态宜居"已经具有较高的完成度。越来越多的村庄依托自身资源禀赋,如白墙黛瓦的民居、独具韵味的拱形小桥、曲折迂回的河流、三五成群的白鹭、波光粼粼的碧水、层层叠翠的茶园,甚至村庄中的手工豆腐坊、老码头、老祠堂、老油坊、老茶馆、老树、荷塘、螃蟹、青虾等,打造富有特色的美丽乡村。一些村庄不仅体现现代特色,如淘宝村、慢生活村,还有历史质感,村庄中的民俗馆、村史馆等尽显传统之美。

但也一些地方在村庄生态宜居方面走过头,对村庄进行了"过度"建设。乡村振兴是基于农业生产、产业兴旺而开展建设行动,人居环境改造需要遵循人与自然友好的愿景,不仅让乡村居民过上更好的乡村生活,还要让村庄居民更方便从事农业生产。虽然一些村庄可以依托自身独特的自然、文化资源打造成吸引城市人的乡村旅游景点、农家乐,但可以肯定的是,多数这类村庄已不再是纯粹的、完整形态的乡村,不再适宜粮食种植等农业生产活动,它们更似城市的"后花园"。乡村振兴可以在乡村建造城市"后花园",也可以依靠乡村独特魅力和城市人对田园生活的向往发展乡村旅游业,但毫无疑问,这不是乡村振兴工作的重点,更不应该拿政府宝贵的资源为个别村庄、部分村民做锦上添花的工程,更何况花园村庄打破了农

---

① 〔英〕齐格蒙特·鲍曼:《共同体:在一个不确定的世界中寻找安全》,欧阳景根译,江苏人民出版社 2003 年版,第 3 页。

民与自然的先天和谐。乡村振兴中的生态宜居村庄建设一定要敬畏自然、保护自然、顺应自然,注重乡村人与自然的共生共处,即宜居村庄应该充满着田园风光,底色是绿油油的庄稼、金灿灿的谷物,而非美轮美奂的山水画,更不是游人如织的公园。

2. 缩小城乡发展差距,让农民与城市友好

改革开放以来,国家为缩小城乡差距,多次调整、升级城乡发展战略:20世纪末,国家为避免城乡发展差距扩大,提出了城乡统筹发展战略;21世纪初,国家为更好地推进新农村建设,将城乡统筹发展战略调整为城乡一体化发展战略;党的十九大后,国家为有效实施乡村振兴战略,又将城乡一体化发展战略升级为城乡融合发展战略。城乡统筹、协调发展战略的实施,以及"工业反哺农业、城市支持农村"的"少取""多予"政策的实行,乡村居民生活水平显著提高,城乡居民人均可支配收入已由最高年份的3.33倍下降到现在的2.5倍左右。但中国城乡居民收入差距要达到发达国家的1.5倍水平,还有很长的路要走,尤其需要乡村加速发展,从而让农民过上现代文明生活。

中国城乡二元结构及其结构韧力在城乡统筹发展、一体化发展和融合发展中不断式微,但乡村发展仍严重滞后于城市,农民享有的权益仍普遍低于市民,乡村资本、劳动力等生产要素仍不断流向城市,尤其是进城农民还没有被城市完全接纳,仍是城乡"双边人"。乡村振兴需要进一步促进城乡对接,让城市对农民更友好:一方面,国家继续调整农村产业结构、就业结构和人口结构,最大程度地提高乡村居民的收入水平,让居村农民有条件有可能过上市民化生活;另一方面,大力发展乡村公共服务,通过提高优质公共服务对冲经济收入的差距,让居村农民享有均等化公共服务。另外,切实解决进城农民的身份转变和在城市落户的问题,取消所有限制农民包括进城农民不公平的政策,让农民无论在哪里都能享受到普惠的公民待遇。

3. 提高乡村包容性,让农民与居村市民友好

一直以来,我们都希望城市提高包容性,让进城打工、居住、生活的农

民及其随迁子女能够融入城市,均等化享有城市公共服务。但随着美丽乡村建设和乡村居住环境优化,越来越多的城市人尤其是老年人来到乡村旅游、度假、小憩甚至养老,乡村的城市人越来越多。下乡的城市人希望乡村能包容他们,一部分生活好起来的城市人也希望有个乡村的家。然而,相比于愈益宽松的城市户籍制度,中小城市的农民落户几乎没有门槛,而乡村阻挡城市人下乡的藩篱却越扎越紧。例如,城市人不能购买乡村宅基地,不能在乡村集体土地上建房等政策,限制了城市资本和城市人下乡。在国家政策层面上,乡村及其人员处于弱势地位,国家有必要为他们提供特殊保护。

诚然,乡村是以农民为主体的乡村,土地属于乡村集体,如果允许城市资本下乡挤占或掠夺,有可能导致农民失去承包地和宅基地,并有可能造成更严重的农民生存问题。但众所周知,乡村农业弱质,集体经济体量小,农民仅凭自身力量难以解决乡村发展问题。乡村的农业、农村、农民问题解决不能拘泥于乡村的有限资源,即需要跳出"三农"解决"三农"问题。农民进城打工增加的经济收入,在一定程度上缓解了"三农"问题。同理,乡村振兴是以乡村为主阵地的发展战略,但乡村自身资源难以让乡村实现振兴,需要依赖城市资源和城市人。进言之,全面开放乡村,不仅可以让乡村振兴获得更多的城市资源,还可以让城市人参与到乡村振兴战略实施中。如此做,主要出于:乡村不仅是农民集体或农民个人的,也是国家的,乡村发展成果如同城市发展成果一样,城乡居民都可以共享;乡村的美山、美水和新鲜空气是自然赋予人类的公共品,不是属地农民的私有产品,应该准许城市参与开发,形成城乡利益共同体。乡村振兴要建立在城乡融合发展上,打通城市与乡村、市民与农民的阻隔,让居村农民与居村市民和谐共处,共享城镇化发展、乡村振兴和社会主义现代化发展成果。

4. 完善乡村保障体系,让先富的农民和尚未致富的农民友好

乡村的家庭承包制实施,尤其是市场化、城镇化发展,解构了传统乡村社会的同质结构,历来同质的乡村人出现较大分化,有一部分人先富起来,还有一部分虽然摆脱了贫穷,但尚未致富,乡村振兴需要解决农民自身的友好问题。那些走在经济社会发展大潮前沿、敢闯敢拼、谋生挣钱能力强

的人先富起来了,他们或进城打工,赚取了比农业生产多得多的收入,甚至有少数人成为农民企业家、成功商人;或在乡村从事规模农业、现代农业,成为新型农业经营主体的经营者,如家庭农场主、专业种植大户或养殖大户。先富起来的人已经过上了比一般市民更好的生活,他们是乡村改革的利益既得者。他们中的一些人除了少数仍居住在乡村继续发展外,更多的人离开乡村,以至于乡村社会的能人、强人大幅度减少,甚至有的乡村找不到能够胜任村党组织和村委会工作的人选。

相应地,留守在乡村中的不少人是乡村的"穷人""弱者",包括占有较大比例的老年人。可以想象,无论是现代农业生产还是现代农村建设,或是乡村治理,乡村的弱势群体和困难人群难以支撑起乡村振兴的天空。这些人维持自身生活都有一定的困难,抵御风险能力弱,极易致贫、返贫,需要政府和社会支持。如此,乡村产业发展、宜居环境建设、文化打造、有效治理和富裕生活以及国家粮食安全都需要先富起来的人,至少是一部分经济精英、政治精英、文化精英留在乡村,参与并推进乡村振兴。乡村振兴战略的实施要纠正富人、能人进城和老人、穷人留守乡村的"人"的问题。具体地说,乡村社会化服务,要支持、帮助乡村小农户、弱势人群和困难人群,提高他们发家致富的能力;要留住乡村的富人、能人,培养他们成为乡村工匠、文化能人以及农业职业经理人、经纪人和致富能手;还要保护那些"懂农业、爱农村、爱农民"的人,让他们成为乡村振兴和农业农村现代化的中坚力量。

综上而论,乡村振兴是新发展阶段为了农民生活更美好、让农民成为体面职业的乡村建设行动,在实施过程中要始终坚持以农民为中心的理念。一切为了农民的乡村振兴,不仅要尊重农民主体地位,发挥农民主体作用,还要将农民置于乡村振兴全过程中,全方面地化解因城镇化发展造成的"贱农""伤农"问题,让乡村振兴成为"中国农民'新生'的开始"[①]。因此,乡村振兴战略的实施要坚定农民立场,高度重视农民问题及其解决,着力促进乡村振兴与农民友好。

---

① 赵树凯:《农民的新命》,商务印书馆2012年版,第28页。

第三篇
城镇化发展与民生改善

第九章

乡村民生改善的城镇化向度

乡村民生是乡村治理的痛点和关切点,乡村振兴和城乡融合发展都要提高、改善乡村民生,满足乡村居民日益增长的美好生活需要。然而,中国乡村的民生状况还不尽如人意,存在诸多问题,掣肘"农业强""农村美""农民富"的目标实现。进入21世纪,尽管党和政府把"三农"问题作为工作中的"重中之重",国家将公共事业发展重点逐渐转移到乡村,但乡村社会受到城镇化发展影响,民生问题变得愈发复杂。乡村民生问题的产生、变化与城镇化发展具有一定的耦合性,改善乡村民生有必要以城镇化为向度。

一、回溯:低度城镇化下的乡村民生

改革开放前,中国城镇化发展缓慢,城镇化程度低,20世纪30年代城镇化率在6%左右,1949年是10.6%,[①]1978年比1949年城镇化率仅提高了7.28个百分点。[②] 乡村民生较少受到城镇化影响或干扰,农民在城乡二元结构规制下过着相对独立的生活。

在没有城镇化的传统社会中,无论是庙堂之上的朝廷大员,还是大小官府和衙门中的各类官员,他们很少直接从事乡村民生事务,更少有官员把百姓"过日子"的琐事当作分内责任。统治者能做到薄赋轻敛、"不扰民"

[①] 李强等:《多元城镇化与中国发展——战略及推进模式研究》,社会科学文献出版社2013年版,第5页。

[②] 简新华、何志扬、黄锟:《中国城镇化与中国特色城镇化道路》,山东人民出版社2010年版,第199页。

已非常难得,真正关心民众疾苦、替民众排忧解难的官员少之又少。正如慕良泽所说,传统社会中的民生未能真正进入"政治"视野,"只是确立执政合法性的一个噱头"①。这种情况的造成有多方面原因,其中"国权不下县、县下皆自治"的传统社会治理体制将官员与乡民分割开来,国家权力不轻易下乡村,乡村的公共事务和日常琐事主要依靠乡村社会中的宗族、伦理、乡绅、家庭"自力"地解决。

民生"悬浮"的国家和民生"自力"的乡村在各自区间内运行着,"官事官管,民事民治",乡村在"皇权无为"下达成自治。也就是说,传统社会中的国家法没有完全进入或难以进入乡村社会,乡村一般依照风俗、族规、家法维持"自发秩序",过着"纳完粮、自在王"的无国家束缚的生活。尽管乡村熟人社会可以依靠自在力量维系低水平运行,多数民众能在"先天和谐"中过着讲信修睦、衣食有着的生活,但是,一旦发生干旱、水涝、蝗虫等天灾或战乱,乡村社会就会失去自保、自救能力,轻则缺衣少食、逃荒他乡,重则饿殍遍野、荒冢累累。

乡村民生的这种脆弱状况一直延续到民国时期。国民政府推行保甲制度、谷仓制度、乡学制度以及鼓励农民生产合作制度,一方面,利用家族制推行新县制、地方自治;另一方面,增设全国合作事业管理局,制订全国合作事业计划,扶持农业合作社,发展农村经济。此外,一些社会组织,如华洋义赈会基于"防灾之首要工作,则为改良民生"②,利用海外救灾捐款积极扶持农村信用合作社、生产合作社,帮助农民发展农业生产,克服生活困难;一些知识分子如晏阳初③、梁漱溟等④,纷纷到乡村创办乡村合作社、乡学村学、农民医院、诊疗所、养老院、慈幼院,通过提高农民合作能力、教农民识字、普及健康知识、改良厕所、清洁沟渠等方式改善乡村民生。但总的来说,由于国民政府陷入战争泥潭中难以自拔,始终没有把改善乡村民生作为中心工作实施,即使民间组织和知识分子在个别地区配合国民政府

---

① 慕良泽:《民生政治:惠农政策的政治效应分析》,载《马克思主义与现实》2018年第1期。
② 董时进:《农村合作》,北平大学农学院1931年版,第117页。
③ 马秋帆、熊明安主编:《晏阳初教育论著选》,人民出版社1993年版。
④ 杨菲蓉:《梁漱溟合作理论与邹平合作运动》,重庆出版社2001年版。

开展乡村建设,也因资金不足、战争等方面的原因而不能持久,没有形成全国性建设乡村、改善民生的局面。乡村民生状况没有因"乡村建设"发生实质性改变,很多人仍旧生活在"水深火热"中,过着饥寒交迫、流离失所的生活。例如,1934年全国22个省有11个省全家离开农村的农户占这些省农户数的6%以上,其中甘肃、湖北、贵州三省这个比例占到了10%以上。①

将乡村民生真正纳入政治视野并作为处理国家与民众关系的主要政治任务是在中华人民共和国成立后。中国共产党领导的新政权兑现战争时期"耕者有其田"的承诺,于1950年颁布了《中华人民共和国土地改革法》,开展土地改革,剥夺了地主、富农多余土地并平均分给每一个农民。"平均地权"彻底改变了中国乡村的"穷人—富人"结构,农民翻身成为新社会的主人。土地改革激发起农民的生产热情,农业生产迅速恢复并快速发展,农民的生活水平也大幅度提高。然而,土地改革后的农户"单干"却出现了"新社会"不能接受的新问题,即"富者买地贫者卖地""农村两极分化"。② 社会主义国家不能无视那些缺少劳动力、农具、农畜的农户,以及遇到婚丧大事、疾病的农户的继续贫困,或再度沦为受欺压的"被剥削者"。为解决土地改革后乡村出现的新问题,国家推行互助组帮助弱势农户发展农业生产。随着农业社会主义改造不断深入,1951年《中共中央关于农业生产互助合作的决议(草案)》正式确立国家实施农业互助合作政策,并在随后的几年里,国家在乡村快速推进初级社、高级社。

乡村社会在社会主义改造和社会主义建设中被形塑为"政社合一"的半军事化组织,农业生产失去活力,乡村失去自治权,农民失去自主经营权。虽然国家对乡村社会"纵向到底、横向到边"的全方位、立体式管制建立了乡村集体经济,并为国家治理乡村夯实了较牢固的经济基础,但合作化和人民公社的高度集中体制脱离了农村生产力发展水平,违背了广大农民"过好日子"的意愿,致使乡村经济社会发展陷入停滞状态,解决乡村居

---

① 章有义编:《中国近代农业史资料》(第三辑),生活·读书·新知三联书店1957年版,第890页。

② 高化民:《农业合作化运动始末》,中国青年出版社1999年版,第23—24页。

民的温饱成为乡村治理的难题。

  乡村民生状态发生较大改变是在改革开放后。国家实施的家庭联产承包责任制纠正了人民公社社队集体统一经营体制,农业生产力得到了较大程度释放。1982年后,中央连续下发5个"一号文件"不断放活农业,农民可以在自家的承包地上自主生产和经营,全国粮食产量也由此不断增长,长期困扰政府的农民吃饭问题得到了彻底解决。温饱是乡村最大的民生问题,但不是全部。其实,20世纪八九十年代乡村民生问题依然突出,如家庭的农业生产以人力、畜力和简单农具为主,劳动强度大,农民种田异常辛苦;一些村集体经济瓦解,乡村公共设施包括道路、灌溉水渠出现不同程度退化,乡村生产生活条件落后;人民公社后期建立的合作医疗因集体经济衰落而失效,农民看病难、看病贵问题比较严重;地方政府不断加码农民税费负担,农户增加的收入几乎被高税费稀释掉了,"很多农民住的还是阴暗、潮湿、狭小、破旧的泥坯房子"[①]。

  总的来说,中华人民共和国成立后国家实施土地改革,农民获得了祖祖辈辈冀盼的土地,生产积极性和劳动热情空前高涨,乡村民生得到较大改善。但国家把建设和发展重点放在城市和工业上,对农业发展、农村建设和农民保障的投入很少,加上国家实施"一大二公"体制,脱离了农业生产力,挫伤了农民劳动积极性,农业发展不能满足乡村居民温饱需要——1978年,中国农村绝对贫困人口有2.5亿,贫困发生率高达30.7%。[②] 改革开放后,国家不断向乡村社会放权,家庭联产承包责任制和村民自治体制赋予农民生产经营和治理的自主权,乡村在"放活"政策下逐渐恢复活力和生气,民生得到了一定改善。但是,农民"丰收"的喜悦好景不长,很快被随之而来的高税费和城镇化发展冲散,尤其是城镇化发展使得乡村民生出现新情况、新问题。

---

① 陈桂棣、春桃:《中国农民调查》,人民文学出版社2004年版,第2页。
② 高峰、公茂刚、王学真:《中国农村贫困人口食物安全研究》,中国经济出版社2012年版,第119页。

二、情境转换与新问题：快速城镇化下的乡村民生

20世纪末，沉重的农业税费加剧了乡村民生问题，但毫无疑问，农业税费不是当时乡村民生问题的主要诱因。农村税费改革和取消农业税费减轻了农民经济负担，缓解了乡村治理中农民与地方政府的紧张关系，但乡村民生问题没有因此得到缓解，或者说，乡村民生没有因取消农业税费而发生实质性改变。现实中，农业税费取消后城乡居民收入不仅没有缩小，反而随着城镇化发展进一步扩大。2002年，城乡居民收入差距突破了3倍，此后一直保持在3倍以上，到2014年才下降到3倍以下。经济是民生的基础，乡村集体经济疲软和城乡居民收入差距扩大掣肘了乡村民生事业发展：很多农村地区的基层政府因失去税费提成、统筹而变成"悬浮"式政府，不得不压缩行政服务权，减少公共事务支出。一些事关乡村发展和广大村民切身利益的公共事务被搁置起来，上学难和上学贵、看病难和看病贵等民生痼疾没有因取消农业税费被消除，甚至乡村居民享有的公共服务比以前还少。

更重要的是，乡村民生问题因村民参与城镇化愈发严重。自20世纪90年代城镇化发展步入快车道后，大量劳动力从乡村抽离出去，乡村民生陷入"空转"状态，乡村组织和广大农户普遍无心发展民生事业，一些民生服务只能"吃老本"。虽然多数农户的经济收入因打工而大幅度提高，物质生活水平也有所提高，但乡村民生问题变得更加棘手，部分人群，如留守老人、留守妇女和留守儿童的生存状况令人担忧：留守老人的"老无所依""老无所养"、留守妇女的"劳动强度高""精神负担重""缺乏安全感"，以及留守儿童的父爱母爱缺位、家庭教育缺少、人身安全隐患严重等问题长期得不到解决。

城镇化是把"双刃剑"。一方面，城镇化发展打破了城乡二元结构的禁锢，农民可以自由、自主地进厂进城追求美好生活。如果说家庭联产承包责任制的实施解决了农民温饱问题，那么，城镇化发展有可能帮助农民跳出温饱陷阱，走向小康。除了因病、因学致贫或返贫以及因环境恶劣而贫

困外,当前大多数经济拮据的贫困户是由于他们没有参与城镇化发展,固守乡村"一亩三分地"所致。格莱泽说,解决农村贫困问题不能把"希望寄托在农村生活上,尤其是在发展中国家"①。就国家统计局公布的 2018 年农民工月均收入 3721 元看,假如一个农户有一个劳动力外出打工,其收入足以让家庭不再贫困。另一方面,城镇化发展抽走了乡村劳动力,打破乡村农业生产和田园生活的平衡,造成人口流动化、乡村社会碎片化。城镇化发展对乡村社会产生的冲击和造成的"伤害"已经发生,并且还有继续加重的趋势。如此,城镇化发展对乡村民生影响要辩证地看,有的乡村民生因城镇化发展得到了改善,如外出打工增加农户家庭收入,乡村人的生活水平得以提高;有的乡村民生因城镇化发展而陷入停滞或退化,如乡村年轻人进城打工,更多的老人只能无奈地选择"自力"式养老,②甚至生病的老人选择自杀结束自己的生命,以"支持子代进城"。③

如今的乡村民生问题不比城镇化快速发展前少,其情境更复杂。城镇化发展已经并正在进一步影响着乡村社会,并成为乡村民生问题的重要社会背景。作为乡村民生问题集中表现的"三农"问题也不例外,城镇化发展改变了"三农"问题性质,无论是农业弱、农村穷还是农民苦,都跟城镇化快速发展前有所不同:农业生产不仅有生产力水平低、脆弱的问题,还有谁来种田、农户愿不愿意种田的问题;农村社会不仅有公共设施落后、居住条件差的问题,还有村庄空心化、熟人社会变为"半熟人社会"的问题;农民生活不仅有干农活的脏与累、缺少社会保障的问题,还有农户家庭成员城乡两地分居、家中缺少劳动力做体力活的问题。乡村民生从乡村转型和城乡结构断裂中产生的新问题带有较强的城镇性,有必要将乡村民生问题置于城镇化发展中予以检视。

(1) 城镇化汲取了农业骨干劳动力,农业变得更弱。乡村民生不可能

---

① 〔美〕爱德华·格莱泽:《城市的胜利》,刘润泉译,上海社会科学院出版社 2012 年版,第 84 页。
② 陆益龙:《后乡土中国的自力养老及其限度——皖东 T 村经验引发的思考》,载《南京农业大学学报(社会科学版)》2017 年第 1 期。
③ 杜姣:《城市化背景下农村老人利他型自杀的形成机制分析——基于鄂中地区 S 村的个案研究》,载《南方人口》2017 年第 2 期。

建立在落后的、低效的"弱农业"上,而城镇化的快速发展导致大量农业骨干(中青年)劳动力从农业生产中流出,一家一户的承包地只能托付给老人、妇女生产经营。改革开放后,中国保持农业生产家庭联产承包责任制政策长期不变,小农户一直是农业生产最主要的经营主体。从国家层面上看,农业的农户经营体制保持了农业生产稳定,保障了小农户安全,并且让城镇化发展和进城打工农民都有稳固的"大后方";但从小农户层面上看,作为用益物权的承包地经营权是农户的重要财产权,即使家里的主要劳动力外出打工,多数农户也不愿意放弃承包地,"农业弱"的状态因小农户不愿意放弃或宁可撂荒而难以改变。尽管近年来国家推进土地流转、鼓励农业规模化经营,大力扶持家庭农场、专业大户、专业合作社和龙头企业等新型农业经营主体,政府也实施多项优惠政策促进小农户与现代农业发展相衔接,但依旧没有改变农业的"弱境",乡村民生为农业弱所拖累,以至于不少村民舍不得放下承包地的"鸡肋",仍从土地中"刨生活"。

(2)城镇化侧重于城市发展,农村变得更穷。农村穷最突出表现在农村基础设施落后与公共服务不足上。相比于非农产业,农业发展受到自然与市场双重压力,脆弱、低效,并且经营风险高,其产值和收益不足以建设高档次公共设施建设,乡村民生改善需要国家支持。另外,在城乡二元结构中,国家的公共事业发展重点在城镇,几乎包办了所有的公共设施建设和公共服务供给,却只给予乡村少量的、必要的补助。如此,乡村贫穷、落后不仅是乡村自身内力不足,还有国家对乡村不公平方面的原因。尽管20世纪90年代为了解决农民温饱问题而实施的"八七攻坚"扶贫计划和21世纪为了全面建成小康社会而实施的精准扶贫战略都取得了显著成效,但这些计划、战略的实施主要是帮助农户摆脱贫困,乡村生活整体"穷境"并没有得到根本治理,乡村的"穷根"也没有完全拔掉,脱贫的农户还可能返贫。也就是说,只要没有实现城乡一体化、城乡融合发展,没有真正将公共事业发展重点转移到农村,只要农村的公共服务没有与城市实现完全对接和并轨,农村的穷还可能延续或出现反复,老的贫困户消除后还可能产生新的贫困户。

(3)城镇化分化了乡村社会,农民变得更苦。"农民真苦"是李昌平在给朱镕基总理的信中首次向中央提出的,道出了农民生活的艰辛和痛楚。人民公社时期,农民自己吃不饱饭,还要按质按量上交"公粮";20世纪八九十年代,层层加码的税费压得农民喘不过气来;21世纪后,农民的经济收入普遍上涨,但城镇化使得农业人口大量流入城市,居村农民用羸弱的身躯担负起国家粮食安全重任,进城农民则用低市民一等的身份建设城市。相比看,改革开放前的农民"苦"更多体现在干农活累、吃不饱饭、享受公共服务不足;而如今,虽然农民生活已经得到了很大改善,绝大多数已经达到小康水平,但不少农民仍没有摆脱"苦境"。比如,居村农民没有从繁重的农业劳动中挣脱出来,农业社会化服务还没有让农业成为让人羡慕的职业;进城农民在城镇从事的几乎是本地市民不愿意做的苦、累、脏、危险活,并且居住条件差,社会保障少。

可见,城镇化快速发展未能有效化解农业弱、农村穷、农民苦的乡村民生问题,甚至乡村民生在乡村社会结构的解构—建构中为城镇化所拖累,使问题出现新情况。从乡村过去的民生历程看,中国解决乡村民生问题一直受困于城镇化:计划经济时期,城镇化发展缓慢,中央和各级政府选择城镇和工业优先发展,乡村社会沦为城市社会附属品,哪怕农民生活再困难也被要求支持城市建设、支持工业发展;改革开放后,国家逐渐削弱城乡二元社会的结构力,乡村社会获得自主发展、自我治理权利,民生状况有所改善,但城镇社会强大的虹吸效应让乡村很快失去自我再生能力,越来越多的乡村人为了过上好日子到城市打工,甚至逐渐成为城市人。就城镇化对乡村民生影响看,改革开放前国家重城轻乡的二元体制造成乡村民生问题比城镇严重,乡村人无法获取与城市人相同的民生权益;而改革开放后则不同,一些乡村民生问题不全在乡村发展不充分、缓慢上,而是乡村人丢弃农业、离开农村所致。大批乡村人进城,加剧了乡村民生问题,以至于乡村民生处于"弱境""穷境""苦境"中。

三、调适结构:乡村民生跟上城镇化发展

城镇化发展让中国的城乡二元结构不再牢固,城乡关系正在由半城半

乡的二元分离状态向城乡一体、城乡融合状态转变,乡村民生也由单纯的乡村问题转变为城乡双边问题。乡村民生新问题由城镇化发展出现新情况,城镇协助乡村解决民生问题、改善民生责无旁贷。当前的乡村民生受到城镇化发展的影响比历史上任何时期都要强。尽管全国大多数乡村继续保持着独立的农村形态,不少村民仍居住在村庄社区、集镇社区,从事着种植业、养殖业和农产品加工、深加工产业,但农业生产、农村社区和农民生活已经被城镇化侵蚀,城镇化因素渗透到乡村的每一个角落,几乎每一个村民都与城镇化发展发生着直接或间接关系。

城镇化发展让乡村改善民生有了更多的选择,越来越多的乡村人愿意将梦想安放在城镇化上。但当前的中国城镇化发展尚处于加速阶段中,乡村也处于与城镇对接、调适中,由此引发的乡村民生问题复杂、多变,具有较大的不确定性和结构性。改善乡村民生,除了需要正确认识乡村民生在城镇化发展中出现的变化,甄别出乡村民生结构性短板,还要大力促进乡村民生事业平衡、充分发展,调整完善乡村民生供需结构,以满足乡村居民日益增长的美好生活需要。也就是说,化解乡村民生结构性问题,需要基于城镇化发展从乡村民生需求端研判供给侧,使其有效对接。

(一) 需求端:乡村民生结构性困境

新时代乡村社会的主要矛盾发生了变化,不平衡的城乡、地域发展以及不充分的乡村发展不能满足乡村人日益增长的美好生活需要,造成乡村民生结构性困境。当前,乡村民生的结构性困境突出体现在民生发展不平衡上,主要有:

其一,生产与生活结构不平衡。"民生主要是指表现于基层社会层面的民众的生产状况和生活状态"[1],乡村民生不仅仅指涉乡村人生活,农业生产也是民生的要义。乡村社区不同于城市,它既是生活单位也是生产单位,是乡村人生产生活的共同体,尤其在传统乡村社区中,生活和生产高度统一,男耕女织的劳动分工和自给自足的自然经济维系小农户家庭日常生

---

[1] 慕良泽:《民生政治:惠农政策的政治效应分析》,载《马克思主义与现实》2018 年第 1 期。

活。一定意义上说,传统乡村的民生水平和民生状态取决于农业生产经营状态,只要风调雨顺,就可能五谷丰登、六畜兴旺,日子也就会恬静美好。城镇化发展打破乡村社会中的生产与生活平衡,农业生产逐渐不是改善生活的唯一途径,非农收入的增加逐渐让更多农民选择放下牛耕、锹挖、刀割、肩挑:要么进城打工,寻求非农式生活;要么改造传统农业,提升规模化、产业化、生态化、现代化水平,纾解农业生产中的劳累,让生活在乡村的人拥有不同于传统农业的更体面职业。

其二,民生事业发展不平衡。从党的十九大提出的"幼有所育、学有所教、劳有所得、病有所医、老有所养、住有所居、弱有所扶"的民生要求看,乡村民生发展在这些方面存在结构不平衡,其中,乡村就业、教育、医疗、养老、文体活动方面的问题最多。在就业上,约2.8亿多农业劳动力进城打工,从事农业生产的劳动者老年化问题严重,平均年龄在56岁以上;在教育上,随着乡村人口向城镇流动,越来越多的乡村孩子进城读书,乡村学校几经多轮拆并,居村孩子上学的路越来越远,越来越不方便、不安全;在医疗上,虽然新型合作医疗已经全面覆盖,乡村居民看病难、看病贵、报销难问题有所缓解,但卫生保健服务严重不足,两癌筛查、体检、家庭医生等服务普遍缺位;在养老上,乡村老年化程度高于城镇,加上子女外出打工,乡村高龄空巢老人生活以及养老问题令人担忧;在文体活动上,虽然地方政府近年来强化了乡村社区建设,大多数行政村有社区党群服务中心,但相比于城镇,运行普遍不规范,参加文体活动的农民少,空置率、闲置率比较高。

其三,不同地区乡村民生发展不平衡。有资料显示,长三角地区和环渤海湾地区乡村居民生活比其他地区质量更好,东部沿海省份普遍高于内陆省份,中部省份好于西部省份,而西南和西北多数省份的生活压力要小于其他省份尤其是经济发达的沿海省份;西部地区、长江中下游地区以及华南部分省的省内差距较大,而东部沿海的大部分省份内区域差距相对较低;多数经济欠发达地区省内区域差距较大,尤其是贫困地区和省会之间差距更大。① 在民生状况上,东部地区的乡村好于中部地区,中部地区好

---

① 国务院发展研究中心课题组:《中国民生调查2018》,中国发展出版社2018年版,第89—98页。

于西北地区,老、少、边和山区的乡村民生相对落后。此外,城郊农村社区、乡镇政府所在地社区和村庄社区的民生状况也有较大区别。一些城郊社区、国家重点城镇社区、超级村庄社区,以及近年来发展起来的美丽乡村的社区,民生水平高,甚至超过了一般的城市社区民生水平;而经济欠发达、落后的乡村社区更多地受到城镇化发展冲击,出现村民原子化、社区空心化、居民老年化、农业边缘化等问题,民生状态亟待改善。

乡村民生结构不平衡一直存在,计划经济时期的农村同质社会也存在民生水平差异。但相比而言,改革开放尤其在城镇化快速发展后,乡村民生结构不平衡问题愈发严重。即使在同一地区的乡村甚至在一个村庄,集体经济、农户经济有较大差距,民生问题表现和严重程度也不同。不同乡村、不同农户、不同人群的民生需求存在较大差异,这为乡村民生供需结构的调整和供给侧的改革增加了难度。

(二) 供给侧:优化乡村民生供给结构

改善乡村民生是复杂的、任重道远的系统工程,仅依靠乡村内在力量难以化解乡村民生因城镇化发展而产生的新问题,需要国家打"组合拳"。就乡村民生水平低的现状看,改善乡村民生需要大力推进乡村振兴,固本强基,提高乡村民生内力,增强乡村居民的获得感、幸福感和安全感;就乡村民生结构性困境看,改善乡村民生需要全国"一盘棋",统筹推进公共服务均等化,让所有乡村人都能享有国家的民生保障;就城乡结构变化看,改善乡村民生需要继续加速城镇化,进一步转移乡村人口进城,让城镇承担部分改善乡村民生的责任。具体地说:

第一,借力:进一步促进城镇化发展。

乡村与城镇唇齿相依,只有"愉快的结合",才能"迸发出新的希望,新的生活,新的文明"。① 改革开放前,中国城镇化发展程度低,并且城乡二元体制限制农民进城,广大农民只能采用"内卷化"方式在乡村场域中劳动、生活,经济收入极低,居住条件极差,生活状况极糟。就此说,改善乡村

---

① 〔英〕埃比尼泽·霍华德:《明日的田园城市》,金经元译,商务印书馆2010年版,第1页。

民生除了改革农业生产经营体制,调动农民生产积极性,增产增收外,推进城镇化发展还有积极意义,即城镇化发展已经给乡村人带来了实实在在的好处,也部分地解决了集体经济时期留下来的乡村民生问题;城镇化发展减少了乡村的人口负荷,提高了乡村人口的资源占有率,增加了农户的经济收入,并由此改善了乡村居民的生产生活条件。换言之,乡村借力城镇化快速发展,农民外出打工挣钱,提高家庭收入水平,让农民建或买新房、购置新家具、送孩子到条件好的学校读书等成为可能。尽管乡村不少民生新问题因城镇化快速发展而加剧,但将乡村民生新问题归咎于城镇化发展肯定是错误的,因为没有城镇化发展,就没有2亿多农业劳动力进城打工,农民的家庭收入也不可能在如此短的时间内发生如此大的变化,乡村民生问题有可能更加沉重。

当前乡村民生问题解决还需要进一步依托城镇化发展。乡村民生出现的养老、孩子上学路远等问题,以及家庭人口常年分居带来的痛楚等都是在城镇化进程中产生的,并还有加重趋势,但城镇化只是诱导因素,错不在城镇化本身。中国乡村长期落后,遗留的民生问题多,任何改善措施都有风险,并且都要付出一定的成本和代价。代价是相当于发展而言的,"无发展也就无所谓代价"[①],乡村在城镇化进程中出现的民生新问题是乡村社会发展必须付出的代价;乡村民生新问题与城镇化发展互为手段、互为中介,没有城镇化发展就没有这些民生新问题;乡村落后也会加剧乡村民生问题,比如挨饿、瘟疫等,而这些问题对乡村社会、对农民的伤害可能比城镇化发展造成的问题更大,更难以解决。既然当前诸多乡村民生问题因乡村发展滞后于城镇化发展步伐,或乡村发展没有做到与城镇及时衔接而产生,是城镇化发展的伴生品,就需要通过进一步推进城镇化来解决。可以肯定的是,中国城镇化完善之时也就是乡村民生新问题消除之日。

第二,给力:增加乡村公共服务供给。

乡村民生在乡村转型和城镇化发展中出现一些问题,但我们不能借口问题的产生、存在具有客观性,就任由乡村居民过着低水平生活,或置之不

---

① 袁吉富等:《社会发展的代价》,北京大学出版社2004年版,第134页。

理,让乡村居民承担城镇化发展和乡村社会转型的全部成本。这不仅与罗尔斯的"无知之幕"①的原始状态的正义原则相悖,不能保证乡村居民的"最大利益"和"所应得",而且可能致使乡村居民在城镇化发展中"遭受他不应得的祸害"。② 如此,帮助、化解城镇化发展导致的乡村民生新问题和困境是国家和基层政府义不容辞的责任。这是其一。

其二,政府推进公共服务发展,健全公共服务体系,让政府的公共服务覆盖所有乡村居民。诚然,政府没有能力包揽所有的乡村公共服务,为乡村居民提供全方位、高质量的服务。政府在公共服务供给上要结合乡村民生需要结构,有选择、有侧重、有针对性地化解乡村民生问题,不能事无巨细、面面俱到,也不能搞政绩工程、形象工程、面子工程,要重点解决民生最需要、最棘手的问题。例如,乡村农业生产是乡村民生基础,公共服务要培育社会化服务组织,健全社会化服务体系、体制、机制,促进小农户与现代农业发展相衔接,稳定国家的粮食安全,夯实乡村民生根基。再如,城镇化发展让多数家庭成员城乡两地分离,年轻人进城打工、居住,留守在乡村的老人既要从事繁重的农业劳动,又要看守家庭,还要自我养老,政府需要推进养老服务事业发展,着力解决老年人因子女不在身边的生活困难问题,保证每一个乡村老人有幸福的晚年。又如,政府要解决乡村孩子因学校拆并造成的上学问题。城镇化进程中,乡村学校因孩子减少而多轮拆并,乡村教育服务需要帮助居村孩子,让上学的路变得安全,并且能够接受优质教育。

第三,聚力:增强乡村自身民生能力。

改善乡村民生需要以城镇化为向度,向城镇借力,但中国乡村与城镇是质性完全不同的两个地域空间,改善乡村民生不能选择城镇方式,由国家和企事业单位承担其全部责任。这是因为农村土地的所有权归村集体,集体有一定的经济能力,并且农户拥有土地经营权和使用权,是一个相对独立的经营单位,具有一定的解决民生的能力。尽管国家在民生事业发展

---

① 〔美〕约翰·罗尔斯:《正义论》,何怀宏、何包钢、廖申白译,中国社会科学出版社2009年版,第12页。
② 〔英〕约翰·穆勒:《功利主义》,徐大建译,商务印书馆2014年版,第65页。

上重城轻乡有不妥之处，存在不公平、不公正的区别对待问题，但不能不顾城乡差异，要求国家和政府承担与城镇同样的民生责任，乡村集体和农户也需要承担一部分民生责任。有学者不顾城乡资源、产业社区的差异，将乡村民生落后全部归咎于国家和政府，这多少有些偏颇，也有失公允。

改善乡村民生需要乡村集体和农户"练内功"，增强抗压能力。新农村建设、美丽乡村建设以及正在实施的乡村振兴都以改善民生为抓手，促进乡村产业兴旺、生态宜居、乡风文明、治理有效、生活富裕，进而让农业成为有奔头的产业，让农民成为有吸引力的职业，让农村成为安居乐业的美丽家园。可以看出，国家实施的建设农村、振兴乡村的战略已经取得了明显成效，乡村民生由此得到较大改善，有的民生如医疗、低保、道路、交通、教育等渐趋与城镇对接、并轨。但乡村地域范围广，各地的自然条件、经济状况差异大，而且人口众多，居住分散，政府提供的公共服务难以做到绝对公平，即使在同一地区，政府也难以让各家各户享有同样的公共服务，乡村民生改善更需要发挥乡村集体和农户的主动性。唯有乡村集体经济实力强，农户家境殷实，乡村社会才有凝聚力，乡村人才能有更加美好的生活。

四、让乡村民生搭上城镇化快车

新时代下乡村民生及其改善的情境与城镇化发展初期不同，城乡二元结构力在快速城镇化发展中日渐式微，城乡经济社会的发展差距不断缩小，乡村民生水平跟随城乡融合发展不断提升。虽然乡村民生问题仍主要发生在乡村场域中，主要表现为乡村公共设施、公共服务不能满足乡村居民日益增长的美好生活需要以及乡村居民的获得感、幸福感和安全感尚待增强上，但乡村民生已经不再拘泥于乡村场域，城镇化发展和乡村人口流动让乡村民生具有越来越多的城镇性。如此，改善乡村民生不能局限于乡村，需要将其置于城镇化发展过程中，让城镇化快车带上乡村民生。

依托城镇化发展解决乡村民生问题，首先要在城乡博弈中处理好乡村民生与城镇化关系。改善乡村民生，必须消除城镇化发展与乡村民生改善的零和博弈，不能让城镇化发展继续"伤害"乡村及其居民。前文指出，城镇化发展在制造乡村民生新问题的同时加重了乡村民生的老问题。改革开放以来，城镇化发展策略严重地冲击了乡村社会和乡村家庭，造成村庄空心、土地撂荒、农户家人城乡分离。深度城镇化发展不仅要继续推进城镇化，促进更多乡村人口向城镇转移，还要注重解决城镇化初期、中期发展的遗留问题，实现城镇与乡村合作共赢，让城镇化发展与乡村民生改善进入正和博弈状态。

其次，在城乡融合发展中谋求乡村民生改善。新农村建设、美丽乡村建设和精准扶贫脱贫方略的实施，乡村的道路、管网等公共设施建设以及教育、医疗等公共服务得到了极大提升，乡村居民的生产生活条件明显改善。当前，鉴于乡村振兴成为新时代做好"三农"工作的总抓手，乡村民生要依托国家实施的乡村振兴战略，在促进农业变强、农民变富、农村变美中大力促进城乡融合发展，使乡村民生与城市民生对接并轨，实现城乡民生一体化发展。

最后，在城乡公共服务均等化中提升乡村民生水平。公共服务是影响乡村民生及其改善的最重要因素，在一定意义上，乡村民生问题也就是乡村公共服务问题。相比于城市，中国乡村公共服务发展仍滞后于城市，城乡居民享有的公共服务权益还没有完全与市民并轨。乡村民生要搭上城镇化发展快车，实现城乡公共服务均等化至关重要。因此，改善乡村民生：需要国家按照公平、公正理念推进城乡公共服务均等化发展，赋予乡村居民公平、公正的民生权益；需要国家将公共事业发展重点真正转移到乡村，不断提高乡村民生类公共服务水平；需要城市公共服务向乡村社会延伸并覆盖所有乡村人，让居村农民和进城农民都拥有均等化社会保障。

第十章

城镇化高质量发展的基本遵循：以人为核心与民生改善

以人为核心与民生改善是实现城镇化高质量发展的本质要求和重要举措。尊重农民的城镇化意愿，保障农民的城镇化权益，解决好城镇化发展中的人的问题与民生问题，新型城镇化才能既好又快地发展。然而，一直以来，民生事业发展滞后于城镇化发展，并成为掣肘城镇化高质量发展的短板和弱项。当前，城镇化发展中的人的问题与民生问题与20世纪八九十年代不同，也区别于21世纪初，进城农民的找工作难、挣钱难和居村农民的生产负担重、生活压力大等民生问题不再十分突出。处于物的城镇化向人的城镇化转型关键期的新型城镇化发展仍面临诸多棘手问题，其发展需要在遵循以人为核心的发展理念、守住民生底线的基础上有效解决乡村老人因子女进城造成的晚年生活和养老问题、乡村民生服务因人口减少造成的供需结构失衡问题、乡村家庭因经济增速放缓造成的增收放缓问题，以及进城农民因城镇公共服务未能全面覆盖造成的难以充分享有市民权益问题。

一、城镇化发展亟须补上民生短板

民生改善是以人为核心的新型城镇化发展实质，也是城镇化高质量发展的关键。新型城镇化高质量发展，不仅需要继续推进人口城镇化发展，提高城镇化率，还需要在城镇化中凸显以人为核心的发展理念，促进人的全面发展和民生不断改善。然而，一直以来，尤其在新型城镇化发展战略提出之前,中国城镇化走的是"重物轻人"的粗放型发展道路,大量农业流动人口一直徘徊在城乡间,不仅难以转变身份,也不能公平公正地享有市民权益。

党的十八大后中央和地方政府加大了城镇公共服务向城镇常住人口覆盖和向乡村延伸的力度,越来越多的农业流动人口从中获益,子女上学、劳动就业、医疗卫生、养老保障等民生权益得到了一定改善。但相比于市民,参与城镇化发展的居村农民、城郊农民和进城农民在日常生活和社会保障上还存在诸多问题,他们日益增长的美好生活需要与城镇化发展不平衡、不充分的矛盾仍十分突出。作为推进城镇化发展主体力量的农民,在城镇化进程中的民生权利没有得到应有的尊重和体现。例如,进城农民为城市建设和经济发展奉献了最宝贵的年华,但他们中的多数人一直处在打工挣钱中,没有被城市社会完全接纳;城郊农民被动地卷入城镇化中,他们从土地征用、房屋拆迁中获得了一定的经济补偿,多数人也得到了政府的妥善安置,但相比于城郊区位优势,他们不再拥有属于自己的承包地和宅基地;居村农民尤其是"三留守"人员是城镇化发展中最大的利益牺牲者,城镇化发展不仅让他们失去了稳定的家庭生活,而且他们的劳动负担和生活压力比以前更大。

也就是说,城镇化发展在给乡村带来"利好"的同时,也破坏了乡村社会的安宁和乡村社区的"先天和谐",造成一系列民生问题。这些民生问题,有的是城镇化发展的痼疾顽症,有的是城镇化进一步发展引发的新疾,但无论问题性质如何变化,步入发展中后期阶段的城镇化需要进一步彰显人性温度,切实解决城镇化发展中民生深层次问题。唯有城镇化发展遵循以人为核心的发展理念,优先处置好农民民生问题,补齐城镇化进程中的民生短板和弱项,保障城镇化参与者的"幼有所育、学有所教、劳有所得、病有所医、老有所养、住有所居、弱有所扶"的民生权益,新型城镇化的高质量发展才有可能实至名归。

二、城镇化发展、以人为核心与民生改善的相关研究

城镇化包括新型城镇化是学界重要研究主题,国内外很多学者对此进行了广泛探究,并形成大量颇有价值的研究成果。在西方国家,城镇化和城市化都叫"urbanization",主要指农村人口向城镇转移和集中的过程。如此,西方的"二元结构理论""人口推拉理论""区位理论""最佳城市规模理论"等都把农村人口迁移方向、迁移路径、迁移模式作为研究重点。同时,由于多数西方国家的工业化发展与城镇化发展几乎是同步的,农民进城后的就业、转变身份和社会保障问题不是很突出,学者们在城镇化、人口迁移或人口流动研究中更关心进城人口的城市适应、社区融入等问题,较少把以人为核心和流动人口、转移人口的民生改善当作研究主题。

中国在改革开放后不断推进城镇化发展,城镇化率由 20 世纪 80 年代初的 20% 提升到 2021 年的 64.72%。然而,中国城镇化是在不断突破城乡二元体制下推进的,人口城镇化发展滞后于工业化发展,存在"分离—等待—相聚—再分离"的人户分离现象和发展不平衡不充分问题。2021 年,全国人户分离人口达 5 亿多,流动人口约 3.8 亿,其中农民工近 3 亿。鉴于此,国内学者在城镇化研究中更关注中国特色城镇化道路、农业人口流动与转移、户籍制度改革,以及农业流动人口市民化等问题。近年来,随着新型城镇化发展战略的实施与推进,学者们在城镇化研究中越来越多地重视传统城镇化与新型城镇化、物的城镇化与人的城镇化、人口城镇化与人的城镇化的不同,①并加大了以人为核心的新型城镇化或人的城镇化理论与实践研究,但在"以人为核心"的城镇化研究中学者们比较关心农业转移人口市民化问题,即进城农民、城郊农民向市民身份转变以及城市融入问题。梳理以人为核心的新型城镇化文献不难发现,学者们对以人为核心的新型城镇化发展已经展开了较深入的研究,提出了一些颇有见地的新观

---

① 吴业苗:《人的城镇化研究》,社会科学文献出版社 2021 年版,第 13 页。

点。例如,人的城镇化是新型城镇化的本质要义和核心内涵,①没有人的城镇化发展,城镇化发展就难以持续;②土地城镇化、空间城镇化发展要与人口城镇化协调发展,推进农业转移人口市民化;③公共服务均等化是推进新型城镇化发展的重要内容,新型城镇化发展需要城镇公共服务全面且深度覆盖城镇常住人口。④

在城镇化发展中的民生问题及其解决研究上,一些学者对城镇化发展衍生的民生问题,包括"三留守"问题、随迁子女教育问题、农业流动人口的异地就医及报销问题等展开了多学科、多视角研究,并对就业、住房、看病、子女教育等民生问题的解决提出了一些建议:改革开放以来的快速城镇化是我国农村空巢老人激增的重要原因,替代策略和流动策略是当前农村空巢老人民生权益保障的必要选择;⑤城镇数量的增加和城镇规模的扩大引发大量征地对农民的民生保障产生严重影响,城镇化发展要建立城乡统一的建设用地市场,完善征地农民法律救济制度,规范农地转用秩序,赋予并保障农民土地增值收益权;⑥民生服务要满足城镇化中民众的生存发展、红利普惠、参与治理等民生需求,将其贯穿到整个城镇化的谋篇布局、功能规划、创新驱动、公共治理等建设之中;⑦城镇化发展应该以民生需求为根本导向,满足民生需求是民生型"和谐性、高效性、可持续性、绿色性及共享性"的基本特征。⑧ 不难看出,学者们已将民生问题及其解决纳入城镇化

---

① 王新燕:《以人为核心的中国新型城镇化研究——以马克思关于人的发展思想为视角》,人民出版社 2020 年版,第 146 页。
② 王格芳:《以人为核心的新型城镇化道路研究》,人民出版社 2020 年版,第 17—19 页。
③ 魏后凯:《坚持以人为核心推进新型城镇化》,载《中国农村经济》2016 年第 10 期。
④ 李强、王昊:《什么是人的城镇化?》,载《南京农业大学学报(社会科学版)》2017 年第 2 期。
⑤ 李芳、李志宏:《农村空巢老年人权益保障的策略选择——城镇化视域中的再思考》,载《社会保障研究》2014 年第 3 期。
⑥ 顾榕昌:《我国新型城镇化进程中征地农民民生保障问题研究——以广西为例》,载《战略与改革》2015 年第 5 期。
⑦ 徐敏宁:《新型城镇化建设的民生需求导向模式研究》,载《中共福建省委党校学报》2014 年第 9 期。
⑧ 王雅莉:《中国民生型城镇化的框架设计与优化路径研究》,载《城市发展研究》2013 年第 5 期。

研究中,指出了"城镇化与民生改善是一种互构互长的关系"①,并注意到城镇化发展对民生的"双重影响",如城镇化为民生改善提供了投资增长、促进就业、集聚效应、经济转型、基本公共服务均等化等一系列新的机遇,但城镇化发展也面临民生基础、民生支持条件、民生质量、民生权利等挑战。② 城镇化发展是把"双刃剑",一方面,城镇化发展促进了农民进城打工,增加了农户家庭收入,并在一定程度上提高了家庭生活水平;另一方面,城镇化发展形塑了乡村民生新的"弱境""穷境"和"苦境",使得乡村民生的新老问题叠加呈现。③

总的来看,学界对以人为核心的新型城镇化发展,包括对失地农民问题、农业转移人口市民化问题、农村留守问题、城市病问题,以及城乡人力资源统筹开发、城乡社会保障一体化等已经形成较深的认知,但对城镇化发展中的以人为核心与民生改善缺乏深层指涉和具体关联。主要体现在:多数研究没有在新型城镇化研究中将以人为核心与民生改善联系起来加以研究;多数研究是在全面建成小康社会发展背景下研究人的城镇化和民生问题,没有重视人的城镇化发展、民生发展与全面建设社会主义现代化的耦合性;同时,多数研究没有充分重视城镇化发展中的民生问题及其解决,更缺乏基于民生改善视角的推进以人为核心的新型城镇化高质量发展研究。

民生发展或民生改善是以人为核心的新型城镇化发展的核心要义,新型城镇化高质量发展是民生问题不断得到解决、民生服务不断提升和居民生活更加美好的过程。如此,新型城镇化高质量发展,既要遵循以人为核心的发展理念,尊重农民的城镇化意愿和城镇化权益,又要遵循民生优先的准则,精准识别并切实解决城镇化发展中的农民民生问题。本章把以人为核心的新型城镇化发展宏大主题的研究具体落实到农民民生问题的解决以及改善上,冀望新型城镇化发展把以人为核心和改善农民民生状况作

---

① 胡放之、李良:《城镇化进程中民生改善进程问题研究——基于湖北城镇化进程中低收入群体住房、就业及社会保障的调查》,载《湖北社会科学》2015 年第 2 期。
② 唐任伍:《我国城镇化进程的演进轨迹与民生改善》,载《改革》2013 年第 6 期。
③ 吴业苗:《乡村民生改善的城镇化向度》,载《浙江社会科学》2020 年第 5 期。

为基本遵循,补上城镇化发展中的民生"欠账""短板",实现城镇化高质量发展与民生事业发展"同频共振"。

三、农民的城镇化情境与民生问题变化

农民是推进城镇化发展的重要主体,城镇化尤其是新型城镇化发展需要切实维护农民的民生权益,不断提高他们的获得感、幸福感和安全感。但是,城镇化发展在给农民带来更广阔发展空间、更好职业选择和更多经济利益的同时,也给农民带来诸多烦恼和困扰,甚至一些农民成为城镇化发展的牺牲品。不仅如此,城镇化发展还不断改变着农民的民生需求取向——卷入城镇化发展中的农民,包括居村农民都或多或少地因城镇化发展而改变了民生需求的预期。更多农民的民生需求不再囿于乡村,而是期望从城镇化发展中获得民生改善机会;而且城镇化发展在满足农民民生需要的同时又诱导农民产生更多的民生需要,致使城镇化发展在解决了现有民生问题后又要面对新的甚至更棘手的民生问题。鉴于此,城镇化高质量发展,不仅要满足城镇化参与者,包括进城农民、城郊农民和居村农民日益增长的民生需要,还要在其发展中不断解决既有问题和新生民生问题,并依托民生问题的持续解决推进城镇化既好又快地发展。

长期以来,中国的民生事业发展滞后于城镇化发展,并成为掣肘城镇化高质量发展的短板和弱项。自乡镇企业发展和小城镇建设拉开城镇化发展大幕时起,城镇化发展就担任起消弭城乡二元结构,促进城乡统筹发展和城乡一体化发展,以及城乡融合发展的重要媒介。城镇化发展由最初的城市大门徐徐打开,准许农民进入城市打工挣钱,到近年来不断降低农民进城、居住的户籍门槛,给予进城农民"准市民""新市民"待遇,农民的民生状况在城镇化发展中得到了较大改善。城镇公共服务向农业转移人口覆盖和向乡村延伸,以及300万以下人口城市取消农民落户限制等"利好"政策的实施,使越来越多的农民不再是"纯粹农民"。他们与城市的社会距离越走越近,与市民的身份差距越来越小,一些长年居住在城市的农民及其家属和子女的日常生活、衣着穿戴和形体外貌越来越接近城市市民。城

市政府和城市社会利用农民进城打工发展城镇化,以及接受农民劳动力而不要农民劳动者的"野蛮式"方式正在发生改变,更多的农民从城镇化发展中提高了民生水平。这些成就是城镇化发展逐渐累积而来的,体现了物的城镇化正在向人的城镇化转变。

20 世纪 80 年代的小城镇建设对中国农民的民生改善和城镇化发展都具有史诗般意义,它启动了城镇化发展快车,让世代田野耕作的农民有机会走出农村、进入城镇,并成为乡镇企业职工和城镇常住人口。家庭联产承包责任制的全面实行,不仅激发起农民的生产积极性,粮食产量年年创新高,彻底解决了中国人的吃饭问题,而且解放了农业劳动力,农民可以自主地进行粮食生产劳动和从事多种经营活动。换言之,家庭联产承包责任制把部分农业劳动力从土地中解放出来,越来越多的农户把家里多余的劳动力配置到城镇或非农产业中。起初,一些农户将家庭成员中年轻且受过一定文化教育的人送到家乡附近城镇企业工作,从事工业品加工、玩具制造、服装制作等非农职业。这些进城农民不需要再像他们父辈们那样,过着"朝披寒露晚凝霜"和"风吹日晒雨淋"的生活,可以像城镇职工一样,在相对舒适的环境中工作。虽然在乡镇企业从事的是劳动密集型工作,与城市大企业的工作环境还存在较大差距,但非农业工作的"轻松"和按月领工资的"新生活"让在乡镇企业工作的农民及其家庭拥有较高获得感,更多的家庭把年轻人送入城镇企业上班,以获得超过农业劳动收益的经济收入。到 1990 年,全国拥有乡镇企业达 1873 万个,吸纳农村富余劳动力 9262 万人。90 年代初期农业转移人口主要在本地工作,本地乡镇工作约占 78.2%,本地县城工作占 12.2%,只有 9.6% 的农民到外地工作。①

党的十四大后,国家深化市场化体制改革,尤其是完全取消粮食"统购统销"政策,农民们不再受制于口粮的"统购统销"管制,可以跨省跨地区远距离流动,到沿海经济发达地区或大城市打工。由于到城市或经济发达地区打工能够挣到更多的钱,农民进城方式随着中国城镇化发展重心的改变由小城镇转移到城市。城市的产业、市场、资源等经济基础比小城镇雄厚,

---

① 杨立勋:《城市化与城市发展战略》,广东高等教育出版社 1999 年版,第 154 页。

城市改革和市场化发展让城市发展的优势不断凸显,不仅可以吸纳更多的农业劳动力,而且城市"丰富多彩的工作岗位也有利于人们发现自己适合干什么与不适合干什么",农民"可以从一家企业跳到另一家企业,也可以从一个行业跳到另一个行业"。① 重要的是,城市打工除了能够挣到比乡镇企业更多的钱,还有机会成为城市人。这对年轻人更有吸引力,因为成为大城市人远比在小城镇落户体面得多。如此,在90年代中后期,中国形成了气势磅礴的"农民工潮",广大农民像潮水般地涌入城市,以至于一些省市,如广东省对农民工进城予以一定限制,要求没有工作单位的农民在春运期后再来广州、深圳等大城市找工作,并把暂时没有找到工作、流落街头的农民视为"盲流",列入城市"收容"对象。

相比于80年代农民进小城镇,90年代进入城市对农民的民生影响更大。农民在家乡附近的小城镇打工,吃住等生活问题可以依托乡村的家和父母来解决,打工成本不高,生活上也没有多大困难;而进入城市后,他们的吃饭、居住、找工作等问题都需要自己想办法解决。另外,90年代的城市处于经济体制改革和发展转型中,城市自身的民生问题,如企业下岗职工再就业、生活保障等问题非常突出,城市政府和城市企业一般不能帮助进城农民化解民生问题。鉴于此,多数进城打工的农民只能依靠熟人"强关系"谋取工作,②日常生活上的困难也只能靠老乡、亲戚"抱团"方式解决。低社会保障或无生活保障的城市打工者,一旦遇到生病或丢失工作之类的"大事情",通常难以在城市待下去,只能返回到乡村生活。当然,也有一些用工单位,包括部分外资企业,它们为了让农民工安心工作,提供集体宿舍、食堂就餐等服务。但更多的进城农民集中居住在城市郊区或在简易出租房里,生活极不方便。

如果说80年代城镇化产生的农民民生问题集中在乡镇,到了90年代,因农民远距离流动到城市,农民的民生问题就跨越了乡村,成为城市中的农民问题。农民在家乡附近的小城镇居住和在乡镇企业打工,尽管工作

---

① 〔美〕爱德华·格莱泽:《城市的胜利》,刘润泉译,上海社会科学院出版社2012年版,第67页。
② 李俊:《从生存到发展:转型时期农民工城市创业研究》,中国经济出版社2017年版,第99页。

和生活的城镇化情境与乡村有所不同,但毕竟工作和生活的地方离村庄和家不远,打工者依旧生活在家乡文化圈中,与周围人交往没有多少生疏感。而对进城农民来说,城市是完全陌生的"新世界",繁华之下存在诸多不确定性,让很多进城农民无所适从;同时,处于城市情境中的打工者,想知道的东西越多,他们的担心或忧虑就更多。①

另外,80 年代农户的日常生活几乎没有受到家人打工影响,因为进乡镇企业的多数人是刚从学校毕业的初中生和高中生,他们原本就不种田,家里的农活也未指望他们。这些刚从学校出来的孩子进乡镇企业打工,尽管不一定能挣到多少钱,但至少可以为家庭减轻一些经济负担。而 90 年代进城打工对农户的影响较大,原因在于进入 90 年代后,除了刚从学校出来的学生进城打工,还有一些农户看到年轻人打工挣到了比农业劳动多得多的钱,便让年龄稍大、已经在农村成家的中青年人进入城市打工。这些年龄稍大的农民不像刚从学校毕业的年轻人,他们较少考虑改变农民身份,更多考虑的是多挣钱,让家人住上更好的房子,让孩子能顺利读书。但问题是,有家有室的中青年农民进城会对家庭和农业劳动产生较大影响,因为他们中的多数人是家里主要的劳动力,进城打工难免要加重父母和妻子做农活的负担。

农业人口离村进城造成的民生问题还不止这些。21 世纪初,越来越多的乡村中年人也在城镇化"魔棒"驱使下进城打工:一方面,经过一段时间的进城打工和在村务农的收益比较后,一些农户不再重视承包地和农业生产,中年农民纷纷加入打工者队伍;另一方面,土地城镇化和人口城镇化快速发展,城市的道路、住房等建设需要大量做苦活、累活、脏活的体力劳动者。乡村的"推力"与城市的"拉力"让 50 年代和 60 年代出生的、具有丰富种田经验的中年农民进入城市打工成为可能。这些中年农民主要在建筑工地上从事重体力活,虽然挣的钱不比年轻人少,但他们离开乡村对居村的留守老人、留守妇女造成的影响尤其大——原本繁重的农活主要由体力强的中年男子承担,而中年农民进城后,留守老人和留守妇女不得不从

---

① 〔美〕段义孚:《无边的恐惧》,徐文宁译,北京大学出版社 2011 年版,第 5 页。

事耕地、挑担等重农活。直到今天,很多乡村仍依靠留守老人和留守妇女从事繁重的农业劳动。

概而言之,中国城镇化发展在21世纪前后十几二十年中,农民因城镇化粗放发展产生了较严重的民生问题。不仅进城打工的农民干了市民不愿意做的苦、累、脏、险活,却没有换来市民待遇和均等化公共服务权益,而且乡村留守人员为城镇化发展支付了高昂的民生成本,他们在为进城打工者坚守着"大后方"的同时,还忍受着乡村社会大转型中民生服务不断减少的压力;或在乡村空间整合中被一再地折腾,难以过上稳定的生活;或在年复一年的等待中一如既往地过着传统的小农生活,并且比以前更加孤独、寂寞。

四、检视农民"人的问题":当前城镇化发展中的民生痛点

物的城镇化是城镇化的野蛮增长,一味地从乡村汲取人力、物力和财力,最终将导致乡村社会"失血"和乡村家庭"分裂"。全面建设社会主义现代化国家和实现共同富裕的目标都需要终结野蛮城镇化对乡村的"掠夺"和对农民的"歧视"。如果说城镇化发展初期汲取农村资源和牺牲农民权益是出于不得已的无奈选择,城镇化发展需要经历这个"原始积累"过程,那么,到全面建成小康社会后的新发展阶段,城镇化发展理应重视农民民生问题的解决,莫将农民及其家庭生活置于城市体系之外。改善城镇化中的农民民生状况,提高农民的获得感、幸福感和安全感,让农民共享城镇化发展成果,是新型城镇化高质量发展的重要使命,也是新时代全面建设现代化国家和扎实推进共同富裕的重要社会基础。

进入21世纪后,尤其在国家提出以人为核心的新型城镇化发展战略后,中央和地方政府逐渐加大对城镇化进程中人的问题和民生问题解决力度。例如,实施帮扶"三留守"人员的"关爱工程",为留守人员的日常生活排忧解难;启动帮助留守儿童假期与打工父母团聚的"彩虹工程",让父母多一些时间陪伴"小候鸟";推进户籍制度改革,不断降低进城落户门槛,促进城镇公共服务向常住人口覆盖,让进城农民越来越多地享受到城市公共

服务。虽然这些举措在一定程度上缓解了城镇化中人的问题,也部分地化解了农民的民生难题,但它们只是暂时地缓解了城镇化发展中的表面问题,未能从根源消除城镇化中民生问题的痼疾,更没有将以人为核心的理念落实到城镇化发展中,彻底消除农民的民生问题。

当前,中国城镇化发展处于量的快速增长向质的升级转型的关键窗口期。解决城镇化发展中的民生问题不能再像过去那样将工作重点放在"面上"或者"头痛治头、脚痛治脚",需要精准地发现深层次的"里子"问题,即城镇化进一步发展中的"疑难问题"与"棘手问题"。不解决城镇化发展中的这些深层次民生问题,城镇化高质量发展就无从谈起。当前和今后一段时期掣肘城镇化高质量发展的农民民生问题主要集中在以下四点:

1. 亟待解决乡村老人晚年生活与养老问题

在直接参与和间接卷入城镇化的农民中,乡村老人受城镇化发展冲击最大。当前居住在乡村的老人是20世纪八九十年代四五十岁的农民,那时的他们是家里的顶梁柱和主要劳动者,几乎为家庭的发展付出所有。当前,曾经的中年人已步入老龄阶段,体力和精力都不允许他们继续从事繁重的农业劳动。尽管有些留守老人仍与留守妇女、留守儿童生活在村庄中,但他们中的多数人是与分家了的儿孙分开居住,儿媳、孙子女对他们的照顾非常有限。同时,多数留守妇女有小家的农活要做,很难为老人提供更多帮助,甚至子女们的家务和农活还要老人代劳。更严重的是,随着城镇化进一步发展和老人们的儿子在城市拥有稳定工作和生活,乡村留守妇女和留守儿童正在陆续进入城市或县城,越来越多的子女包括已经分家单过的,一般会把承包地丢给老人耕种,并将家交给老人看守。虽然一些年纪大的留守老人不再耕种全部的承包地,将离住地较远和水路不好的承包地流转出去,但是,由于耕种的农田少且小,使用农机不方便,或出于节约成本考虑,老人们仍采用人力耕种承包地,辛苦程度并不比以前小。虽然越来越多进城的孩子们已经不再指望老人做农活,甚至要求他们放弃农业劳动,一些留守老人也放弃了做农活,但随着老人们年龄变大,行动愈发不方便,照顾留守老人晚年生活成为新型城镇化发展最迫切的问题。调查发现,在一些中西部村庄中,留守在村庄的几乎是七八十岁的老人,他们过着空巢或独居晚年生活,不仅日常生活、生病没人照顾,甚至吃上热饭都成了生活中的一大难题。

不仅如此,由于人口城镇化滞后于人的城镇化发展,20世纪进城打工或21世纪初进城打工的"60后"们,将在不久的将来陆续返回村庄,成为居住在乡村的"新老人"。国家应尽快为"60后"农民建立养老保障和提供养老服务。一是"60后"农民是在城乡从事繁重体力劳动的最主要的人群,但他们把所有劳动积蓄奉献给自己的父母和小孩,几乎没有为自己攒下多少养老本钱。二是"60后"农民,无论是一直在家乡从事农业劳动和非农业劳动的,还是一直在外地打工而返乡的,他们对农业劳动都不陌生,但农地流转、农业规模化经营,以及农村现代化发展已经不允许他们再从事一家一户的小农生产,即他们不能像他们的父辈那样,可以从事农业劳动到体力极限,他们中的多数人将在无所事事中老去。三是"60后"农民不同于"40后""50后"农民。"40后""50后"高龄老人有多个子女。即使子女离开乡村,他们也能给老人提供一些家庭照顾。而当"60后"农民成为老人后,城里生活的独生子女们一般无力为他们尽孝,他们中的多数人只能在"自我养老"中了却余生。

中国是人口大国,未富先老的养老压力已经让国家不堪重负,进一步激化了农村留守老人无家人照顾和庞大的打工回乡老人缺乏养老保障的问题。以人为核心的新型城镇化发展亟待解决农民养老问题,如若不然,乡村老人及其养老问题将成为新型城镇化高质量发展的沉重包袱。

2. 亟待解决乡村民生服务空间布局问题

城镇化的快速发展不断使越来越多的村庄,尤其是那些远离中心城镇的村庄处于严重空心或半空心状态。村庄空心化以及居民减少让原本供给不足的民生服务面临愈发严重的结构性问题:一方面,为满足乡村居民日益增长的美好生活需要,政府有必要把医疗卫生、文化教育、劳动就业、养老保障等服务,以及道路、交通、垃圾处理、电力、自来水、污水处理等公共设施送进村庄;另一方面,自然村庄的不断退出与村庄中的人越来越少,加上留守老人对一些公共设施和公共服务的需求低,致使政府的公共服务供给成本越来越高。如果政府按照居民不出村就能享有基本公共服务的标准配置服务设施,公共服务的供给效率无疑会非常低,并势必加大财政负担。随着城镇化进一步发展,地方政府对村庄的公共服务供给的结构问题愈发难以解决。

鉴于乡村居民公平公正地享有基本公共服务的合理要求,与地方政府出于节约成本的理性考虑而减少公共服务供给的突出矛盾,地方政府为摆脱乡村公共服务供给的进退两难困境,纷纷采取优化居住空间的方式,引导散居村民进城镇或中心社区,并将有限的公共资源优先配置到城镇或中心社区。从早期和近期地方政府实施拆村并居和引导农民到城镇或中心社区居住的情况看,进城镇和到中心社区的农民能够较快较好地享受到与城市居民均等的公共服务:政府将公共服务供给重点转移到乡村城镇和中心社区后,居民的出行、用电、用水、用气、上学、看病、养老以及文化娱乐都比较方便。但中国乡村地域广袤,经济发展和城镇化发展程度参差不齐,东西差别、南北差距大,不可能让所有村庄的散居农民都进城镇或到中心社区,更何况拆迁与征地还需要尊重农民意愿,面临"众口难调"的问题。

改善农民居住条件,提高其生活水平,需要适当整合乡村居住空间并引导农民集中居住,这是城镇化发展的大趋势。但在现实中,并非每一个地方都可以这么做,也并非每一户都愿意这么做。为此,不少地方政府在调整乡村空间结构、引导农民集中居住、优化乡村公共服务供给结构中举步维艰,以至于一些地方,或勉为其难地为散居农民供给少量公共服务,或任由村庄公共服务严重缺乏,不管不顾居民生活困难,等待村庄衰落和退出。毫无疑问,城镇化高质量发展不能漠视乡村散居居民的民生服务需要,也不能借口分散村庄的民生服务供给成本高就不提供,解决这一矛盾问题需要"大智慧"和"新手段"。

3. 亟待解决进城农民的民生问题

相比于城镇化发展初期,自国家推进以人为核心的新型城镇化发展后,进城农民及其家属和子女的城镇生存状况不断改善。国家统计局公布的《2020年农民工检测调查报告》显示,2020年农民工月均收入为4072元,进城农民工人均居住面积为21.5平方米;进城农民工户中,住房中有电冰箱的占67.0%,有洗衣机的占68.1%,有洗澡设施的占85.4%,有汽车(包括经营用车)的进城农民工户占 30.8%,能上网的占 94.8%。3—5 岁随迁儿童入园率(含学前班)为 86.1%,其中,28.9%在公办幼儿园,37.2%在普惠性民办幼儿园;义务教育年龄段随迁儿童的在校率为 99.4%,其中小学年龄段随迁儿童 81.5%在公办学校就读、12.4%在有政府资助的民办学校就读,初中年龄段随迁儿童 87.0%在公办学校就读、7.1%在有政府资助的民办学校就读。同时,进城农民工对所在城市的归属感和适应度持续增强,41.4%的人认为自己是所居住城市的"本地人",83.3%的人表示对本地生活非常适应和比较适应,仅有 1.2%的人表示不太适应和非常不适应。此外,60.5%的人表示对业余生活非常满意和比较满意,29.3%的人参加过所在社区组织的活动。

但是,进城农民的民生问题仍比较多,如在幼有所育方面,尽管越来越多的农民工将小孩送进幼儿园,但仍有一定数量的农民工将小孩生在乡村,并将孩子丢给年老的父母看管。留在农民工父母家的乡村孩子几乎得不到亲生父母的关爱,也较少能在乡村上幼儿园。在学有所教方面,尽管全国绝大部分省市准许农民工子女就地上学,但农民工子女就读学校多数是普通学校,教学条件和师资水平与市民孩子还有一定差距。尤其是,绝大多数农民工的子女仍在家乡学校读书,父母不能对他们的学习予以指导、监督。在劳有所得方面,尽管外出农民工和本地农民工的工资收入逐年递增,基本上能够满足农民工家庭生活需要,但相比于城市职工,2020 年全国城镇职工年均工资(97379 元)约为农民工年均收入(48864 元)的 2 倍,而且农民工从事的多数是城市人不愿意干的工地活、送货活,以及医疗卫生、餐饮、清洁、家政等工作。在病有所医方面,尽管极少数用工单位为农民工购买了城镇职工医保,但绝大多数农民工购买的仍是"新农合",不仅在打工地城市看病的异地报销不通畅,生了大病的农民工还得回到参保地乡村医院看病。在老有所养方面,多数用人单位出于降低用工成本的考虑,不愿意主动为农民工购买养老保障。即使有的农民工购买了养老保障,一旦他们被解雇或到异地寻找工作,也面临断缴或转续难的问题。在住有所居方面,尽管经过几十年打拼,一些农民工有了一定积蓄并在家乡的城镇或打工地购买了商品房,但就农民工群体看,拥有城镇住房仍是农民工最大的民生障碍,他们中不少人渴望在城市拥有属于自己的家。在弱有所扶方面,尽管农民贫困仍集中在乡村,农民工群体较少存在贫困问题,但农民工仍相对弱势:他们缺乏工作稳定性,城市政府和社会较少为他们提供就业服务,在城市工作的不确定性大;他们缺少社会保障,抵御工作、生活风险的能力弱,一旦遇到困难,只能回到家乡寻求生存空间;他们中多数人没有确定的住所,不仅家在乡村却生活在城市,而且很难在一个地方长期待下去,尤其是那些在工地上打工的农民工,工地在哪个城市,他们就到哪个城市生活。

4. 亟待解决农民家庭收入提高问题

自20世纪90年代城镇化发展进入快车道后,城镇化率逐年提高,而城乡居民收入差距并没有因城镇化发展而缩小。农民进城打工,挣到了比农业生产高得多的钱,农户的居住条件和日常生活水平也随之提高,但和市民的收入相比差距还是很大。图10.1显示,1981年家庭联产承包责任制的实施,使城乡居民的收入差降到2倍以下。但自城镇化发展后,城乡居民收入差距很快回到1981年前的水平,从1991年的2.4倍逐渐扩大到3倍以上,并在2007年和2009年两度达到3.33倍的高值,直至2014年才降至3倍以下。城乡居民收入差距大是城镇化发展的次生问题,它从另一侧面反映了农民的民生状况,因为家庭收入是检测民生状况的一个重要指标,家庭经济收入低,民生水平难有多高。

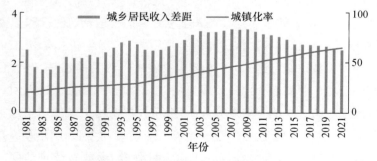

图10.1 城镇化率与城乡居民收入差距

城乡居民收入差距大不利于城镇化高质量发展。有研究指出,世界上多数国家城乡人均收入小于1.6倍,西方的一些发达国家,如美国、英国的城乡人均收入差距在1.5倍左右。① 近年来,国家不断加大强农、惠农、富农力度,农民进城打工收入逐年增加,并且乡村居民收入增长都快于城镇居民,城乡居民收入差距在缓慢地缩小。有研究指出,一旦劳动收入下降,居民对一些领域的民生满意度就会下降,其中在政府服务、社会保障等领域,民众的满意度评价对劳动收入的下降更为敏感。② 如此,城镇化高质量发展要保障农民家庭收入稳定增长,尤其要把"稳定就业列为民生工作中的重中之重"③。就业事关农民的生存与发展,如果城镇化发展不能有效地保障农民包括农民工充分就业和拥有稳定的收入来源,有些进城农民及其家庭就会陷入不断放大的不确定性中,由城镇化的利益既得者沦为利益牺牲者。

五、促进城镇化与民生共同发展

自国家提出新型城镇化发展战略以来,各地在城镇化推进中愈益重视"人的问题",不断加大民生服务供给,农民的民生状况得到了较大改善。同时,城市社会不再像20世纪末和21世纪初那样,把进城农民看作与他们争夺城市公共资源的"异乡人",不仅认同农民对城市发展的重要作用,逐渐地接受了他们,而且对农民越来越友好,为农民向市民身份转变提供了尽可能多的方便。然而,城镇化发展还没有完全做到以人为核心,惠及农民的公共服务也没有实现均等化,推进农民进城和农业转移人口市民化的举措还不够精准,城镇化发展中的农民民生问题依旧突出。城镇化发展距离实现进城农民"上岗有培训、劳动有合同、子女有教育、生活有改善、政治有参与、维权有渠道、生活有尊严",以及"个人融入企业、子女融入学校、家庭融入社区、群体融入社会"④的愿景还有很长的路要走。

---

① 赖扬恩:《中国农村社会的结构与原动力研究》,华中科技大学出版社2014年版,第195页。
② 国务院发展研究中心课题组:《中国民生调查2019》,中国发展出版社2019年版,第31页。
③ 严华、朱建纲主编:《坚持在发展中保障和改善民生》,湖南教育出版社2017年版,第23页。
④ 张飞:《加快释放人口城镇化的巨大内需潜力》,载《光明日报》2022年2月22日第11版。

无论是全面建设社会主义现代化国家还是实现共同富裕目标,都需要民生事业发展跟上新型城镇化发展,补上城镇化发展中的民生短板与弱项。城镇化发展中的民生痼疾,如乡村"三留守"人员的生活困难问题、进城农民的生活保障缺乏问题等,以及城镇化发展进入新阶段出现的第一代农民工养老问题、新生代农民工和"农二代"们的"同城待遇"问题等,都是建设现代化国家、实现共同富裕和推进新型城镇化高质量发展要啃的"硬骨头"。如果说城镇化发展初期无奈地选择用发展时间换取民生问题解决的空间,时至新发展阶段,城镇化发展中民生问题的解决就不能再往后拖延了。否则,城镇化高质量发展就无从谈起,更遑论实现现代化国家和共同富裕。笔者就此再谈几点看法。

第一,解决进城农民民生问题仍需要一个过程。中国农业人口多,地域间、城乡间的经济社会发展差距大,城镇化发展中的民生问题异常复杂,难以一蹴而就地解决所有民生问题。冀望采取攻坚战、突击战的方式解决民生问题是不现实的,甚至可能造成无法补救的后果。民生问题的解决关涉不同类型城市,中小城市的进城农民人数少,推进公共服务均等化难度不大,而在特大城市和超大城市中进城的农民人数多,且公共服务水平高,强力推行公共服务均等化,一些城市有可能为减轻财政负担而驱赶进城农民;中国农民工群体庞大,近3亿人的民生保障,加上他们家属和子女的民生服务供给需要雄厚的经济实力支撑,统一推行民生服务均等化有可能伤及城市发展元气。民生改善要有一个过程,改善城镇化中的农民民生状况不能脱离国情市情而提出过高目标,要在守住民生底线的基础上逐步提高。①切忌把补民生短板和强民生弱项作为刚性任务,硬性要求地方政府"如期"完成。

第二,城镇化发展需要慎征地、少拆房。乡村农民进城和城郊农民市民化受城镇化发展程度的影响,城镇化发展越快,农民会加速流向城市,但农民进城、实现身份转变还受到城镇化发展质量的影响。在城镇化发展不

---

① 邵景均:《在高质量发展中保障和改善民生》,载《人民日报》2022年4月18日第9版。

彻底、不完善的阶段,征用农民承包地和拆除农民乡村住房是极其危险的事情,严重的有可能造成一些市民化失败的农民沦为居无定所的"流民",引发社会治理危机。鉴于此,不能急于改变乡村居住方式和调整空间结构,如果在农民还没有真正进城或被城市社会完全接纳前就征地、拆房,或以乡村振兴为幌子强制农民进城,极可能毁掉农民的安全底线。城镇化中的民生问题需要在城镇化进一步发展中予以解决,要重视城镇化发展不充分的现实,尊重农民散居需求,还要杜绝借口村庄有可能消失,或以公共服务供给成本高为由,采用断供公共服务的方式,强迫农民离开家园。

第三,城乡协同解决城镇化发展中的民生问题。虽然农民的主要民生问题是物的城镇化发展造成的,城镇化粗放发展引发并加剧了农民的民生问题,但问题的根源还是在城乡发展不平衡和乡村发展不充分上。将农民民生问题一概归咎于城镇化发展"不友好"是不客观的,解决城镇化发展中的民生问题要把突破口放在消除城乡二元结构和化解"三农"问题的两个着力点上。尽管城镇化发展中的民生问题有城市社会方面的责任,如城市政府和城市企业没有为农民工建立基本社会保障,城市社会在利用进城农民时没有及时转变他们的身份,但乡村社会也负有一定责任。例如,乡村社会发展落后,无力为"三留守"人员提供基本的民生保障;土地改革滞后,承包地成为进城农民想丢弃而又不能丢弃的"鸡肋"。鉴于此,在城镇化发展步入中后期的当下,化解城镇化中的民生问题不能一味地责怪城市政府和城市社会,片面地要求城市延伸公共服务覆盖面和增强供给力度,乡村社会也需要深化土地制度改革,完善与新发展阶段相适应的公共服务体系,让那些进城农民和居村农民都能过上美好生活。

第四,依托国家系列发展战略实施的势能化解城镇化中的民生问题。城镇化发展中的一些民生问题曾借力于国家实施精准扶贫脱贫方略和全面建成小康社会战略而得到了部分解决,农民就学、就医、低保、养老等民生水平有所提高。进入新发展阶段后,城镇化发展中的农民民生问题不能单兵作战,需要充分利用国家全面推进乡村振兴、扎实推进共同富裕和全面建设现代化国家等战略实施的势能,将城镇化发展中的农民民生问题嵌入国家发展战略,以寻求"合力"解决之道。现实中,城镇化发展中的农民民生问题不是单纯的城镇化发展质量滞后于城镇化发展数量问题,还是乡村振兴、共同富裕和全面实现现代化国家需要共同面对的问题,要在打好"组合拳"、搭上"顺风车"上协同解决城镇化发展中的民生问题。

第十一章

城镇化进程中小农户分化、升级与民生改善

城镇化进程中的小农户形态不稳定,正在加速分化,并随着现代农业发展和农业人口进城而转型升级。新时代小农户与大主体、大市场、大社会和大生产形成的组织、营销、社会和生产等结构性矛盾,加剧了小农户分化,致使越来越多的小农户放弃农业生产。如此,解决当下小农户深层次问题,除了在技术上促进小农户与现代农业发展衔接外,还要从空间再生产、生产方式再生产和生活方式再生产等方面着力提升小农户,促进小农户转化,减少小农户数量。唯有转化小农户并适度提升小农户,"在村"和正在或将要"离村"的小农户才能过上更美好的生活。

一、小农户及其新形态

小农户,即小规模农户或小规模经营群体,是以家庭为经营单位、"集生产与消费于一体的农业微观主体"①。小农户是小农经济时代最重要的生产经营主体,其典型特征是:以封闭、不完全开放方式处理社会关系,家庭生活自给自足或半自给自足,较少参与市场交易活动;以家庭户为生产单位,家庭成员是主要劳动力,依靠人力、畜力和犁、镐、锄、锹、耙、镰等工具在小块土地上进行简单式农业劳动;以有生命的动植物为劳动对象,从事小农业(粮食作物、经济作物的种植)或大农业(农、林、牧、副、渔等产业)的生产经营活动。小农户在周而复始的春耕秋收季节轮换中过着日出而

---

① 张红宇:《实现小农户和现代农业发展的有机衔接》,载《中国乡村发现》2018 年第 3 期。

作、日落而归的田园静谧生活,一代传承一代,形态稳定,几乎没有多少变化。

　　有学者结合恩格斯的小农定义判别小农户量的规定性,即上限由家庭劳动力利用的最大化程度决定,下限由维持家庭基本生存需要决定。① 具体地说,小农户在量的规定性上是"小":世界上几乎所有国家的农业生产都以家庭形式进行②,户是家庭的生产单位,一般不以"大家庭"为形态③。即大家庭分家析产后的小家庭得以立户,形成"一家一户",并成为农业生产单位。虽然在乡村熟人社会里小农户存在邻里间、家族间、亲戚间的互帮互助,但一般是小规模的有限合作,不是农业生产的稳定形式,并且没有突破小农户的"上限""下限"。在小农经济时代小农户自始至终都是以"小"作为立命之本。

　　也有学者根据农户耕地规模界定小农户,以是否拥有小块土地甄别小农户。其实,按照耕地面积划分大农户和小农户是"僵化的办法",因为小农户的耕地规模具有特定的时空性,不同地区的土地生产力和农作方式影响着农户耕地规模。④ 现实中,农户耕种南方水田、北方水田和旱地的面积有较大差别,南方1亩水田能养活1口人,而北方水田、旱地,尤其是干旱少雨地区的农地,有可能需要3—4亩甚至更多才能保证1口人所需。此外,虽说耕地是农户必需的生产资料,但无耕地的小农户普遍存在。在中国历史上,既存在占有大量耕地而不劳作的农户,也存在没有耕地或少量耕地而租入耕地进行农业生产的农户。再者,是否拥有耕地或耕地多少不是界定小农户的必要条件,因为农户是否拥有耕地或拥有多少耕地表明的是人在生产关系中的地位,不对小农户的农业生产起决定作用,没有自己耕地,租入耕地或到有地的农户家做雇工也是小农户。

---

　　① 叶敬忠、张明皓:《"小农户"与"小农"之辩——基于"小农户"的生产力振兴和"小农"的生产关系振兴》,载《南京农业大学学报(社会科学版)》2019年第1期。
　　② 徐旭初:《中国农民专业合作经济组织的制度分析》,经济科学出版社2005年版,第62页。
　　③ 任路:《"家"与"户":中国国家纵横治理结构的社会基础——基于"深度中国调查"材料的认识》,载《政治学研究》2018年第4期。
　　④ 许惠娇、叶敬忠:《农业的"规模"之争与"适度"之困》,载《南京农业大学学报(社会科学版)》2017年第5期。

对小农户概念的不同识别不影响小农户在传统农业生产中的作用。中国农业一直以小农户为生产单位,并保持着长期稳定:小农户具有灵活生产的优势,可以根据家庭生活需要和市场变化适时调整种植、养殖结构,维持农业产品产销的"简单""大致"平衡;传统农业生产要素简单,产业链短,小农户掌握全部生产工具和劳动资料,可以独立完成整个生产过程,不需要大规模的社会合作;农业生产内部分工和专业化不明显,小农户"同生产和社会的狭隘的自然产生的界限相容"[①],不需要监督劳动过程,生产成本低。如此,小农户的农业生产在小农经济时代具有较强的生命力。中华人民共和国成立后,国家动员农户加入初级社、高级社,直至将农户组织到人民公社里,改变了农业生产方式。尽管在计划经济时期小农户的农业生产方式发生了变化,由单一、分散到集中、合作,再到高度组织化,农业生产组织化、集体化程度高,但国家没有在农业生产中消灭小农户,小农户仍是乡村农业生产的管理单位、分配单位、消费单位。由于小农户在农业生产中的生产功能被集体化削弱,生产过程中出现"磨洋工""搭便车"等问题,农业生产的边际效益很低,农村经济发展陷入停滞状态。鉴于此,国家实行家庭联产承包责任制,将农业生产经营权归还给小农户,小农户再次成为农业生产的独立主体。小农户的农业生产地位的恢复对促进中国城乡社会全面发展起到了积极作用,不仅彻底解决了中国长期以来难以解决的吃饭问题,而且巩固了国民经济基础,促进了市场化、城镇化与现代化发展。

在传统农业生产中,由于乡村缺少非农产业和市场经济,小农户保持稳定状态而少有分化。在漫长岁月里,有的小农户演变为地主、富农,依靠出租土地、剥削无地和少地的农户为生,但这些是小农户在生产关系中的地位变化,没有改变小农户的整体性质。20 世纪 50 年代,国家依据土地占有多少或家庭成员的劳动程度划分农户的阶级成分:地主户为有土地且自己不从事劳动,依靠剥削为生的农户;富农户为一般占有土地以及租入

---

① 《资本论》第一卷,人民出版社 2004 年版,第 872 页。

部分或全部土地,自己参加劳动且依靠部分或大部分剥削为生的农户;中农户为占有全部或部分土地,以及租入部分或全部土地,有相当的工具,生活靠自己劳动或主要靠自己劳动,并且一般不剥削人的农户;贫农户为占有一部分土地或无土地,有不完全的工具,交地租、出卖小部分劳动力的农户;雇农或农业工人户为无土地与工具,完全地或主要地以出卖劳动力为生的农户。但农户的阶级成分划分不是严格意义上的社会分层,成分高的农户如地主,在乡村社会里地位最低,多余的土地被强制分配给无地或少地农户,家庭多余的财产包括房屋等也被政府强制剥离出去,充公或分配给穷苦的农民。阶级成分划分让乡村农户土地、财产平均化,地主和富农等人群失去经济优势,不能依靠"剥削"过衣食无忧的富人生活。"打土豪、分田地"后的乡村,小农户的同质性、同源性更强。

当前的小农户与20世纪50年代初的小农户不同。统计数据显示,1953年中国有1亿多农户,每个农户的平均耕地面积为16.3亩;而现在的小农户数量多,2016年承包经营户有2.28亿户,每个农户经营耕地面积小,平均不足6亩。就此看,现在的农业人口是20世纪50年代的2倍以上,小农户数量同比增长2倍多。不过,这个数据需要进一步考量。在20世纪80年代初,城乡隔绝、限制农民进城情境下这个"量"有一定的比较意义,至少能说明乡村人口多,农户家庭的土地更加碎片化。小农户的"量"如今已名不副实,自从城镇化加速发展后,越来越多的小农户就不再专心于农业生产,一些小农户举家进城打工,并且随着城镇化向深度推进,原本留守的妇女和儿童也陆续进城,小农户不仅不纯粹,而且正在进一步减少。也就是说,统计数据中的有些小农户,实际上已经离农,而且再无返回小农户的可能。

中国小农户已经分化为多个类型。按照农业总收入在家庭生产性总收入的占比,中国小农户分化为纯农户(95%以上)、农业兼业户(50%—95%)、非农业兼业户(5%—50%)和非经营户(5%以下)四类。按照农户的从业收入,中国小农户分化为全职型农户(包括规模经营农户与老年型、弱能型和资源禀赋型小农户)、兼业 1 型农户、兼业 2 型农户和非农户四类。① 实际上,按照农业总收入、收入来源不同划分小农户类型还不是小农户分化的全部形态,当前乡村小农户分化还有其他形态,如农户家庭在人口形态上的分化。调研发现,中国乡村的人户分离现象非常普遍,在形态上表现为常年关门闭户的空心型、父母与子女分离和夫妻分离的分居型,以及全家人居住在乡村从事农业劳动的居村型。相比较而言,空心型农户和居村型农户体现了农户分化的两端,空心型农户是乡村统计意义上的农户,但这些农户已经离农,再为小农户的可能性很小;居村型农户有大小之分,其中一部分家庭农场、专业大户,是从事农业劳动的新型职业农民家庭;分离型农户具有较大的不确定性,有的由于父母做不动农活或离开人世而渐渐"弃农",有的因打工稳定而全家人"离农",还有的因不能再外出打工而"返农"。

小农户随着城镇化进一步发展转换、改变着形态,这需要在小农户与现代农业发展衔接的实践中加以重视。小农户与现代农业发展衔接并非要引导所有农户进入农业现代化轨道,已经离村、脱农的小农户失去了与现代农业发展衔接的条件,正在或将要进城居住生活的小农户与现代农业发展衔接只是暂时的、不确定的。如此看,当前促进小农户与现代农业发展衔接,一要"富裕小农户",促进"在村小农户"与现代农业发展衔接;二要"服务小农户",保障小农户包括不在村的小农户都能过上美好生活;三要"转化小农户",在减少小农户数量的同时提高小农户经营现代农业水平。

二、小农户生产中的结构性矛盾

新时代小农户不同于传统小农户,深度嵌入城镇化、现代化中,面临前所未有的结构性困境。卷入城镇化大潮中的小农户,很难独善其身。尽管

---

① 中国农户可支配收入由工资性收入、家庭经营净收入、财产净收入和转移净收入构成,这里的兼业 1 型农户指农业收入大于 50% 小于 90%,兼业 2 型农户指农业收入小于 50% 大于 10%。参见郭庆海:《小农户属性、类型、经营状态及其与现代农业衔接》,载《农业经济问题》2018 年第 6 期。

有些小农户留恋着乡村,想坚守农业生产,但树欲静却风不止,城镇非农业利益的诱惑和市场对小农户的敌视让他们彷徨在进城与留守的十字路口。不仅如此,当前小农户生产的结构性矛盾突出,严重掣肘着小农户分化、转型和升级。

1. 小农户与大主体的矛盾

相比小农户的"小",家庭农场、专业大户和专业合作社是农业经营的"大主体"。自2013年中央"一号文件"提出培育新型农业经营主体、新增的农业补贴向新型农业经营主体倾斜等政策以来,乡村新型农业经营主体在政府支持下快速成长,并带动了承包地流转和农业规模化发展。虽然国家在支持新型农业经营主体发展时没有限制小农户,新型农业经营主体在农业生产中也没有故意挤压小农户,并且这些大主体最初流转的土地主要是那些不愿意耕种或主动选择减少耕种的小农户土地,有助于小农户卸下承包地包袱,但是由于大的生产经营主体对规模化、集约化、机械化、产业化、科技化有着与生俱来的执着,多数大主体随着农机设备增多、升级,要求流转更多的小农户土地。如此,大主体的生产经营对小农户形成潜在压力,一些小农户不得不出租、流转承包地。尽管有个别小农户"刁难"大主体,不同意流转土地或换地,为大主体规模化生产带来麻烦,但当土地租金提高到几乎与小农户生产利润相等或更多时,很少有小农户再坚持。更何况,即使小农户的劳动力不愿意外出、进城,也可以在家庭农场、合作社打工,所挣的钱普遍超过了小农户的农业生产经营收入。鉴于此,越来越多的小农户主动把承包地流转给新型农业经营主体,或把承包地交给新型农业经营主体"托管",做"地主农民""记账农民"。

小农户的承包地流转总体上是在"自愿"状态下进行的,少见大主体强制小农户出租承包地的现象。尽管一些地方的新型农业经营主体试图"强租"小农户承包地,但由于得不到国家政策和地方政府支持而不得不放弃。承包地流转与土地非农化征用不同,农户放弃的是承包地一定期限的经营权、使用权,不是永久性地丢失承包地。在多数情况下,只要村委会协调好大主体与小农户的关系,把工作做到位,新型农业经营主体流转小农户的承包地没有多大难度。现在的问题反而是,一些丘陵、山区的乡村,由于耕地大小不等、高低不平，难以实施规模化经营，缺少流转小农户承包地的大主体，以至于承包地成为一些小农户的"鸡肋"，影响他们进城打工和追求美好生活。由此，不难看出，小农户与农业经营大主体的矛盾不仅仅是经营规模大小、获利多少，还存在小农户想流转承包地而缺少大经营主体承接的矛盾。这个矛盾在人多地少的丘陵、山区非常突出，如得不到解决，势必对小农户进一步分化和转型升级造成不利影响。

2. 小农户与大市场的矛盾

小农经济时代的小农户生产生活简单，较少参与市场活动，而现代社会的小农户有更多更高需求，需要依托市场发展生产、增加收入、提高生活水平。小农户不再是生存理性的小农户，[①]也不是劳动与消费相均衡的小农户，[②]而是追求效益最大化的"理性经济人"，[③]冀望能够充分发展，过上美好生活。

然而，经济理性的小农户不一定具有市场竞争力，与大市场存在矛盾。市场是商品交易的场所，也是利益博弈的竞技场，由于小农户"小""散"而缺乏市场交易能力和谈判成本，往往是市场发展越快，小农户面临的挑战就越多，受到的威胁也就越大。也就是说，市场充分发展下的小农户安全，不仅受到农作物收成好坏的影响，还面临市场竞争威胁。小农户的市场行为稍有不慎就有可能遭遇厄运——生产的农产品或卖不掉或卖不上价，严重的可能导致血本无归、债台高筑。如果社会化服务和保障跟不上，如果小农户不能被有效组织起来抱团取暖，如果小农户不主动增强市场竞争能力，就有可能遭遇大市场吞噬，从而不得不放弃农业、另谋职业。

3. 小农户与大社会的矛盾

如今的乡村社会不再是封闭的、与城镇隔离的社会，农民流动和城镇化发展打破了乡村有机团结，一些乡村社会已经没有传统乡村社会的凝聚

---

① 〔美〕詹姆斯·C.斯科特：《农民的道义经济学：东南亚的反叛与生存》，程立显等译，译林出版社 2013 年版，第 3—7 页。
② 〔俄〕A.恰亚诺夫：《农民经济组织》，萧正洪译，中央编译出版社 1996 年版，第 8—9 页。
③ 〔美〕西奥多·W.舒尔茨：《改造传统农业》，梁小民译，商务印书馆 2006 年版，第 4 页。

力,逐渐碎片化。城镇化进程中的乡村熟人社会正在变成半熟人社会甚至陌生社会——常年在外打工,终年难得相见一面,人与人之间不再知根知底。当前,很多乡村的小农户很孤单,不能与邻里、亲戚形成互帮互助,并且由于乡村社会缺少人气、缺少往来而失去温馨,人情日渐淡漠。乡村的社会资本随着城镇化发展加快流失,来自邻里亲戚的帮忙和支持越来越少。年轻人在外打工,年老者缺乏体力,无法为有需求的农户提供有效帮助。农户遇到不能解决的生产生活困难,只能求救于政府和市场。

此外,进入21世纪后,城乡统筹发展、城乡一体化发展促进了城乡社会融合,小农户的事情不仅仅是乡村的,有一部分甚至越来越多地受到城镇化发展影响。一方面,小农户的家庭成员到城镇打工、生活,城镇社会每一步变化都可能关涉到乡村社会中的农户,包括收入、农产品销售、子女上学和就业等;另一方面,越来越多的小农户在小城镇、县城甚至城市买房,将子女的家安置到城镇,一家人过着城镇与乡村的双边生活。调研发现:越来越多的乡村年轻人不在村庄盖新房,购买城镇商品房成为新时代乡村年轻人成家的标配;乡村学校生源不断减少,其中一些农户为孩子能接受优质教育而在城镇买房、陪读,将农业生产视为副业,把土地流转、委托给新型农业经营主体或社会服务机构;一些地方调整乡村空间结构,如江苏省苏北部分县区按照"三分之一进城、三分之一入镇、三分之一留村"的原则引导农民集中居住,农户进城、入镇成为时尚。① 乡村社会正在大转型,小农户与大社会的矛盾不仅仅在乡村,城镇社会及其城乡融合、一体化发展都对小农户的行为选择产生越来越大的影响。

4. 小农户与大生产的矛盾

传统农业社会中小农户的生产过程简单。种田人不需要专门的职业学习和上岗培训,农业生产技术和方法在耳濡目染、言传身教中代代相传;农业生产不需要明确分工和专业化,一个人可以进行整地、育苗、栽插、防治病虫害、收割的全过程;家庭不需要有效配置劳动力,农业生产在"自我

---

① 赵伟莉:《让苏北农民住更好,钱从哪来?》,载《新华日报》2019年4月22日第11版。

剥削"中"过密化"运行；农户不需要耕地机、育秧机、施肥机、植保机（打药水）、收割机等现代机械，小农户耕地少，人力畜力加上简单农具就能让农业生产一年又一年。但是，小农户的小生产劳作耗时、费力，经济效率低，不适应现代农业发展。

现代农业的技术、技能含量高，要求规模化、集约化、优质化、高效化生产，其生产经营者也要有知识、懂管理、会经营。然而，很多小农户要么看不到大生产优势，仍按照传统方式从事农业生产经营活动，农业生产产量低、缺少竞争力、利润小；要么缺乏市场意识，"跟风"进行种植和养殖，农产品供销经常失衡；要么大量使用化肥、农药和除草剂，农产品有量无质，增产不增收。小农户的"小生产"和新型生产经营主体的"大生产"的矛盾，是现代农业发展中现代与传统、大农业与小农业、新型生产经营主体与分散农户等矛盾的集中表现，它贯穿于农业生产转型过程中，影响着农业生产经营主体、粮食生产、乡村治理。

总的来说，小农户在现代农业发展中的结构性矛盾体现在组织结构、营销结构、社会结构和生产结构上（见表11.1）。大主体、大市场、大社会和大生产与小农户之间形成的结构性矛盾造成小农户遭受资本挤压、小农户缺乏市场竞争力、小农户承受社会转型痛楚和小农户难以选择大生产等问题。

表 11.1 小农户发展结构性矛盾

矛盾类型	矛盾性质	问题表现
小农户与大主体	组织结构矛盾	小农户遭受资本挤压
小农户与大市场	营销结构矛盾	小农户缺乏市场竞争力
小农户与大社会	社会结构矛盾	小农户承受社会转型痛楚
小农户与大生产	生产结构矛盾	小农户难以选择大生产

这些问题是小农户不适应现代农业发展和城镇化发展的后遗症，也是乡村人日益增长的美好生活需要与城乡不平衡、乡村不充分发展矛盾的具体表现。处于城镇化发展中的小农户结构性矛盾比较复杂，由于这些问题与城镇化黏结在一起，仅靠乡村加大"药量"，很难有效解决小农户的结构

性病症。同时,中国乡村社会向城镇社会转型、中国传统农业向现代农业转型是现代化发展大趋势,其现代性不允许小农户得过且过,需要从现代化发展中拓展上升空间。基于此,与其说推进小农户与现代农业发展有机衔接是化解小农户结构性矛盾的技术手段,不如说它仅是解决小农户眼前困难、让小农户能够继续生存的应急策略。小农户要彻底摆脱困境,唯有依托城镇化和现代化进一步发展,因为城镇化和现代化发展不仅能疏通小农户上升通道,为小农户提供更广阔的发展空间,而且能激发小农户升级活力,勇敢地向旧式生活告别。

三、小农户升级的着力点与关键点

承上文所说,城镇化发展加剧了小农户的分化、转型,并与小农户生产的结构性矛盾形成互构影响。如是,解决小农户生产中的结构性矛盾除了继续扶持小农户发展农业生产外,还需要重视小农户本体变化,进一步促进小农户分化、转型,包括减少小农户数量。

新时代社会主要矛盾已经发生了变化,农业现代化发展需要满足小农户及其家人日益增长的美好生活需要。然而,当前各地政府促进小农户与现代农业发展有机衔接的形态,主要是针对小农户生产、交易中的难题,帮助小农户解决劳动力不足、生产工具落后、信息不对称、市场谈判地位低下和竞争力不强等问题,冀望小农户能够继续生产、生活下去。诚然,一些小农户已经与合作社、大农场、专业大户、农业龙头企业等新型农业经营主体和社会化服务机构有所衔接,也有部分小农户从衔接中获得了社会支持,减轻了劳动强度,但社会化服务在减轻小农户劳动强度、为小农户农业生产提供方便的同时,也因支付机械、技术、营销等服务费,稀释、降低了农户的经济收益,让种田变得愈发不划算。

具体地说,社会化服务包括新型农业经营主体对小农户的支持,虽然让小农户能够继续经营农业,解决缺少劳动力或劳动力老化而出现的种田困难和土地撂荒问题,但是一些小农户会因衔接"损益"而趋向于兼业、转向或弃农。实际上,社会化服务机构真正的服务对象是新型农业经营主体,因为他们规模大而设备不全,接受社会化服务更能节约成本、提高生产效率;而社会化服务对小农户支持越多,小农户与现代农业经营主体衔接越充分,小农户的农业经营效益就可能越少,小农户就越需要兼业或另谋他业。如此,新时代下小农户的结构性困境不是"衔接"就能够解决的,还需要在空间再生产、生产方式再生产和生活方式再生产上提升小农户。

1. 空间再生产:壮大小农户并减少小农户

"空间是社会的表现","空间就是社会",[1]小农户的空间变化及其再生产是乡村经济社会发展和繁荣的引擎。以土地为根基的小农户的自然空间在城镇化和农业现代化发展中发生大小、转向等变化,再生产不再限于村庄、乡村,有些因农民兼业而跨地界、跨行业,城镇和非农产业成为小农户再生产空间的一部分。传统小农户的生产空间在村庄中,狭小且封闭,改革开放尤其是在城镇化快速发展后,很多小农户挪用城镇空间"满足他们自己在当代生活中的目的"[2]。乡村空间生产粮食,非乡村空间打工挣钱,二者相得益彰。随着城镇化进一步发展,越来越多的小农户主动收缩乡村空间,将更多家庭成员和主要业务安排到城镇非农空间。如此,对于小农户的空间再生产,首先,要调整乡村的小农户空间,让继续从事农业生产的小农户、新型农业经营主体和打工返乡的农民有充分发展农业生产的乡村空间;其次,要提高城镇化质量,把已经进入城镇空间工作、生活的小农户转化为城镇住户,并赋予进城人员真正的市民权益;最后,要顺应将来小农户居住、生活在城镇而生产在乡村的空间分离的格局,打通城乡交通运输最后一公里,方便小农户在居住空间、生活空间、生产空间中自由流动与转换。

2. 生产方式再生产:提高生产力并完善生产关系

小农户生产方式,是指小农户谋取物质资料的方式,其再生产包括生产力再生产和生产关系再生产。在生产力再生产上,以生产工具为主的劳

---

[1] 〔美〕曼纽尔·卡斯特:《网络社会的崛起》,夏铸九等译,社会科学文献出版社2006年版,第504页。

[2] N. Backes, Reading the Shopping Mall City, *Journal of Popular Culture*, Vol. 31, No. 3, 1997.

动资料、以动植物为主的劳动对象以及具有一定生产经验与劳动技能的劳动者在现代农业发展中不断提升,小农户不能借口"小"或条件不够而拒绝使用新生产力。按照传统方式进行简单再生产几乎没有多大空间,即使在经济发展滞后的老少边穷地区,老年型小农户、有智力或身体障碍的弱能型小农户、自然资源禀赋极差的资源禀赋型小农户,也在农业生产经营中越来越多地采用先进生产力——近年来,国家精准扶贫提高了这类小农户的生产力水平,他们的农业生产不再是传统的简单再生产。现代农业发展需要小农户提高再生产生产力,根据农业生产机械化、智能化、生态化的发展要求,增加生产力方面的投入,从而减少与大生产的矛盾。

在生产关系再生产上,更多小农户采用扩大再生产的方式进行农业生产经营活动。热衷于农业生产的小农户不失时机地流转其他小农户承包地,做大生产经营单位,让自己成为"中农""大农"或新型农业经营主体。小农户是新型农业经营大主体生长的"母体",小农户数量减少不仅意味着大主体的增多和提质,而且对小农户与大主体之间矛盾的解决也有积极作用。再生产小农户社会关系,还需要处理好小农户与新型经营大主体的关系,效仿工业领域做法——大工业发展并未完全排挤掉家庭作坊式的小工厂,"后者通过专业化生产参与社会化分工,同样显示出顽强的生命力"①——提高小农户农业生产技术水平和生产要素质量,生产高附加值的农产品,以少、优、精换取小农户长久的生存和发展空间。

3. 生活方式再生产:过上好日子并有乡土特色

狭义的生活方式主要体现为消费、闲暇方式,小农户的生活方式再生产可以围绕消费和闲暇进行。传统社会中的小农户经济收入低,吃穿住方面的消费几乎成为家庭消费的全部,没有条件进行有文化、有格调的消费,闲暇方式也主要限于聊天、串门、打牌等,基本上不存在花钱闲暇。随着小农户经济收入的提高、城乡融合发展,尤其随着乡村旅游和现代传媒发展,国外和城市生活方式全面渗透到乡村社会,影响并改变了小农户的生活方

---

① 张慧鹏:《现代农业分工体系与小农户的半无产化——马克思主义小农经济理论再认识》,载《中国农业大学学报(社会科学版)》2019年第1期。

式。鉴于富裕起来的小农户们"不再像过去那样受到人的包围,而是受到物的包围"①,其生活方式再生产是拥有各式各样的电器、不断更新换代的手机和电脑、电动自行车甚至汽车等,能像城市人一样看电视、看电影、上网、打游戏、看书、读报、听音乐、旅游、健身、跳广场舞。当然,小农户的生活方式再生产不仅仅限于学习城市生活方式,让居村农民过上与城市人差不多的文明生活,还需要重视乡村原生态生活方式再生产,即立足乡土社会,凸显地域特色,承载田园乡愁,让城市人羡慕乡村人的生活方式;同时,需要把乡村振兴、美丽乡村建设与小农户生活方式再生产结合起来,支持小农户搭现代农业、乡村旅游的顺风车,通过建设田园综合体、兴办民宿等途径提升生活方式。

小农户升级是个长期过程,在具体实施中除了强化空间、生产方式和生活方式的再生产外,还需要解决城镇化发展和农业现代化发展中小农户与大主体、大市场、大社会、大生产的结构性矛盾及其问题。如此,小农户升级要把握好以下三个关键点:

第一,既要升级小农户,也要减少小农户。中国现在仍有2亿多小农户,而且不同地域的小农户呈现的形态有所不同,即使在同一个地区,小农户也有多样化形态,其中一些已经成为空心农户、留守农户和仅有老人生活的看守农户。这些小农户都不是完整形态的农户,兼业化程度高,人口流动性大,随着城镇化进一步发展,势必要从村庄销户,或从小农户剥离出来成为家庭农场、专业大户等。鉴于小农户正在分化、小农户数量进入减少的拐点,升级小农户一方面要发展社会化服务体系,支持新型农业经营主体和小农户衔接,夯实粮食生产稳定和安全的基础;另一方面要根据乡村土地流转情况和现代农业发展培育新型农业经营主体,引导、扶持回乡农民创业,促进小农户向家庭农场、专业大户转身,让新型农业经营主体成为现代农业发展的中坚力量。

第二,实现小农户与现代农业发展衔接,并非针对所有小农户。有资料显示,美国大农场数量由1970年的292万个减少到2016年的206万

---

① 〔法〕让·鲍德里亚:《消费社会》,刘成富、全志钢译,南京大学出版社2014年版,第1页。

个,日本农户数量从1985年的466万户减少到2010年的252万户。① 中国小农户数量在城镇化快速发展中没有减少,甚至由于"分家立户",数量还有所增加。小农户数量增多是中国城镇化发展不充分带来的后遗症,这是不正常的社会现象,不符合城镇化发展规律。正如秦晖所言,没有大批农民的离土离乡,农业生产率就难以提高,农业不可能成为利润率平均化下的经营农业,也就不可能是一个自由的商品生产部门;这是一个极为困难的过程,"但我们迟早必须面对它,而且迟不如早"。② 新型城镇化发展需要彻底解决进城人口的市民化问题,还需要解决因农民进城而造成的留守家庭成员两地长期分居、分离的问题,促进留守人员逐步进城。很多乡村人包括困难人群希望到条件比较好的城镇居住,过与市民等值的文明生活,③并且越来越多的乡村人已经作出了进城的选择。新形势下政府要消弭城乡二元结构,坚持城乡融合、一体化发展理念,不能为了留住乡愁而刻意要求乡村人过低水平生活。尽管国家加大乡村公共设施和公共服务投入,给予农民的种田等补贴不断提高,但这些包括美丽乡村建设和乡村振兴战略的实施,不会改变乡村人口进城的趋势,乡村的小农户不会由此而选择过低于城市市民的生活,也不会为了保持小农户或维持村庄的未来命运而放弃追求美好生活的梦想。

第三,小农户是中国农业生产的重要主体,但不是现代农业不可或缺的主体。西方不少发达国家已经没有小农户,如美国是农场,平均规模达到179公顷。即使日本有我们概念上的小农户,农地平均规模也近2公顷。而中国小农户目前户均承包地仅8亩左右,甚至在一些城郊和经济发达地区,小农户只有几分地。中国国情、农情复杂,小农户或将长期存在,但在水稻、小麦、玉米等粮食主产区或平原地带的小农户,由于土地流转、规模化生产条件好,现代农业发展将驱逐小农户,取而代之的是家庭农场、专业大户等。小农户的主阵地在山区、丘陵地带,他们生产的农产品除了

---

① 张红宇:《"小农户大国情"的国策深意》,载《瞭望》2018年第42期。
② 秦晖:《耕耘者言——一个农民学研究者的心路》,山东教育出版社1999年版,第295页。
③ 吴业苗:《农村扶贫的城镇化转向及其进程》,载《中国农业大学学报(社会科学版)》2018年第5期。

家庭消费外,更多的产品具有高附加值,能为消费者提供多样化的消费需求,如发展园艺农业、旅游农业、都市农业、生态农业、休闲农业、观光农业、有机农业、设备农业、智慧农业等,吸引城市人过来度假、养老、消费。就此看,尽管一些小农户尤其中西部地区的小农户仍将长期存在,但可以肯定的是,留下来、有生命力的小农户都将是升级了的"新式"小农户——规模小且精致,具有较强的现代性。

四、让小农户过上美好生活

无论是小农户"衰亡论",还是"小农持续论"和"再小农化论",[①]都不能准确诠释当下中国小农户的现实情境。作为人口大国、农业人口大国和城镇化正在快速发展中的中国小农户,有着特殊生命逻辑和发展轨道。虽然一些国家的小农户走过的道路值得借鉴,但可以肯定的是:美国农场规模大,现代化程度高,但我们不能为此而消灭小农和小农户;日本、韩国、荷兰的小农户支撑起本国农业现代化,有不少可圈可点的成功经验,但我们不能为此就给予小农户"最惠待遇"。毋庸置疑,2亿多小农户不可能经久不衰,现代化、城镇化进程中的小农户将进一步分化并逐渐减少,即使政府给予小农户特殊保护,也只会延缓小农户分化,不可能改变小农户的未来走向。如此,支持小农户发展农业生产,促进小农户与现代农业发展有机衔接,都需要对小农户有所选择,不能天女散花式支持,更不能撒胡椒面。"小恩惠"不会彻底扭转小农户的生存状况,减少小农户、做大做强、升级小农户才是"大仁政",才能让小农户们过上真正的美好生活。

尊重小农户追求美好生活的权利,尊重小农户的选择,既不能强制消灭小农户,也不能为了乡愁情怀,要求他们用羸弱的身躯支撑起国家现代化的天空。怀有浓厚小农情结的人担心小农户在城镇化、现代化中受到伤害,坚定地站在小农立场上:反对城市资本下乡,似乎城市资本下乡就会毁

[①] 〔荷〕扬·杜威·范德普勒格:《新小农阶级:帝国和全球化时代为了自主性和可持续性的斗争》,潘璐、叶敬忠等译,社会科学文献出版社2013年版,第65—85页。

损粮食生产的根基;反对非小农经营方式,似乎其他经营方式都是不务正业,侵犯小农经营权益;反对取消城乡二元结构,似乎城乡二元结构是一种"保护性结构"①,如果取消,进城失败的农民就没有了谋生职业和住所;反对城镇化、市场化和社会转型干扰、破坏小农户的原生形态,似乎小农户就属于乡村大地,稍微挪移都会给小农户招致灭顶之灾。这些小农情结的人将小农户贫穷品德化、落后浪漫化、印象刻板化,不仅冀望小农户担负起国家粮食安全的重任,而且要求小农户们有牺牲奉献精神,为离开且思念着乡村的人、城市人守住乡愁。

中国小农户已经为工业化、城市化发展做出了巨大贡献和牺牲,工农产品价格剪刀差、农业税费以及只要农民劳动力而不接受农民劳动者的"物的城镇化",致使众多小农户的经济利益、公民权益受到损害,享受不到国家提供的均等化公共服务。从短期看,维持小农户一家一户的农业生产状态,保持现在年轻人在城镇打工、年老人在乡村种田的分工结构,让乡村成为城镇化、现代化发展的蓄水池、避风港,可以缓解城镇化的发展压力,避免城镇化快速发展的风险,也可以防止乡村社会萧条、衰败,避免缺衣少食、居无定所的事情发生。殊不知,小农们在晴天一身灰、雨天一身泥的日晒雨淋的环境中终年劳作,所得的农产品要承受天气和市场的双重风险,遇到不好的年景,所有的辛苦换来的是颗粒无收、血本无归。小生产的落后决定了小农户生活困苦,即使"好年成也是一种不幸"②。不仅如此,半城镇化发展以及半城半乡的分工结构让绝大多数小农户生活在城乡两端。尽管打工收入比种田收入高很多,但夫妻常年分居、父母与子女长期分离绝非家庭生活常态,无论是进城打工者还是留守老人、留守妇女和留守儿童,都承受着巨大的心理压力。

所以,小农户应该也必须转型升级。中国小农户们已经走在通往美好生活的征途中,半城半乡、半工半农的混沌生活渐趋到头。其中,一些小农户在城乡融合发展中分化出来,进入城镇;一些正在乡村振兴和现代农业

---

① 贺雪峰:《城市化的中国道路》,东方出版社2014年版,第107页。
② 《资本论》第三卷,人民出版社2004年版,第912页。

发展中转型升级,成为新型经营主体包括新型小农户。尽管这个过程需要一定的时间,道路布满荆棘,小农户们走得或许很艰难,但只要政府在促进小农户与现代农业发展有机衔接的同时给予小农户分化、转型、升级的足够政策支持,小农户们一定能在乡村振兴、城乡融合发展的"化农池"中改变命运,实现华丽转身。

第四篇
乡村治理与民生改善

第十二章

村级治理情境变化与转型路向的民生逻辑

村级治理是乡村治理的重要内容,乡村实现"治理有效"目标需要高质量的村级治理。村民自治是村级治理的主要形式,在一定时期里村民运用它成功地做到了"自我管理""自我服务"。新时代乡村居民的美好生活需要日益增长,国家基于改善乡村民生的"让利"越来越多,村级治理承受来自上层政府和基层民众的民生压力不断增大,治理的情境发生较大变化,尤其是治理负担愈发沉重。如此,出于改善乡村民生的逻辑,村级治理不仅需要减轻村两委负担,还需要确定党务、政务和村务的相应承办主体及其责任,促进村级治理由单一的村民自治转变为以村民自治为基础、多主体参与的多方共治。

一、乡村治理:减负与转型

村级治理肩负乡村"治理有效"的时代使命,是实现乡村振兴战略的基石,是建构乡村共建共享新秩序的重要抓手。然而,村级治理一直是国家治理体系和治理能力现代化的薄弱环节,存在诸多软肋和瓶颈问题。中国农村地域广阔,居村人口众多,治理事务繁杂多变,并且不同地区、不同时期的治理痛点、堵点、难点不尽相同。村级治理亟须根据新时代民生改善、国家治理和乡村振兴出现的新情境攻坚克难,转型升级。

新时代村级治理的情境不同于集体化时期,与 20 世纪八九十年代也有较大差别。乡村居民经济收入的增长和居住、教育、医疗等生活条件的改善对村级治理提出了更高要求,村级治理面临更多新情况新任务。其一,个体化快速增长,农民的主体意识不断增强,村级治理需要面对更加原子化和更强权利意识的个体,不能再以集中的统一方式管理乡村社会;其二,城镇化快速推进,乡村演变为流动性社会,村级治理面对的人口流动、土地流转等不确定因素增多,不能再以固化的封闭方式管理开放的乡村社会;其三,市场化快速发展,农民经济理性明显增强,村级治理需要面对不同经营主体发展要求,不能再以单一的行政或自治方式管理现代农业和新型职业农民。乡村社会的个体化、城镇化和市场化的发展步入快车道,村级治理事务多、变数大,肩负着更艰巨的民生使命。

当前,村级治理超负荷运行,除了要履行村民自治职能外,还要承担更多的行政事务——村级治理不再是单纯的村民自治,城镇化发展、乡村振兴、城乡融合发展等战略的实施以及精准扶贫、"厕所改革"等工程的推进都关涉村级治理。上层的"要求""建议""意见""实施方案"等是硬指标,不允许村级治理在时间上拖延、在执行中打折扣。就此看,无论是"上面千条线,下面一根针"的抱怨,还是"上面千把锤,下面一根钉"的感慨,可以肯定的是,这个"针""钉"不仅仅指乡镇政府,还包括村两委,即党支部委员会和村民委员会。在乡政村治体制中,乡镇党委和政府是村两委的"顶头上司",几乎所有行政事项的执行和实施最终都要落在村干部身上。

虽然村级治理中村干部的工作压力大、负担重,确实需要减负,但问题的关键不在于此。进入新时代后,乡村居民的民生需求日益增长,对村级治理提出了更高要求。而现实中,村级治理发展滞后,有限的"自治"更多体现在"自我管理""自我服务"上,既与汲取型、管理型政府向给予型、服务型政府转型不合拍,又跟不上乡村经济社会发展步伐和民生新需求。因此,村级治理的提质增效,不仅需要上级政府卸掉强加于村级治理的繁枝细节,让村级组织轻装上阵,还需要村级治理以乡村民生需要为导向,理顺党组织、政府、村两委和社会组织的关系,促进村级治理向多方共治转型。

二、村级治理的变迁与新情境

村级治理事务庞杂，涉及经济、社会、政治、文化、生态等多个方面，并且由于直接面对广大村民的大事小情，如果采用的治理策略或方法脱离乡村实际，就会对基层社会稳定和村民日常生活造成不良影响。从历时性看，国家一直重视乡村政治精英包括传统社会中的乡绅和中华人民共和国成立后社队干部、村组干部的作用，更多的村治任务都交由他们实施。由于不同时期的村级治理情境不同，村级治理肩负的责任和使命也有较大差异。

在传统社会里，乡村中一些有社会地位、经济势力的乡绅成为乡村社会和民众的代理人或经纪人。在国家与社会的互动、互构中这些没有国家正式编制而拥有乡村治理权的乡绅，有时以赢利型经纪人身份出现，[1]在征税、征兵、抗灾等公共事务办理中谋取私利；有时又以保护型经纪人角色活跃在乡村社会中，站在村民的立场上，为乡村社会争取尽可能多的利益，并力所能及地保护本地村民免受官府的欺压和掠夺。不过，多数有政治地位的乡绅，尤其是那些赢利型经纪人也有一定的地方势力，他们中的一些人利用国家和社会给予的权力，在村务办理中榨取钱财、中饱私囊。[2]基于此，中华人民共和国成立后，这些传统乡绅在农业社会主义改造中被"改造"，并彻底从乡村的治理舞台上退出，取而代之的是家庭出身好、政治上积极要求进步的骨干农民。国家培育的新乡村领导人，与传统乡绅不同，他们被纳入整体性社会管理体制中，成为建设社会主义新农村的"坚强堡垒"。大多数新乡村干部具有高度的政治觉悟和满腔的政治热情，他们在国家的大力支持下管理村级社会、组织农业生产，并享有较高的政治地位和政治权威。

改革开放后，社队体制转变为"乡政村治"体制，村两委干部与基层政

---

[1] 〔美〕杜赞奇：《文化、权力与国家——1900—1942年的华北农村》，王明福译，江苏人民出版社2010年版，第28页。

[2] 张英洪：《张英洪自选集（2000—2011）（下）》，九州出版社2012年版，第426页。

府工作人员心心相印，共同度过了一段美好时光。20世纪八九十年代，国家在乡村社会治理中主动"放权"，不仅在经济上实行家庭承包制，让农民自主地进行农业生产，而且在政治上实行村民自治制度，让村委会在村党支部领导下对村务进行自我管理、自我教育、自我服务。这个时期的村级治理有相对宽松的模糊空间，基层政府和村民自治组织相向而行，共同致力于村级治理。确切地说，在村级"包办"管理向自治管理转化过程中，基层政府和村级组织是乡村治理的"两驾马车"，尽管二者在工作中存在或大或小、或多或少的分歧，但在村级治理大局上能形成共识并做到相互支持。在具体的治理过程中，基层政府给村级组织一定的工作压力，要求村级组织严格执行，但基层政府没有对村级党务、村务和政务实施严格的量化考核，村干部们可以在日常工作中"象征性地执行"[①]或"变通式执行"[②]。即使应景式地开展工作，也没有多大政治风险，很少被上级政府问责追责。再者，由于国家对村级管控存在大量盲区，加上程序上存在漏洞，村干部在具体村务办理上有时会"玩太极"，从政府和村民两边捞取好处。

国家取消农业税费后，村级治理情境发生了较大变化。国家禁止基层政府和村级组织向农民收取税费，彻底减轻了农民经济负担，但与此同时，也切断了基层政府、村级组织与农民的经济联系。很多地方的基层政府不得不进一步收回行政权，减少财政对村公共事务和公共事业的投入，甚至一些地方将那些为农服务的事业单位改制为企业，不再或减少为农业、农民提供公共服务；尤其严重的是，一些集体经济薄弱的村几乎拿不出资金从事公共事务活动，不少行政村的公共设施严重荒废。村级公共事业发展和治理因农业税费取消而陷入困境，掣肘了"三农"问题解决和全面建成小康社会目标的实现。为保持国民经济发展的持久动力和促进城乡协调、一体化发展，国家于2006年开展社会主义新农村建设。国家在新农村建设中投入大量资金发展乡村公共事业，乡村道路、水渠、学校、诊所、文化娱乐

---

① 李瑞昌：《中国公共政策实施中的"政策空转"现象研究》，载《公共行政评论》2012年第3期。
② 王汉生、刘世定、孙立平：《作为制度运作和制度变迁方式的变通》，载《中国社会科学季刊》1997年冬季号。

等设施明显改善,但国家对乡村基层组织尤其是村级组织的要求也随之增多,村干部成为促进乡村"生产发展、生活富裕、乡风文明、村容整洁、管理民主"的中坚力量。如此,村级组织除了要做好村内自治性事务外,还必须承接大量政务,协助基层政府开展新农村建设。

可以说,新农村建设是村级治理转型的关键。在20世纪八九十年代,国家为了纠正计划经济时期乡村治理体制僵化问题,实施了一系列"放权"改革。其中,家庭联产承包责任制和村民自治制度是两项基本的管理体制改革,分别从经济、政治上赋权给乡村,让乡村在生产、管理上拥有了自主权。相比于计划经济时期,改革开放初期的村治事务没有增加,因为体制改革调动了农民生产和生活积极性,很多事务农民自己想办法解决。新农村建设开展后,国家实施"让利"政策,采用"多予""少取"策略化解"三农"问题。随着国家财力增强和全面建成小康社会、城乡一体化发展等战略的实施,国家"让利"越来越多,需要村级组织做大量细致工作。

"让利"彻底改变了村级治理情境。村级组织协助各级政府"花钱"比帮助基层政府"收钱"难度更大。一是国家的涉农补贴名目多。耕地地力保护补贴、农机购置补贴、生产者补贴(辽宁、吉林、黑龙江和内蒙古玉米及大豆生产补贴)、棉花目标价格补贴(新疆和新疆生产建设兵团),以及扶持种养大户、家庭农场、农民合作社等新型经营主体补贴等逐年增多,而且不同年份的补贴不尽相同。这些补贴涉及所有农户和每一个经营主体和个人,需要村级组织登记造册,工作量大且责任重。二是国家和各级政府在乡村实施的项目多。精准扶贫、"厕所革命"、乡村振兴,以及各地实施的创新项目,如"三集中"、垃圾分类等,有的关系到国家经济社会发展战略,有的属于地方政府推进的年度中心工作,都需要村级组织推行或协助。三是社会福利保障事务多。基本养老保险、合作医疗保险、农村五保对象供养、最低生活保障、贫困户家庭建档立卡、计生困难家庭老年护理、失独家庭保障、重点优抚对象临时性救助、低收入老年人居家养老服务、带病回乡退伍军人定期定量补助、农村危房改造、残疾儿童保障、重度残疾人护理、"四类"特困群体的殡葬救助、精神类残疾人住院医疗救助、被征地农民就业和社会保障工作等事务,需要村级组织按照国家政策统一办理。

各类补贴、项目和保障是上级政府交给村级组织的"规定"任务,村干部想把好事做好存在一定难度:乱用或套用国家惠农助农富农资金,轻则违纪,重则违法、犯罪;放着国家的钱不用,农民不答应,上级政府也要追责。村干部在花钱上不敢有丝毫的怠慢。再者,国家对下乡的项目和资金管制严格且规范,村干部难以从中寻租:很多涉农补贴的资金是上级政府通过"一卡(折)通"形式直接兑现到农户;多数项目是上级政府通过招标封闭运作的,村干部几乎接触不到项目资金。

村级治理的另一情境是"过度执行"。为了将国家的"让利"好事落到实处,基层政府对村级治理实施了严格考核,并将考核结果与村干部绩效报酬挂钩。从各地基层政府对村干部的考核要求看,考核的量化指标全面,涉及党务、政务和村务等几乎所有村级事务,有多达几百甚至上千个分指标。不仅如此,考核指标的量化还细化到每一个环节。例如,安徽泾县某镇对河长制实施的考核指标有:村级巡河每月4次(附照片,少一次扣0.5分);成立村级河长和包片制并公示、制定村级河长制实施方案、村级河长变更需要发文和公示;河长保持电话畅通(督查电话不通一次扣1分);每季度村委会召开河长制专题会(少一次扣1分);对上级河长督查整改文件需上报督查整改结果并附照片;不及时上报、隐瞒、包庇存在问题,上级河长巡查时发现一个重点问题扣1分;做好宣传工作,制定宣传河长制标语,发放宣传单;成立村级治砂工作组和包片制并公示;召开村级非法采砂专项行动动员会;每日巡查村域范围内非法采砂重点区域并做记录,发现问题及时上报(少一次扣1分);隐瞒、包庇存在问题,不及时上报问题,县、镇两级巡查时每发现一个采砂点或堆砂点扣1分;做好宣传工作,制定打击非法采砂标语,发放宣传单。

村干部已经不能完全利用本村的物质资源和非物质资源"总体性支配"乡村社会,[①]"让利"带来的"追责""过度执行"让村级治理策略转变为技术治理策略。某种程度上说,很多村级治理的"自我管理""自我服务""自我监督"空间变小,上级政府几乎介入到村级治理的所有事务中。政府

[①] 陈锋:《从整体支配到协商治理:乡村治理转型及其困境——基于北镇"钉子户"治理的历史考察》,载《华中科技大学学报(社会科学版)》2014年第6期。

权力已经全面下沉到村级治理中,虽然体现了国家和政府对乡村民生和乡村振兴的重视,但也使得村级组织失去自主性和主动性。也就是说,尽管上级政府实施的技术治理存在"事本主义、程式化线性控制和经营理性"等倾向,① 但技术治理削弱了村级组织的"自治力",降低了村级组织的权威,有可能再次让基层政府沦为"全能政府"。这是村级治理需要严加防备的隐患。

三、民生负重:村级治理被上下挤压

承接上文,新情境下的村级组织承担了更多政务,出现表格多、材料多、检查多、督导多、会议多、评比多和过度强调痕迹管理等不正常现象,以及以问责数量衡量整治效果的问责过多过滥等问题。② 对此,学界和政界中的不少人把减轻基层负担看作解决基层治理问题的重要突破口,似乎村级治理问题集中体现在工作超负荷上,只要减轻了村干部的工作负担和压力,村级治理问题就会迎刃而解。

实则不然,村级治理是个系统的有机体,村干部超负荷工作以及压力大只是村级治理表象,其症结不在此。毋庸置疑,假如政府从乡村抽身离去,村两委在村级治理中的负担会由于缺少公共资源和政府支持而变得更重,村级治理状况也有可能变得更糟。何显明在"浙江现象"研究中指出,浙江全省包括乡村"所取得的耀眼的发展绩效,绝不是政府放任自流、无为而治的结果"。③ 当前,村民自治因乡村资源少和人口流失而式微,上级政府适时介入并给予村级组织一定的治理压力是必要的,有助于改善乡村民生状况,促进城乡融合发展。

按照《中华人民共和国村民委员会组织法》的规定,村委会的主要职能包括办理本村的公共事务和公益事业、调解民间纠纷、协助维护社会治安,

---

① 应小丽、钱凌燕:《"项目进村"中的技术治理逻辑及困境分析》,载《行政论坛》2015年第3期。
② 江琳:《严管厚爱,提振乡村干部精气神》,载《人民日报》2019年1月8日第19版。
③ 何显明:《区域市场化进程中的"有效政府"及其演进逻辑——"浙江现象"中的政府角色之40年回顾》,载《浙江社会科学》2018年第3期。

以及向人民政府反映村民的意见、要求和提出建议等。就此看,村委会承办的事项没有上级政府年终考核的那么多,并且村委会办理的本村公共事务和公益事业边界不明确,可以将政府交给村委会的事务看成为公共事务和公益事业,也可以是限于本村资源办理的公共事务和公益事业。现实中的村集体资源和村委会权能差别大,不少村委会几乎没有能力有效办理村公共事务和公益事业。特别是那些集体经济薄弱村,只能采取"一事一议"方式筹集资金办理公共事务和公益事业。避开"一事一议"存在"事难议、议难决、决难行"困境不论,即使村级治理能实行"一事一议",也由于筹集的资金量有限,无法满足村民日益增长的美好生活需要。

进入新时代后,城镇化发展、全面建成小康社会和乡村振兴等战略的实施,激发起乡村居民更广泛、更高层级的民生期待,其中一些超越了村域范围,村级组织无法予以满足。再者,中国当前城乡差距还很大,仅靠乡村自身能力难以让乡村公共设施、公共服务与城市对接、并轨。实现城乡融合发展,国家有必要将公共事业发展重点转移到乡村,亲自或支持、帮助村级组织办理公共事务。可以说,如果没有国家和政府的公共服务下乡,乡村公共事业发展落后局面的改变将需要更长的时间,乡村居民民生需要的满足也可能遥遥无期。如此,当前村级治理压力来自基层社会民生需要增长和上层权力改善民生愿景的叠加。

从基层看,乡村居民的民生需求不断增多,村级治理需要与时俱进。自农民进城打工时起,乡村社会就逐渐演变为流动社会。一方面,进城打工的农民优先体验到城市"先进"生活,并把这种体验传导给乡村,催生出乡村居民向往城市生活。在农民工年复一年的城乡往返中,越来越多的农村人潜移默化地过上了类似城市人的生活,如购买城镇住房、送孩子到城镇学校读书,以及家庭生活电气化、农业生产机械化等。快速流动中的乡村社会,村民不再是"生存理性"的小农,他们在城镇化和市场化大潮中劈波斩浪,掌握了用"经济理性"思考问题、获取最大利益的本领。另一方面,乡村居民"在国家民生政策的信号诱导下具有改善生活的期望"[①]。2004

[①] 陈颀:《"公益经营者"的形塑与角色困境——一项关于转型期中国农村基层政府角色的研究》,载《社会学研究》2018年第2期。

年以来的每一个中央"一号文件"都成为乡村居民发展农业、建设乡村和改善民生的强心剂。一系列利好政策驱使乡村居民对未来的美好生活产生更多冀盼。此外,国家实施精准扶贫、乡村振兴战略更是直接将乡村居民的美好生活梦想带到可预期中,更多的乡村居民希望乡村治理能帮助他们实现梦想。冀盼和期待是乡村居民"用正式制度赋予自身的'权利'来生产相应的'权力'"①,而且这些权力已经全部或部分地获取正式制度的认可,被列入到村级组织应尽义务中——改善民生成为村级治理的重要使命。

从上层看,政府权力下到村社区,着力于乡村民生改善。在村级治理中,政府不仅仅是高高在上的指挥员,命令村级组织按照上级意图、运用村民自治规则进行治理,还是战斗员,需要亲临乡村场域,与村级组织成员一道进行乡村治理。但是,由于村级治理涉及人员多、地域范围大,政府官员不可能事事亲力亲为,需要选择技术治理方法支配村干部。现今的政府官员与村干部合作不同于20世纪八九十年代,几乎没有"合谋"的模糊空间,因为乡村多数民生事务本就是基层政府的,基层政府官员不会拿分内事与村干部做交易,更不允许村干部在政策实施中欺骗自己。基于此,一度有效的"变通"治理策略在现在的村级治理中转变为技术治理,尤其在进村的项目运作上,②"目标管理责任制"③"行政发包制"④将考核量化硬指标技术化、制度化。基层政府把民生改善事务交给村干部办理,并予以严格的法治、制度、规范的约束,以及科层制专业化、技术化、程序化的束缚,⑤使村级组织承受正式权力的自主性权力和非正式权力的本土性权力的腾挪空间进一步压缩,村干部很难从中谋取私利,获得的仅是与办理公务对应的

---

① 肖瑛:《从"国家与社会"到"制度与生活":中国社会变迁研究的视角转换》,载《中国社会科学》2014年第9期。
② 折晓叶、陈婴婴:《项目制的分级运作机制和治理逻辑——对"项目进村"案例的社会学分析》,载《中国社会科学》2011年第4期。
③ 王汉生、王一鸽:《目标管理责任制:农村基层政权的实践逻辑》,载《社会学研究》2009年第2期。
④ 周黎安:《行政发包制》,载《社会》2014年第6期。
⑤ 金江峰:《服务下乡背景下的基层"治理锦标赛"及其后果》,载《中国农村观察》2019年第2期。

报酬和奖励。刘易斯说,越是落后,"一个开拓性政府的作用范围就越大"①。就当前中国乡村发展看,实现乡村振兴、弥补发展短板需要政府权力下到村社区并给予村级组织一定的改善民生压力。

承载改善乡村民生使命的村级治理,被上下挤压着。有学者对基层和上层给予村级治理民生压力持乐观看法,认为村级治理是自上而下向乡村输入国家政策、制度、规范、资源的执行过程与自下而上表达农民的需求、诉求和利益的应对过程,只要这两个过程能"较好对接",就能在村级治理中形成"国家与农民的良性互动局面"②。然而,现实中的村级治理要在双重监控、双重压力下完成自上而下与自下而上的双重任务,并在其中实现自我保护是很困难的,③往往会被裹挟。随着上级政府治理技术升级和资源优势的扩大,村级治理成为治理标准化的接受过程,逐渐沦为智能化、专业化、法治化、规范化的治理工具。同时,部分村级组织由于忌惮量化控制指标得分,尤其惧怕被"一票否决",不得不向无理上访户、谋利型的钉子户、黑恶势力让步,实行"无原则、无底线、无边界"治理。④ 如今,有些村干部既不是"谋利型政权经营者",也不是"代理型政权经营者",⑤而成了明哲保身的"撞钟人",在消极主义和策略主义中谋求"不出事"⑥"不得罪"⑦的治理策略。

---

① 〔美〕W. 阿瑟·刘易斯:《经济增长理论》,梁小民译,上海三联书店1994年版,第520页。
② 桂华:《论我国农村基层治理的不均衡性——村级治理的区域类型建构》,载《北京行政学院学报》2018年第4期。
③ 雷望红:《被围困的社会:国家基层治理中主体互动与服务异化——来自江苏省N市L区12345政府热线的乡村实践经验》,载《公共管理学报》2018年第2期。
④ 金江峰:《服务下乡背景下的基层"治理锦标赛"及其后果》,载《中国农村观察》2019年第2期。
⑤ 杨善华、苏红:《从"代理型政权经营者"到"谋利型政权经营者"——向市场经济转型背景下的乡镇政权》,载《社会学研究》2002年第1期。
⑥ 钟伟军:《地方政府在社会管理中的"不出事"逻辑:一个分析框架》,载《浙江社会科学》2011年第9期。
⑦ 王会:《乡村治理中的"不得罪"逻辑》,载《华南农业大学学报(社会科学版)》2011年第3期。

四、村级治理转型路向：多方共治

村级治理情境已经发生了变化，受到源自民生改善的上层权力和基层民众的双向挤压，越来越多的村干部在工作中呈现倦态，甚至不堪重负。"减负年"的提出意味着村级治理存在一定的乱象，也表明促进村级治理转型势在必行。

村民自治是中国农民创造的村级治理体制，具有顽强的生命力，[①]国家的政制或宪制对其有硬性规定，必须长期坚持。一般而言，只要是村域范围的事务都应该在村民自治体制下由村民自主办理。但是，随着城镇化快速发展和乡村人口不断向城镇流动，村民自治面临新挑战，尤其是全面建成小康社会和乡村振兴战略的实施，乡村居民主张个人权益的意识明显增强，改善民生的需要也愈发迫切，乡村发展和改善民生之间的深层次矛盾尖锐。新时代村级治理不再单纯，村民自治难以支撑起国家改善民生的重托和村民追求美好生活的意愿。如现在很多乡村事务跨越村域，村民自治无能为力，唯有政府权力下乡或国家权力重新整合、配置资源，才能有效解决乡村发展、人口流动、土地流转中的新问题。另外，村民自治已经出现"人"的"行政化"、"事"的"行政化"、"财"的"行政化"、"规则"的"行政化"等面向，村民自治空间不断收窄。自治偏执或过度自治只会激化政府与村民的矛盾，导致国家的民生项目不能及时在乡村落地并发挥作用。

现实中，一些地方的村民自治调整治理功能，村级人事管理、村务办理出现科层化、行政化趋向：有些村级组织鉴于现行法律限制，采用"半行政化"方式进行村级治理，在"操作中部分保留了村民自治的形式"[②]；有些村级组织为了有效办理上级部署的行政事务，以村民自治之名行"村委会自

[①] 朱政、徐铜柱：《村级治理的"行政化"与村级治理体系的重建》，载《社会主义研究》2018年第1期。

[②] 王丽惠：《控制的自治：村级治理半行政化的形成机制与内在困境——以城乡一体化为背景的问题讨论》，载《中国农村观察》2015年第2期。

治"之实,村级治理和事务由村两委全权包办①;越来越多的行政村配备了大学生村官、第一书记,部分村干部已经"国家化和专业化"②。但是,村级治理完全行政化也存在严重不足:高度行政化不仅加重了国家和政府管理乡村社会的成本和财政负担,而且既往的实践已经表明,行政化操作一旦偏执,乡村社会就有可能被"管死",失去活力和创造力,引发农业、农村和农民生活的系统性风险。就此看,村级治理的转型不能走向完全行政化,过度的行政化有悖于当前村级治理新情境。

村级治理涉及的事务有党务、政务、村务,基层政府采用行政化的技术手段考核村级治理工作有失公允。尽管考核内容很全面,涵盖村级工作的主要方面,指标设计也较为合理,有一定科学性,但村事务涉及多个治理主体,将所有事务推给村干部,存在责任不清、定位不准的偏颇。为此,很多村干部抱怨考核指标多、"代人受过"是有一定道理的。其实,中国村级治理已经出现多方主体,党组织、政府、村委会和社会组织都参与其中并发挥了不同作用。考核村级治理工作需要考核相关责任主体包括基层政府参与村级治理的工作情况。

村级治理向多方治理转型,责任主体包括村党支部、村委会、基层政府、社会组织(社会团体)等。本书根据2018年安徽省泾县某镇村干部年终绩效报酬考核内容,尝试确认不同事务的相应承办主体(见表12.1)。

表 12.1 村级事务与承办主体 ③

类别	考核指标	主要内容	承办主体
党务	基层组织建设	干部队伍建设、党员教育管理、电教远教工作、党组织标准化建设、村两委换届工作、软件材料整理	党支部
党务	党风廉政建设	党员法纪教育、制度建设、作风与效能建设、自身建设	党支部

---

① 吴毅、杨震林、王亚柯:《村民自治中"村委会自治"现象的制度经济学分析》,载《学海》2002年第1期。
② 田雄:《虚置与重构:村民自治的主体缺失与制度干预——以苏北黄江县为例》,载《南京农业大学学报(社会科学版)》2015年第3期。
③ 要说明的是,本表的类别、承办主体及其分工遵循"大致相符"原则,与实际工作不完全匹配。

（续表）

类别	考核指标	主要内容	承办主体
政务村务	脱贫攻坚	组织管理、减贫成效、动态管理、政策措施落实、市县监督巡查、省监督巡查、一户一档、村室建设与集体档案、项目库动态调整、材料报送	基层政府村委会社会组织
村务	产业发展	主导产业发展、新型农业经营主体发展、动物防疫、特色种养、农村集体产权改革工作	村委会
政务村务	社会治理	工作责任制和组织建设、预防与化解社会矛盾、平安建设、维稳专项工作、扫黑除恶专项工作、信访常态化工作、信访情况	基层政府村委会
村务政务	人居环境和生态环保	生态环保、河长制实施、林长制实施、清洁工程	村委会基层政府
政务	基层居民养老保险	参保缴费任务、参保缴费完成进度、完成参保任务人次、人均缴费标准、发放管理、宣传、报表	基层政府社会组织
政务村务	卫计工作	政策内二多孩早孕发现率、政策内二多孩孕情掌握率、一孩孕情掌握率、补报往年出生、政策外多孩控制、综合避孕率、生育登记、统计准确率、孕优健康检查、妇幼服务、报表台账资料、全员基础信息、流动人口信息、宣传倡导与满意率、计划生育发展家庭能力建设、"村为主"机制的落实、省市县检查样本点次位、新型农村合作医疗、无偿献血	基层政府村委会
村务	安全生产	制度人员落实、安全管理台账、签订安全责任书、值班和宣传措施到位、隐患及时发现和及时处理、报送材料、参加会议、安全生产零指标管控	村委会
政务村务	民政工作	低保政策落实与制度实施、五保政策落实和建立健全村干部联系户制度、村务公开、火化率、公墓建设、规范安葬、开展拥军优属工作、残疾人工作、救灾救济、留守儿童、村委会换届	基层政府村委会社会组织

从表12.1不难看出，将所有村级事务承办责任推给村两委和村干部是不严谨的，村级事务中的党务、政务、村务应该有不同的承办主体。此外，由于多数事务是复合型的，需要相关主体共同承办或配合经办，如村垃圾处理，普遍做法是村收集、乡镇运送、县市集中处理，如某一主体工作不到位，就可能导致此项工作难以实施；由于新时代国家将乡村振兴、改善民

生纳入城乡融合发展、全面建成小康社会中,村中的政务大量增加,需要政府更多地承办。但是,鉴于基层政府的人力、物力有限,基层政府不可能亲自承办村级治理中的所有政务,村两委尤其是社会组织需要在政府购买服务的制度安排下参与政务工作。

其实,一些地方已经在实践中大胆探索村级多方治理新模式。例如,浙江宁波的虚拟社区"联合党委"治理模式、浙江舟山的"社区管理委员会"治理模式,以及江苏在全省农村推行的"一委一居一站一办"治理模式等。① 在这些治理新模式中,基层权力参与村级治理方式不同,如浙江乡镇党委在乡村间设立"社区联合党委"或"社区管理委员会",承办政府公共服务;江苏在一定规模的村社区设立公共服务中心或公共服务站,直接承办村级公共服务。党组织、政府、村委会、社会组织在村级治理中不是孤立地开展工作,而是进行合作共治。也就是说,虽然不同治理主体在承办村事务上有一定的分工,但由于村事务边界不清晰,需要在党组织领导下共同治理,即新型村级治理是"一核引领、多方共治"的格局。

当然,不同主体在村级治理中的角色是不同的。基层党组织包括村党支部角色是村级治理的领导者,基层政府角色是村级治理的主导者,自治组织角色是村级治理的践行者,社会组织或社团角色是村级治理的协同者。就当前村级治理现状看,党组织、基层政府和村委会参与村级治理的主动性、积极性较强——虽然在村级治理中一些党组织、基层政府和村委会存在角色错位或越位问题,以及推诿、"甩锅"或"背锅"现象,但在总体上,这三个主体能主动参与村级治理,没有出现角色缺位。相比较而言,村民和社会组织参与村级治理明显不足,甚至有些村至今还没有在民政部门登记注册的社会组织。这在根本上影响了村级治理转型:只有村民主动参与村级治理,社会组织在村级治理中发挥添加剂、润滑剂作用,村级治理转型才有广泛的社会基础。因此,促进村级治理向多方共治转型,迫切需要增强村民参与村级治理的主动性和提高社会组织参与村级治理的能力。

---

① 吴业苗:《农村社区化服务与治理》,社会科学文献出版社2018年版,第290—291页。

其一,增强村民参与治理的主动性。在村级治理中普遍存在村民参与不足甚至出现抵制的行为。例如,一些村民认为村庄内事务是自己的,而社区建设、公共服务则是党委和政府的事情,①不愿意"多管闲事";还有一些村民以国家的"民本位、社会本位、权利本位"②治理准则裹挟基层党政组织,从而满足其不断膨胀的私欲,不愿意为其他村民或村集体承担应尽责任;甚至有个别村民将个人不合理的需要凌驾于村集体利益之上,不配合村公共设施建设,坐地起价要赔偿,严重的还出现暴力抗法等极端事件。村民不愿意、不主动参与村级治理有村民自身方面的原因,如有些村民已经在城镇有稳定工作,有自己的住房,他们不关心村级治理的未来;也有政策落实被扭曲方面的原因,如有些村民从国家的精准扶贫脱贫方略实施中错误地认为自家的事就是党和政府的事,党和政府会满足他们的所有要求。不管出于哪个方面的原因,需要指出的是,村级治理离不开村民支持,因为良好的治理秩序是治理者与治理对象良性互动的结果,没有村民广泛、主动参与,村级治理转型的质量将大打折扣。

其二,加快培育乡村社会组织。帕特南在研究意大利地方治理经验中发现,治理绩效高的地区存在着许多社团组织,那里的人民关心公共事务,遵纪守法,相互信任;相反,治理绩效差的地区的人们极少参与社会生活,在他们眼里,公共事务就是别人的事务,他们互不信任。③ 在长期的村民自治实践中,一些地方坚持民事民议、民事民办和民事民管原则,成立了如"和事堂""老人会""假日课堂""快乐之家""红白理事会""平安守望团""综治服务队"等社会组织,为调解矛盾纠纷、照料老人、辅导留守儿童学习、摒弃婚丧嫁娶陋习、维持社会治安等提供服务;还有一些乡村依托恳谈会、议事会、慈善会,以及村民会议、村民代表会议、村民理事会和村民监事会等非正式会议,办理村公共事务,为村民排忧解难。但相比于城市社区治理,

---

① 李勇华:《公共服务下沉背景下农村社区管理体制创新模式比较研究——来自浙江的调研报告》,载《中州学刊》2009年第6期。
② 燕继荣:《服务型政府的研究路向——近十年来国内服务型政府研究综述》,载《学海》2009年第1期。
③ 〔英〕罗伯特·D. 帕特南:《使民主运转起来:现代意大利的公民传统》,王列、赖海榕译,江西人民出版社2001年版,第3页。

多数村级治理缺乏服务性、公益性和互助性的社会组织,更缺少社区志愿服务组织,并且志愿者服务队伍不够稳定。很多村社区没有设立社区社会工作室,也没有专业社工或"全能社工",以至于村社区的社会救助、老年帮扶、青少年教育、社区矫正、新老居民融合等社会工作都落在基层政府、村两委上,不能满足乡村居民的个性化、精细化和专业化服务需求,更不能"主动问需、主动服务"。

五、进一步规约村级治理转型

新时代乡村社会的主要矛盾已经发生变化,满足乡村居民日益增长的美好生活需要成为村级治理的重要内容。城镇化快速发展,越来越多的乡村人口弃农进城,传统乡村变成流动的"半熟人化"或"陌生化"社会,邻里和亲戚关系日渐生疏,规范、信任等社会资本不断减少,村民自治的自我管理和自我服务能力愈发式微,需要与党组织、政府、村委会、社会组织携手共治乡村社会。

当下的村级治理情境不同于计划经济时期的整体性社会管制,与20世纪末的"多取"管理也不相同,国家一系列强农惠农政策将"让利"送到每一个乡村和每一个村民,村级治理不仅要"自治"好本村事务,还要协助政府把国家的"让利"办好,提高乡村居民的民生水平。一定程度上说,当前村级治理出现的超负载等问题是幸福的烦恼,其问题的关键不在于上级政府加压上,而在于村级治理发展滞后,即村级治理不适应新时代乡村社会主要矛盾变化的新情境。乡村民生需要不断提高以及国家"给力"民生改善的新情境,要求村级治理由单纯的"自治"转变为党组织、政府、村委会、社会组织等多方主体参与的"共治"。唯有多方主体各尽其责,村级治理才能卸下基于满足乡村居民日益增长的民生需要而带来的"压力"包袱。村级治理已经开始向多方共治转型,并在一些地方治理实践中成为稳定形态,但村级治理转型还存在诸多不确定性,需要加以规约,以防止村级治理在转型中偏离正确方向。具体地说:

其一,村级治理不是行政式治理。"多取"型治理有选择性执行空间,存在一定程度的拖拉、敷衍等低效问题。即使个别地方出现的治理乱象引发上层"震怒",也可以依靠行政性"隔空喊话"或"敲山震虎"的方式解决,一旦纠错结束,村级治理又恢复原态——村级治理中宽松与严厉、懈怠式治理与运动式治理长期交替出现,形成"规律式波动"。[①] 如今的村级治理是"让利"型治理,国家把改善民生的重任托付给基层政府和村两委,而且多数"让利"事务属于公共事务,需要基础组织采用严格的行政手段办理。但村委会不是行政机构,即使在办理政务中领取了政府支付的类似工资的报酬,也不能对村务实行行政化治理。当前有些村级治理出现行政化倾向或"半行政化",并且行政化治理效果也较好,但即便如此,也不能推行行政化。因为治理是指"政府运用非政府组织来达到自身目的"[②],政府可以通过一定方式,如支付报酬、购买服务等方式动员村级组织包括社会组织参与公共事务办理,但不能由此取代"民事民议、民事民办、民事民管"。乡村事务多,包括党务、村务、政务,其治理应该由不同主体共同承担,不能将村委会、社会组织纳入行政系列,更不能将村级治理简化为行政化治理——行政化治理有可能"管死"乡村,让乡村失去生机和活力。

其二,村级治理不是施舍式治理。尽管村级治理要把国家"让利"办好,增加乡村居民获得感、幸福感、安全感,但它不是施舍式治理,无原则、无底线地满足每一个村民的所有需求。村级治理不是单纯的行政工作,也不是单纯的自治工作,更不是单纯的慈善工作,并且国家投资不是福利分配,政府给予农民的各项补贴不是救济,而是为了发展乡村公共事业,营造良好居住生活环境,鼓励农民发展农业生产。再者,国家和政府介入村级治理并努力为村民提供城乡均等化服务,促进乡村公共服务和社会保障与城市对接,不是国家和政府对乡村和村民的施舍,而是国家履行消弭城乡二元差距、补齐发展短板的责任。长期以来,国家把社会建设和保障民生重点放在城市,城市的公共设施和生活环境得到了较大改善,而国家给予乡村的却非常有限,乡村建设和公共事业发展主要依靠乡村自身力量。鉴

[①] 陈家建、张琼文:《政策执行波动与基层治理问题》,载《社会学研究》2015年第3期。
[②] 王浦劬、臧雷振编译:《治理理论与实践:经典议题研究新解》,中央编译出版社2017年版,第5页。

于此,国家和政府参与村级治理,推进乡村民生事业发展,是城乡治理一体化和城乡公共服务一体化发展的内在要求,是促进城乡融合发展的重要举措,而不是"施舍"。

其三,村级治理不是家长式治理。家长式治理分权威式治理、仁慈式治理和德行式治理三种类型。权威式治理是控制型的,要求下属与成员绝对服从"家长";仁慈式治理是关心型的,治理过程体现着"家长"对下属与成员的无私照顾和体贴;德行式治理是自律型的,治理过程中表现出"家长"的个人美德和无私。当前村级治理具有家长式治理的综合特性,如权威式治理表现为政府的工作部署"一刀切""齐步走""留痕迹""一票否决",以及进行严格考核和问责;仁慈式治理表现为治理过度纵容个别村民需求,治理者完全满足部分村民的"等、靠、要",容忍他们"占便宜",甚至容忍村民"坐在门口晒太阳,等着政府送小康";德行式治理表现为上层组织不顾治理者的实际困难和合理需求,用"权为民用、情为民系、利为民谋"道德标准要求村干部,甚至不惜牺牲村干部的前途满足部分村民的无理要求。在村级治理转型背景下,权威式治理愈发没有市场,更多是仁慈式和德行式治理。但村级治理一定要保护好基层干部,不能让他们成为无辜受过者,也不能让他们成为上下不讨好的"受气包"。作为国家治理最后一道防线的村级治理,如果在乡村民生事务办理中被政府压力压垮或被村民压力诋毁,乡村社会的稳定将受到威胁,乡村居民的民生改善也就无从谈起。

行政式治理、施舍式治理和家长式治理是村级治理的极端化形式,在一些地方的村级治理中不同程度地存在着,并对乡村公共设施建设和民生改善产生消极影响。村级治理出现的乱象,是村级治理转型不到位或转型偏离多方共治方向造成的。唯有建构并完善以村民自治为基础的多方共治体系,提高多方共治能力,村级治理才能良性运行,才能切实保障乡村居民的民生权益。

第十三章

行政化抑或行政吸纳：民生服务下政府参与村级治理策略

村级治理是国家治理的重要组成部分，政府以何种策略治理乡村关系到乡村秩序稳定和民生改善。本书认为，中国乡村治理未曾出现行政化，并且治理已渐趋服务民生：村民自治实行后，政府在"放权"的同时汲取农村经济资源，处于私域空间的农户需要承担更多民生事务，包括公域和共域中的一些公共事务；进入21世纪，尤其在推进新农村建设后，政府加大公共服务下乡力度，并将共域和私域中大量民生事务承接下来。如此，基层政府采用支付"工资"、加强考核等措施引导村干部参与民生服务的村级治理，一些村级治理出现疑似行政化。但可以肯定的是，"行政化"表象后是"吸纳"逻辑，政府采用行政吸纳而非行政化策略治理乡村。行政吸纳是政府参与村级治理、服务民生的治权变革，尽管它在民生服务的村级治理实践中存在行政控制村级社会、治理资源过密化等问题，但这是行政化不当造成的，可以通过进一步规范行政吸纳予以解决。

一、村级治理是否行政化

自1998年《中华人民共和国村民委员会组织法》（以下简称《村民委员会组织法》）正式施行以来，作为基层群众性自治组织的村委会较好地承办了村民自治范围内的文化教育、社会治安、公共卫生、计划生育等公共事务和公益事业。然而，由于改革开放后的乡村社会是在人民公社"政社合一"

体制解构上建立起来的，政府及其行政管理一直深度影响着乡村社会运行。现实中，基层政府不仅"指导、支持、帮助"村委会提高村民自治能力，开展村级治理工作，而且各地基层政府都程度不同地直接参与村级治理活动，以至于一些学者认为村级治理出现行政化。

村级治理行政化不是国家预设的治理策略。自人民公社转制为乡镇人民政府后，国家从乡村中不断收缩行政权力，主动将"管不了、管不好"的烦琐事务转让给村民管理。如此做，其一，可以减少基层政府的管理成本，集中精力把政府的事情做好，提高政府行政效率；其二，赋予广大村民自我管理、自我教育、自我服务的权力，更好地实现国家对基层社会的治理；其三，践行现代宪政民主理念，纠正国家管控村级社会的行政体制，释放乡村自主发展空间；其四，解决乡村转制留下的乡村治理结构性难题，使具有制度弹性和包容性的村级治理体制与家庭联产承包责任制相协调。既然国家主动让出全部或部分村级治理权，并在《村民委员会组织法》中规定行政村实行村民自治，就没必要再以行政化手段治理乡村，用行政权架空村委会自治权。

然而，村民自治自实行时起始终伴随自治与行政化矛盾。改革开放后，国家废除"政社合一"体制，把乡村分为政府和社会两个单元，但国家、政府与乡村社会处于共生互构中——基层政府是乡村治理结构中的重要力量，与村民自治组织保持密切关系，只是在不同的时空场景下形式不尽相同。总体上看，基层政府与村级组织是一体两面的，并且在共建社会、协同治理中，基层政府始终保持足够大的强势。即使村级群众性组织/村委会拥有民主选举、民主决策、民主管理、民主监督的自治权力，也必须在村级事务尤其在涉及国家政策性事务处理上充分尊重基层政府，服从其工作安排，或在突击性任务中为政府分担责任。特别在财政支付报酬后，村干部以"准公务员"身份从事着公务性工作。

针对乡村社会治理出现的疑似行政化现象，学界主要从村民自治价值关怀和村级治理行政化形成机制两个角度予以解读。在村民自治价值关怀及其实现研究中，学者们认为，政府大量的民生政务压缩挤压了村委会处理村务的空间,村干部普遍处于行政管理系统与自治系统的边际位置,①陷入"国家代理人"与"村庄当家人"双重角色的困扰中,②并且越来越多的村级治理出现"强行政、弱自治"的局面。在村级治理行政化形成机制研究上,学者们认为,村级治理行政化契合现代国家科层体制的"理性主义"原则和按程序办事的行为逻辑;③后农税费时期"项目制"成为村级组织争取国家资源的主要渠道,村委会围绕立项、绩效考核和结项等形式要件开展村日常工作,一定程度上变为基层政府的行政工具。④

从大量相关研究中发现,学界对村级治理出现的所谓行政化持有三种观点:一是村级治理去行政化。持这一观点的学者指出,村级治理行政化不符合《宪法》和《村民委员会组织法》对村民自治内涵的规定,背离了"自治"的初衷,村级治理不能行政化。⑤ 二是村级治理行政化。持有这一观点的学者比较多,他们基于村级治理存在疑似行政化进而阐释村级治理行政化的需要。例如,在村级治理中自治与行政化是保持国家与社会之间深度张力的有效方式,村级治理需要在"复合二元结构"中进行;⑥当前村级治理已经出现"人""事""财""规则"的行政化,仅仅强调村民自治是不够的,还需要正视村级治理行政化的内在需要,推进国家政权进入乡村基层社会。⑦ 三是村级治理半行政化。主张这一观点的学者主要基于当前村干部的"半官"性质、村委会一定程度上成为乡镇政府的行政工具,以及项目制促成村级治理半行政化的事实,认为村级治理半行政化能兼容基层政府和村委会的职能,实行村级治理半行政化是应然方向。⑧

---

① 王思斌:《村干部的边际地位与行为分析》,载《社会学研究》1991年第4期。
② 潘宁:《21世纪谁来当村"官"——村干部的困境与出路》,载《调研世界》1998年第3期。
③ 张静:《现代公共规则与乡村社会》,上海书店出版社2006年版,第133—134页。
④ 折晓叶、陈婴婴:《项目制的分级运作机制和治理逻辑——对"项目进村"案例的社会学分析》,载《中国社会科学》2011年第4期。
⑤ 何包钢:《协商民主与协商治理:构建一个理性且成熟的公民社会》,载《开放时代》2012年第4期。
⑥ 郑卫东:《"双轨政治"转型与村治结构创新》,载《复旦学报(社会科学版)》2013年第1期。
⑦ 朱政、徐铜柱:《村级治理的"行政化"与村级治理体系的重建》,载《社会主义研究》2018年第1期。
⑧ 王丽惠:《控制的自治:村级治理半行政化的形成机制与内在困境——以城乡一体化为背景的问题讨论》,载《中国农村观察》2015年第2期。

就丰富、多样、鲜活的村级治理实践看,去行政化、行政化和半行政化都不乏典型个案和既成事实。由此,有学者结合项目实施①、秸秆禁烧②等开展专题研究,深度讨论村级治理的行政化现象和问题。相比较而言,村级治理去行政化多限于学理讨论,而村级治理行政化或半行政化好像更能诠释当下的乡村治理策略,更符合乡村治理的现实,③因此被越来越多学者认同、接受。

尽管村级治理实践存在某些行政化情形,不少学者也支持村级治理行政化,但是,直至现在国家仍不认可村级治理行政化。修改后的《村民委员会组织法》未提"行政化",规定基层政府和村委会关系是基层政府指导、支持、帮助村委会工作,村委会协助基层政府开展工作。面对村级治理行政化"事实"和学界的行政化热议和呼声,国家政策没有予以回应。2019年中央"一号文件"对此的表述仍是"探索不同情况下村民自治的有效实现形式",而非村级治理行政化、半行政化。④ 国家不认可村级治理行政化,而村级治理实践中却出现了"行政化"。这是法规政策滞后于社会现实,还是乡村治理不能用行政化吞噬自治,亟须深入研究。

鉴于村级治理出现疑似行政化的事实和倾向,以及学界已对村级治理行政化展开较多讨论,本书不再纠缠是否"行政化",而以当代"改善民生——加强治理"的政治理念阐释政府参与村级治理策略,进而揭示"行政吸纳"嵌套村级治理的应然性和实然性。如此设计主要考虑:当前学界对村级治理行政化讨论局限于行政化手段或工具,以及行政化形成机制,而忽略了为什么要行政化治理的民生服务问题以及价值追问;民生是治理之本,唯有将村级治理置于民生及其改善中审视,才有可能判别行政化与行政吸纳哪个策略对村级治理更恰当、更有效。

---

① 渠敬东:《项目制:一种新的国家治理体制》,载《中国社会科学》2012年第5期。
② 田雄、郑家昊:《被裹挟的国家:基层治理的行动逻辑与乡村自主——以黄江县"秸秆禁烧"事件为例》,载《公共管理学报》2016年第2期。
③ 李勇华:《农村基层社会管理创新与村民自治制度的内洽性研究》,载《东南学术》2012年第2期。
④ 2014年中央"一号文件"明确指出,"可开展以社区、村民小组为基本单元的村民自治试点"。2016年中共中央办公厅、国务院办公厅印发《〈关于以村民小组或自然村为基本单元的村民自治试点方案〉的通知》,对村民小组或自然村试行村民自治作出具体安排。

二、被遗忘的民生:村级治理政治化失误

20世纪50年代初,农村开展了"打土豪、分田地"的土地改革,族长、绅士以及保长、首事等保护型经纪人都从村级政治舞台上退出,人民政府及其新培育的国家代理人接管了乡村社会。农业社会主义改造完成后,农业生产和农民生活被社会主义集体组织格式化,农民成为社会主义劳动者和建设者。此后,农民不再是社会单一个体,农户不再是独立的生产单位,只能以集体成员身份参与乡村集体活动。高级社是高度集体化合作组织,很多地方政府对农民进入、退出合作社作出严格限制,地主、富农很难进入,而一般农民又被剥夺了退出权。不仅如此,农户的农具、耕牛都要入社,一些地方甚至要求猪羊、鸡鸭等家畜家禽入社。部分农民为避免入社吃亏,大肆宰杀家畜家禽,造成农业生产力和农民生活水平的下降。

人民公社从高级合作社演变而来,是城乡二元体制下国家规约乡村社会的管理体制,类似城市的单位制,全权管理辖区内的日常事务。虽然人民公社实行公社、大队、小队三级所有和以队为基础的分级管理体制,农业生产、产品分配以队(小队)为基本单位,但主要生产生活活动由公社统一安排,生产大队和生产小队没有自主权。也就是说,乡村社会治理权归公社,公社安排、组织、监督生产队的农业生产和农民生活;农民属于公社集体组织,其自由受到公社限制,不能做集体经济活动以外的事,否则要受到劳动教育、批斗甚至坐牢的惩戒。

人民公社依靠"强有力的、权力高度集中的权威系统"把一盘散沙的农民组织到集体中,广大农民在集体化结构中统一行动,而这主要依托党对乡村的坚强领导。国家把党支部建在生产大队,将政治上积极要求进步的农民和劳动骨干、模范吸收进党组织。相应地,这些人在乡村各项工作中发挥示范带头作用,从而让党的组织力、号召力、战斗力落到乡村实处,保证了党对乡村社会的领导。

在合作化和人民公社时期乡村社会治理与国家治理保持同构,乡村治

理是国家"整体性治理"的有机组成部分。这个时期的乡村社会几乎没有自主治理空间,基层干部包括公社、大队和小队干部的主要治理责任是响应号召、贯彻精神、落实任务,上面怎么说,下面就怎么执行,不能在工作中打折扣,不能与上面讨价还价,也不能开展治理创新。在农业生产上,国家坚持"以粮为纲"方针,严格限制种植经济作物、发展养殖业;在经济发展上,国家禁止市场,不准许农民参与市场交易,农产品和消费品都由供销合作社统一收购和销售。如此,在合作社尤其是高级合作社和人民公社时期,国家对乡村采用政治化治理,农民几乎没有自主权、治理权。

乡村在政治化治理中遵循集体主义规则,民生类事务一般在集体组织内解决。在城乡二元经济社会结构下,城市是国有的,城市的公共设施建设和城市居民的就业、医疗、养老、住房、教育等民生保障都由国有企业和城市政府负责,而乡村则是集体的,乡村公共设施与民生保障由社队集体组织解决,国家只在特定领域、特殊情况下给予少量补助和支持。尽管当时城市居民的民生保障受到国家经济发展总体落后影响而水平不高,但城市居民几乎没有后顾之忧,国家为他们提供了全方位保障。相比较城市而言,乡村农业生产管理僵化,一些农民在集体劳动中"偷懒""搭便车""磨洋工",加之农业生产技术落后,很多社队的粮食不够农民糊口,但国家粮食征购任务重,只有交够了国家的,社队才能把剩余粮食分配给农户。正常年景中,农民能吃饱饭已是不易,很难再投入乡村公共设施和公共事业。

到20世纪70年代初,有了少量经济积累的乡村集体组织才逐渐将一些民生问题纳入治理中。除了广泛动员广大农民在冬季农闲时间修建乡村道路、农田水利设施外,社队集体还采用农户摊派方式陆续建起条件简陋的乡村学校、医院、商店等公共设施,为乡村人学习、看病和购物提供有限服务。乡村的这些公共设施和公共服务主要由乡村集体组织和农户出资共同创办,民办老师、赤脚医生和商店里的营业员的报酬也由集体承担。尽管如此,国家为了统一管理乡村公共事业,陆续把乡村教育、医疗机构纳入政府行政体系中——虽然民办老师、赤脚医生的身份是农民,参与集体经济分配,但业务管理属于政府,必须服从政府的工作安排。这种状况持续很长时间,直到 21 世纪初民办老师、赤脚医生的"正式"身份问题才得到基本解决,他们中一些人吃上了财政饭。乡村"三无"人员的保障也是如此。"三无"人员的"五保"(吃、住、穿、医疗和丧葬/教育)一直由乡村集体组织负责,直到进入 21 世纪后,各地政府财政才陆续将乡村"三无"人员的保障责任承担下来。

可以看出,"政社合一"体制下的乡村政治化治理具有三个明显特征。一是乡村社会治理没有行政化。人民公社不是国家行政机构,而是组织农民进行生产和生活的"准军事化"集体组织。尽管它被国家纳入整体性政治体系中,运用"超行政"的政治化手段治理乡村事务,但只有少数几个公社干部是"国家人",他们代理国家履行乡村社会治理责任。国家将日常的乡村社会事务交给他们,但特殊的政治任务,国家一般会下派"工作队(组)"到乡村具体实施。二是国家对乡村社会治理侧重于"管"。国家将乡村社会的政治、经济、文化等纳入统一治理中,要求乡村社会必须与国家步调保持一致。三是国家对乡村社会仅限于管理,乡村公共事务需要乡村人自己做。由于乡村政治化治理存在诸多严重缺陷,改革开放后国家放弃了这种治理策略,在乡村实行家庭联产承包责任制和村民自治制度。

三、乡村公域、共域和私域中的治理分野与服务跨界

乡村场域中一直活跃着两个完全不同的治理权力,即行政权力与自治权力。有些学者认为村民实行自治后政府主动从村级社会撤出或收缩行政权力,将村级治理归还给村党支部和村委会,尤其在国家取消农业税费后,基层政府成为财政空壳的悬浮政府,没有能力也不愿意多插手村级社区事务,村级治理不再为行政权力所左右,出现自治权力强而行政权力弱的状况。其实,这只是表象,行政权力从未离开过乡村,也未曾弱化,只是它的作用场域有所变化。

政府行政权力始终对村级治理施加影响。徐勇曾指出,基层政府指导村民自治既是必要的,也是必需的,如果没有政府指导村民自治,乡村很容

易受到社区和村民利益驱动,成为超越国家法律的"村自治"。[①] 防止村民自治失控只是政府的一个担忧,更重要的是,20世纪八九十年代经济社会发展和基层政府运行都需要从乡村汲取资源。国家将村民自治置于政府行政中,不仅便于从农村征粮食和收税费,还可以让基层政府和村委会名正言顺地用"三提五统"中的钱支付乡村部分工作人员的报酬和办公经费。在后税费时期,虽然国家禁止基层政府从村级社会获取利益,但基层政府也没有将乡村治理完全交给村委会,因为没有基层政府的指导和支持,绝大多数村民自治组织难以带领村民进行新农村建设和实施乡村振兴。

乡村是"中国现代化的'稳定器'与'蓄水池'"[②],是消除城镇化、现代化风险的战略大后方,国家的城乡融合、城乡一体化发展战略实施主阵地都在乡村。如此,无论在经济发展困难时期还是在共享改革开放成果的今天,国家都没有理由将村级治理全部丢给村民。村级治理是国家治理的重要组成部分,国家的村级治理策略一直走在优化、升级的路上。

当前村级共同体不再像合作化和人民公社时期那样,是以地域为基础、以血缘为纽带,同质人过着几乎相同生活的有机整体。村级社会整体被家庭联产承包责任制和村民自治解构,尤其城镇化的快速发展严重冲击乡村社会,使其出现离散化、碎片化,一些乡村共同体成为"半熟人"甚至陌生人社会。村级场域的公域、共域和私域不再界限清晰,它们混沌在一起,行政权力不局限于公域,其触角不断向共域和私域延伸,为村民提供越来越多的民生服务。

(一)村级社会的公域、共域与私域及其边界

将村级社会场域分为公域、共域和私域,是村级社会实现有效治理的需要。村级社会的公共性有区别:从整体上看,乡村公共利益、公共空间在

---

① 徐勇:《论乡政管理与村民自治的有机衔接》,载《华中师范大学学报(哲学社会科学版)》1997年第1期。
② 贺雪峰:《乡村社会关键词:进入21世纪的中国乡村素描》,山东人民出版社2010年版,第55页。

转型中出现不同程度的流失、变异,①但乡村公共性仍在抵御乡村社会衰落,努力维护着乡村社会的日常运行;从场域上看,公域中的公共性强于共域中的公共性,共域中的公共性强于私域中的公共性。性质不同的公共性将乡村场域的公域、共域和私域分开,与此同时,公共性的共同、普遍等特性又将它们链接、糅合在一起,很难界定出行政权力和自治权力的边界。

乡村社会中的公域小而共域大。传统乡村社会的教育、医疗等不在公域内,上学、治病都要村民自己解决,如果没有钱,不仅不能上学读书,生病也只能小病扛、大病等死。即使本应该属于公域管辖的刑事、民事案件,除了杀人、放火等情节严重的案件外,多数在共域中依靠民俗、族规、家法等"民间法典"解决。就此看,村级社会共域范围很大,相当多的公共物品、公共事务由村民集体包括家族、乡里、社队集体组织、村委会承担。直至今日,在大多数村民观念中,乡村事是乡村人的事,需要大家想办法解决。

村级社会的私域限于家庭户内。家庭是村民的生活私域,户是村民的生产经营私域,国家和乡村集体都较少关心家庭户的琐事。村民私域中的生产生活琐事历来都在家庭内部解决,遇到大事,如结婚、丧葬,村庄熟人社会即扩大的家庭会给予一定的帮助。即使在当下,很多乡村人仍把养老、就业视为家庭私域的事,即在多数乡村人那里,私域中的小事只能在家庭内部解决,不能找国家和政府。就此看,乡村治理比城市治理简单,当然,这也是村级治理落后于城市社区治理的地方——城乡治理一体化发展要求村级治理能像城市社区治理一样,基层政府不能借口村民不需要,就不为他们提供均等化公共服务。乡村治理需要基层政府发挥主动性,深入到共域、私域中寻找村民需求,并为其提供服务。

(二) 公域扩大及其民生服务跨界

村级社会中公域扩大是近几年的事。合作化和人民公社时期,国家扩大乡村社会的"共域",既较少承担"公域"责任,又尽量少地介入"私域",让

---

① 吴业苗:《农村社会公共性流失与变异——兼论农村社区服务在建构公共性上的作用》,载《中国农村观察》2014 年第 3 期。

集体组织和家庭自己解决乡村社会民生问题。改革开放后,国家解体社队集体组织,恢复农户在农业生产和经营中的主体责任,"共域"被家庭联产承包责任制压缩,农户的"私域"得到相应的扩大,农民的一些民生问题主要由日子逐渐好起来的农户家庭解决。此时的"公域"比以前更小,国家不仅较少介入村级社会民生服务事务,还由于农民先于市民"富"起来而加大了税费负担。村级社会的私域在农民生活逐渐好起来的基础上增大,不仅农户家里的养老、医疗、就业等民生问题由农户解决,而且由于公域尤其共域缺乏集体经济支撑,农户还要承担一定数量的公域和共域的事情,如国家用农户上交的"三提五统"资金发展乡村公共事业;用"两工"(义务工、积累工)建设乡村道路、农田水利设施。

　　进入21世纪后,国家综合国力增强,具备让农民共享改革开放成果的物质基础。2005年国家取消了农业税费,2006年推行新农村建设战略,实施"工业反哺农业、城市支持农村"政策,加大了强农惠农富农工作力度,乡村公共服务水平和质量显著提高。当前乡村公共服务供给能够满足居民的基本民生需要:乡村道路实现村村通硬质路面,大多数行政村开通公交车;乡村电网基本实现动力电全覆盖和改造升级,配电网供电能力和质量有效提升;乡村水利设施投入和建设力度逐年增大,基本打通了最后一公里;乡村学校教育能力持续增强,"三免一补"政策的实施保障了乡村孩子包括困难家庭孩子都能接受九年义务教育;乡村医院的建设和运行经费纳入政府财政,新型合作医疗、大病医疗补助、家庭医生等政策实施基本满足了每一个乡村人的看病需求;同时,乡村养老保障也在加速推进中,60岁以上的老人都享有基本养老金。调查发现,传统的农户家的私事,如农业生产中的产前、产中、产后的一些事务,以及家庭生活中的老人养老等事务正在进入公域,由政府为其提供相应的公共服务。

　　总的来看,不同时期的乡村社会公域、共域和私域不尽相同,公域随着经济社会发展不断扩大,而乡村的共域和私域呈现缩小趋势(见表13.1)。不仅如此,国家在城乡融合和城乡一体化发展中加大了乡村民生投入,政府将共域和私域中的部分民生事务接管过来,为村民提供更好更多的服务。

表 13.1　乡村公域、共域和私域大小变化

场域性质	合作化、人民公社时期	20世纪八九十年代	后农业税费时期
乡村公域	小	变小	变大
乡村共域	大	变小	变小
乡村私域	小	变大	变小

诚然，当前乡村社会的公域、共域和私域仍处于不确定中，不同地区乡村的民生状况、不同群体的民生需求也不尽相同。国家仅扩大公域范围，越来越多地接受乡村集体共域和家庭户私域事务是不够的，还需要结合村级治理实际需要，选择恰当的治理策略对村级社会实施有效治理。一方面，政府权力要加大下乡力度，为乡村居民提供更好更多的民生服务，并直接参与村级社会治理；另一方面，下乡的政府权力在服务民生、推进乡村治理时，不能采用行政化方式干涉村民自治，以避免村级治理走向行政化。

四、行政裹挟：政府在服务民生中过度参与村级治理

民生关系每个村民切身利益，乡村振兴要基于民生需求、化解民生问题、促进民生发展。相应地，村级组织和基层政府在村级治理中都要以民生为"靶心"，将"权为民所用、情为民所系、利为民所谋"执政理念落实到治理细微处，尽心竭力为乡村居民办好事、解难事。

当前政府权力下乡的社会情境与社队集体化时期、改革开放初期不同，不再是"以农养工、以农养城"，不能采取行政手段控制乡村，也不能低价或无偿地从乡村汲取经济资源。国家全面建成小康社会和基本实现现代化的发展战略要求消弭城乡民生服务差距、实现城乡融合和一体化。然而，城乡二元结构力仍旧强大，不仅乡村居民生活水平低于市民，民生服务没有与城市完全对接，而且乡村资源包括劳动力在城镇化中不断流失，民生出现新情况、新问题。再者，进入新时代后乡村居民对美好生活的需要日益增长，想过上现代文明生活，得到优质的民生服务。可是，除少数经济

发达村、城郊村外,多数村的内生组织没有能力依靠自身力量解决城镇化进程中出现的民生新问题,更没有办法满足村民日益增长的民生需求。

乡村经济社会发展与城市差距还很大,国家"少取、放活"政策不足以从根本上改善乡村民生。长期以来,国家实施的"重城轻乡"的工业化和城镇化发展战略,几乎掏空了乡村发展资源,侵蚀了乡村进一步发展的根基。如今,国家不再汲取乡村资源,给乡村休养生息空间,但就城乡融合和一体化发展愿景看,国家还要用"多予"方式反馈乡村,"让农业经营有效益,让农业成为有奔头的产业,让农民成为体面的职业"[①]。由此,国家除了加大公共财政投入和补贴外,还需要在乡村治理中加大民生服务力度,不断改善乡村居民的民生状况。"民生是构筑政府善治的基本内容"[②],政府权力下乡,不能仅仅以行政命令方式要求乡村组织和村民服从政府和国家意志,还应该与村级组织一道共谋乡村民生事业,以回应"民声"、服务民生。

当前基层政府根据中央"通过财政转移支付等途径,形成村干部报酬和养老保险资金保障机制"[③]的精神为村级干部支付"工资",并以村干部为"帮手"深度介入村级治理。村级干部拿了政府"工资",农村基层政府便名正言顺地把村级干部视为"准行政干部",对他们进行"公职化"管理,要求他们坐班、值班,还将绩效"工资"与村干部们的工作考核结果挂钩。基于村级治理"行政化",有学者从"行政化"实践中提炼出选管分离模式[④]、行政下移模式[⑤]、村委专干模式[⑥]和支书主任一肩挑模式[⑦],并指出,"村两

[①] 中华人民共和国年鉴社编:《中国国情读本(2014版)》,新华出版社2014年版,第183页。

[②] 陈浩天:《民生服务:基层善治与乡村资源整合的政治逻辑》,载《河南师范大学学报(哲学社会科学版)》2014年第3期。

[③] 《中共中央关于推进农村改革发展若干重大问题的决定》,载《人民日报》2008年10月24日第1版。

[④] 选管分离模式是基于浙江省D村的实践。即乡镇党委、政府选任村干部,根据乡镇的安排展开工作。行政村由村民另外选举出"理事会",对村委的工作进行监督。

[⑤] 行政下移模式是基于广东省清远市的经验。即行政村改造为农村党政公共服务站,作为乡镇政府的"派出机构",承办登记、办证、审核、管理、调处等事项。村民自治下移到一个或多个村民小组(自然村)。

[⑥] 村委专干模式是基于重庆市渝北区的专业"村干"实践。即除村主任外其他村干部由乡镇统一招考,分配至各村,村务主要由职业化"专干"操持,村民民主选举的部分委员不从事具体工作。

[⑦] 支书主任"一肩挑"模式是基于湖北省一些地方的经验。即乡镇政府组织村委选举,选举党内确定村支书为村主任。

委已经基本纳入乡镇政府的行政体制之内",成为乡镇政府的"派出机构";村级治理的行政化已经是"一种社会事实状态,正以'现在进行时'的时态'实践'着广大乡村社会的'构成'"。① 其实,正如前文所说,学界对村级治理出现的"行政化"有担忧也有认同:担忧的是,如果国家对农村实行行政控制,村民自治将"无法落实"或"仅仅是形式",②这将造成自治更加虚弱;③认同的是,"乡政村治"体制存在诸多不足,有必要转变村民自治纯粹是"群众自治"的性质,实现村民自治的转型,使其成为带有"'准'基层政权性质的'类'地方自治的自治体"④。笔者认为,仅从"工资"、考核或所谓的实践模式来判定村级治理行政化可能过于简单。

从村级干部基本报酬、考核报酬、奖励报酬和专项工作考核报酬看,国家没有对其作相应的规定,各地根据地方财政状况支付村干部报酬,经济发达地区村干部的报酬普遍高于其他地区。此外,由于基层政府为了有效促使村干部的办事效率,加大了考核报酬、奖励报酬和专项工作考核报酬占比,不少乡镇政府支付给村干部的这三项报酬高于基本报酬。但相比于当地政府公务人员工资来说,村干部的报酬只是他们的一半,甚至更少。调研发现,一些村干部一方面把自己看作"国家干部",因为他们有工资和相关的社会保障;另一方面他们的身份认同感低,因为他们觉得自己干的事情比"正式干部"多,"工资"却低很多。总体看,政府支付给村干部的是工作报酬,相对固定,且晋升不规范,在性质上与公务人员工资有较大差别。

从乡镇对村干部工作考核看,基层政府在乡村民生服务中过度介入村级治理,有的镇考核村干部三级指标多达1200多项,且多数为行政类事务。笔者在安徽和江苏各选一个镇,比较了2018年村干部考核名目(见表13.2)。

---

① 朱政、徐铜柱:《村级治理的"行政化"与村级治理体系的重建》,载《社会主义研究》2018年第1期。
② 周雪光:《国家治理逻辑与中国官僚体制:一个韦伯理论视角》,载《开放时代》2013年第3期。
③ 冯仁:《村民自治走进了死胡同》,载《理论与改革》2011年第1期。
④ 李勇华:《乡村治理与村民自治的双重转型》,载《浙江社会科学》2015年第12期。

表 13.2　村干部考核主要内容比较

		安徽某镇	江苏某镇
2018年主要考核名目	基层组织建设	干部队伍建设；党员教育管理；电教远教工作；党组织标准化建设；村"两委"换届工作；软件材料整理；村级党管武装工作	党风廉政建设；基层党组织标准化建设；民主法治建设；社会治安；综合治理；平安社会创建；法治社会创建；人武工作
	产业发展工作	主导产业发展；新型农业经营主体发展；动物防疫；特色种养；集体产权制度改革；安全生产	创业富民；常规农业工作；农业现代化；招商引资；项目建设；经济发展工作；协税护税；招工引劳；安全生产
		"蓝色屋面"整治工作；非洲猪瘟及环保督办；松材线虫病防治；村级卫生健康工作；退役军人服务管理	"蓝色屋面"整治；非洲猪瘟防治；枯死树清理；环保督察；退役军人服务管理
	民政	城乡居民养老保险；卫生计生工作；无偿献血	信访维稳；社会事业；新增超龄人员再就业和农村劳动力转移就业
		脱贫攻坚目标管理（11项）	脱贫攻坚绩效（6项）
		村镇建设；文明创建；殡葬管理工作；林长制、河长制工作	文明创建；村镇建设；卫生秩序治理及乡风文明；殡葬管理；林长制；河长制；人口和计划生育
	专项考核	村级盘活闲置农房工作	交办工作；亮点工作
考核结果运用		分优秀、优胜、一般三等次，基于本人基本报酬80%、70%、60%发放绩效报酬	村考核积分×55元/分＋奖励报酬＋专项工作考核报酬；村统筹发放到个人

由表 13.2 可知，两个镇政府对村干部考核名目差不多，分基层组织建设、产业发展工作、民政等常规性系统考核和本年度围绕乡镇中心工作开展而设立的专项考核。需要说明的是，纳入村干部考核的事务基本属于行政性事务，其中相当多的本应由基层政府做，但现在都分解、下放到村干部身上，以至于村干部需要花大量时间在烦琐的行政事务上。真正涉及"幼有所育、学有所教、劳有所得、病有所医、老有所养、住有所居、弱有所扶"的民生服务类事务缺少"硬指标"考核，基层政府和村民自治组织在实践中可以作模糊处理。此外，基层政府对村干部考核精细，如江苏海安市某镇对

村干部的考勤要求是:会议未经批准每迟到或早退一次扣工资 20 元,无故缺席一次扣工资 50 元,年内累计迟到 5 次、缺席 3 次者不得参加当年评先。村主要干部外出一天,必须向分管农业农村负责人请假,2 天以上必须履行请销假手续,经镇主要负责人批准方可休假。私自外出一周者,扣除当月基本报酬。基层政府对村级考核设置的项目都是硬性任务,村两委干部在这些工作中几乎没有自治权,只有保质保量完成,才能拿到相应的绩效报酬和奖励报酬。

不仅如此,基层政府还将一些项目工程,如江苏省苏北的农民集中居住、浙江省温州市的禁止百姓私设灵堂、浙江省慈溪市的农村文化礼堂建设等纳入考核,甚至还将一些商业事务纳入考核,如田雄和郑家昊调查发现,一些地方将母猪保险、财产保险等商业事务纳入对村干部的考核。① 这是村级治理存在的比较严重的乱象。

村干部做行政"代理",耗损了村干部的工作精力,弱化了村委会的自治功能,不利于改善乡村民生,增强乡村居民的获得感、幸福感。因此,我们不能用现有的、不当的、过度的甚至有些僵化的政府参与村级治理及其行政化模式佐证村级治理行政化的合理性,或由此而在广大乡村推行行政化治理。

五、治理策略选择:行政吸纳而非行政化

作为发展农业农村现代化和实现乡村振兴排头兵的基层政府,需要与村两委协作,共同推进乡村治理能力和治理体系现代化。当前,村级治理出现"行政化"倾向,或"已经形成了比较成熟的行政化村级治理模式"②,但在总体上,村级治理还没有形成行政化之实,出现的"行政化模式"充其量只能算是村级治理的实践探索,并非村级治理行政化。

---

① 田雄、郑家昊:《被裹挟的国家:基层治理的行动逻辑与乡村自主——以黄江县"秸秆禁烧"事件为例》,载《公共管理学报》2016 年第 2 期。
② 杜蛟:《吸附型城乡关系下的村级治理行政化——以上海地区村级治理实践为例》,载《探索》2018 年第 6 期。

近年来，中央支持探索村民自治方式，鼓励村党组织书记通过法定程序担任村委会主任和村两委班子成员交叉任职，增强向贫困村、软弱涣散村、集体经济空壳村派出第一书记，重视从高校毕业生、农民工、退役军人和机关事业单位优秀党员中培养选拔村党组织书记和从优秀村党组织书记中选拔乡镇领导干部，并且建立村干部报酬待遇和村级组织办公经费正常增长机制，保障村级民生服务运行维护的必要支出。就此看，中央对村级治理的主要意向是：加强和改善村党组织，健全以党组织为领导的村级组织体系；发挥基层群众性自治组织功能，增强村民自我管理、自我教育、自我服务能力；加大政策扶持和统筹力度，增强村级组织自我保障和服务农民能力。

严格地说，当前基层政府介入村级治理，强化村干部的"坐班""考核"，已经引发村委会自治功能部分丢失，但还不是村级治理行政化。村级治理与行政化还有一定距离：其一，工作没有职业化。除了少数村支书包括第一书记和大学生村官外，多数村干部有承包地，有的还有自己经营的产业，即使"坐班"，他们也需要用一定时间从事农业劳动或其他经营活动。笔者在温州农村调研发现，很多村干部是成功的"生意人""老板"。他们中一些人对当村官没有多大兴趣，只是在乡镇官员盛情邀请下出任村官。其二，工作不具有专业化水平。多数村官没有接受"做官"的职业培训，缺乏专业技能，日常村务主要依靠民俗、惯例和村民评价来处理。其三，行政晋升渠道少。尽管国家打通了提拔重用优秀村支书的通道，也在公务员、事业单位考录中照顾村干部，但数量少、机会有限，不能改变村官整体生存状态，他们的身份是"民"而非"官"。其四，农民身份难以改变。村官打交道的对象是与他们共存共生的农民，尽管他们中有些人在国家压力型体制下由"当家人"成为政府"代理人"，甚至成为"赢利型经纪人"，有的已经成为政府财政买单的"脱产干部"，拥有公务人员待遇，退岗也有养老保障，但他们始终不能跳出"农门"，他们的"底色"身份依旧是农民。

村级治理中出现的一些基层政府管制村干部、行政权"绑架"自治权的现象更似行政吸纳。乡村治理的主导力量是基层政府，村党支部是村级治理的领导力量，村委会代表广大村民利益和意愿是实施村级治理的主体，村级治理需要这三者协调合作实施。鉴于乡村振兴与村级治理目标是国家制定的,涉及民生的方方面面,并且中国乡村地域差别大,各地的民生需求不尽相同,基层政府有必要吸纳熟悉乡村知识的村级组织,共谋村级治理,改善民生,以满足村民日益增长的美好生活需要。

基层政府在村级治理中采用行政手段引导村干部做公务,其行政化表象是"吸纳"逻辑。行政吸纳是指基层政府在实施村级治理过程中通过建立监督机制、考核机制、激励机制驱使村干部和其他社会力量参与村级治理的方式。村级治理行政吸纳与行政化不同:一方面,村级干部是村里的政治精英或经济精英或文化精英,政府需要这些精英参与村级治理,协助政府公务人员建设农村公共设施、发展农村民生服务。另一方面,政府不单纯凭借行政权力驱使村干部为政府办事,根据他们的工作量为"村两委"提供办公经费,保障机构能正常运转,还为帮助政府做事的人提供与劳动量基本相当的劳动报酬,并根据考核支付绩效报酬、奖励报酬,这是保证"购买"质量的控制措施,而非行政化。另外,政府根据乡村治理工作需要吸纳村两委干部,在事不在人。被行政吸纳的村两委干部不能像公务员那样端"铁饭碗",也没有较大的晋升渠道和空间,政府对他们的职责要求是在服务民生中"服务"政府。

行政吸纳是地方政府促进村级治理的一种有效手段,属于政府的治理变革。① 行政吸纳打通了基层政府和村级社会沟通的渠道,有助于政府整合社会多方面力量改善民生、提高治理水平。当前村级治理中出现的行政化是行政吸纳的乱象,主要表现在:一是行政控制村级社会。村级治理出现"行政化"有可能导致村级社会被行政接管,村委会失去部分自治权,甚至造成村委会成为完全行政组织,如乡镇政府的附属机构——"村公所"。二是村级治理资源过密化。城镇化进程中一些行政村因人口不断流出而出现严重的空心化问题,但一些地方仍在加大治理投入,过度治理村庄,造成村级治理体系膨胀、权力空转和治理悬浮。三是政府差序结构。村干部受制于政府支付的报酬和奖励,行动不断接近政府干部,将主要精力放在"跟班"和行政任务执行上,而较少做民生服务。四是治理内卷化。政府在

---

① 王清:《从权宜之计到行政吸纳:地方政府回应社会方式的转型》,载《中国行政管理》2015年第6期。

村级治理中投入大量治理资源,但治理的边际效益没有得到相应提高,造成村级治理资源投入低效甚至无效。村级治理中出现的行政化问题是行政吸纳实施不当造成的,可以通过进一步规范行政吸纳加以纠正、规避。

行政吸纳不规范或行政化问题的症结在于政府参与错位。在主体上,错误地将主导治理的政府视为主体,没有重视村委会及其他村级组织在村级治理中的能动作用;在向度上,沿袭自上而下的管理,没有把自下而上的民生需求作为治理的出发点和落脚点;在理念上,习惯于下命令、发指示,没有在村级治理中充分开展协商、合作、互动;在方式上,没有重视"法治""分权"和非国家强制契约的重要性。政府参与错位加大了基层政府和村干部的负担,并造成乡村治理出现一定程度的僵化。如此,当下最要紧的是要打破政府本位主义,"根除行政傲慢",[①]纠正村级治理中的不当行政化,通过规范行政吸纳提高乡村治理和服务民生的质量。

六、基于民生改善提升村级治理

20世纪八九十年代,国家实行"乡政村治"体制,乡村在家庭联产承包责任制和村民自治中焕发出生机和活力,民生问题得到一定改善。但是,城乡二元体制治理下的乡村,公共事业发展缓慢,上学难、看病贵等民生问题仍旧突出。进入21世纪后,国家推进和谐社会建设、实施城乡统筹发展战略,政府在拓展乡村公域范围的同时加大了共域和私域的民生服务。尤其在推进新农村建设后,政府权力再次下乡,大力推进乡村道路、水电等公共设施建设和乡村教育、卫生等公共事业发展,乡村人的生存、发展的民生状况得到较大改善。正是政府权力的深度介入,乡村的社会保障、小康生活、贫困人口脱贫等民生问题才得到了较好解决。

新形势下政府权力下乡的出发点不是为了统治、控制乡村,而是扩大乡村"公域",为乡村居民提供民生服务,协助村委会改善民生。基于此,笔者认为:(1)在现有制度框架下行政吸纳策略符合《村民委员会组织法》规

---

① 张康之:《论主体多元化条件下的社会治理》,载《中国人民大学学报》2014年第2期。

定,行政化策略背离《村民委员会组织》,在一定意义上亵渎了村级民主化治理。(2)村级治理行政化与全能主义政府的"划桨"一脉相承,治理成本高,财政压力大,一般难以持久。而行政吸纳契合了西方新公共管理理论和新公共服务理论的核心要义,如果操作规范,基层政府在乡村治理中不仅能掌好舵,还能服务好。(3)乡村治理行政化让乡镇政府面临做不完的工作和各类考核、督导、检查,政务负担沉重,尤其让村级组织处于"上面千把锤、下面一根钉"的尴尬境地。行政吸纳是"有限政府""小政府"的治理策略,它以民生需求为治理本位和路向,整合村级组织和村民力量对民生实施精准服务。(4)行政化对象主要是村两委干部,政府以报酬裹挟他们,造成一些乡村干部不能真心实意地为群众做实事。行政吸纳是双向互动的治理过程,基层政府和村两委在村级民生服务和治理中形成"正和博弈"。为此,强调如下三点:

第一,没有必要以村小组或自然村自治替代行政村自治。一些地方鉴于村级治理行政化的尴尬处境,试行村小组或自然村自治,并取得一些经验。但是,在城镇化进程中村民小组或自然村自治的未来空间很小;行政村自治本身包含村民小组自治,是各村民小组自治意愿的集中体现,行政村自治没有违背村民及其小组意愿;村民小组自治有可能使村级社会的公共利益更加碎片化,对乡村空间调整、土地流转和农业规模化现代化发展造成阻力。最重要的是,城镇化中越来越多村民将离开村庄,很多村庄在城镇化中或缩小规模,或消失,或重组,村民小组实行自治不具有长期稳定性。

第二,避免乡村治理走向行政化。既往的乡村治理实践一再表明,国家给予乡村自由、自主空间多大,乡村经济社会就有多大的发展。反之,僵化的治理体制会束缚乡村人手脚,阻碍生产力发展,并最终掣肘乡村人追求美好生活。计划经济时期国家以"超行政"措施管制乡村和改革开放初期国家以"强力"手段汲取乡村资源,都给乡村民生及其改善造成消极影响。中国乡村地域广,发展空间大,加上中国农民勤劳、拥有丰富的创造力,只要政府不肆意干涉村民的经济社会活动,乡村就会在"自在"和谐中得以充分发展。

第三,谨慎运作行政吸纳策略。行政吸纳有两个关键点:一是将行政化与行政吸纳严格区别开来。行政化是上级政府行政管理乡村的过程,而行政吸纳是上级政府吸纳乡村组织和社会力量更好地为村民提供服务的方式。行政化是乡村自治的异化,它有可能让"一个相对独立的、带有一定程度自治性的社会"不复存在,①严重的可能酿成民生灾难。二要在运作行政吸纳时有所选择,不能将市场、社会能解决的事务纳入行政吸纳。当前一些地方政府在乡村振兴中赤膊上阵,替村民做主,投资或举债打造旅游、民俗等特色乡村或建设类型各异的乡村田园综合体。这类政府行为是变相地推行行政化,存在极大的风险隐患。一旦失败,不仅相关的基层政府和行政村要背上沉重的债务包袱,而且有可能造成村民美好生活梦想难以实现。

---

① 孙立平:《转型与断裂——改革以来中国社会结构的变迁》,清华大学出版社2004年版,第1页。

第十四章

韧性乡村：从城镇化发展中寻求民生安全

在传统社会中，乡村人把"根"深深地扎在土地里，依靠一茬又一茬的农作物和一栏又一栏的牲口过日子。除非发生严重的旱灾、涝灾、蝗灾、战争，正常年景下的乡村是"先天和谐"的共同体，人们在"榆柳荫后檐，桃李罗堂前"和"狗吠深巷中，鸡鸣桑树颠"的村庄中过着恬静且悠闲的生活。中国传统乡村社会不乏活力和韧性。处于相对封闭与孤立状态中的乡村，总有办法应对乡村经济、政治、文化、社会、生态的不确定性，并在荏苒的岁月中保持着农民、农业和农村韧性，一次又一次地摆脱饥荒、战胜瘟疫。

然而，乡村社会"总是居于不利地位"，甚至"落于纯被牺牲地位"。[1] 近代以来，工业化和城镇化发展改变了乡村社会内循环系统，乡村人不再是纯粹的乡下人，除了种田打粮和饲养家畜家禽，还有机会进城打工。乡村能人、富人和文化人流出，加速乡村社会衰落和边缘化，部分乡村出现精英"真空"。[2] 尤其在快速城镇化发展后，大量乡村人口涌入城镇，一些乡村出现越来越严重的农民原子化、农村碎片化和农业兼业化或副业化问题。乡村在城镇化发展中持续"流血""失血"，村庄对民生的保障式微：居住在村庄中的农民生存状况没有因进城打工收入增加而得到相应改善，一些村庄、学校、医院、商店从乡村公共空间中退出，村民看病、购物和孩子上学需要走更远的路；更有甚者，一些村庄沦为老人看守村庄，缺乏农业生产活力和家庭生活气息，不仅应对自然灾害、市场风险的能力弱，而且农业生

---

[1] 梁漱溟：《乡村建设理论》，上海人民出版社2011年版，第14页。
[2] 〔美〕马若孟：《中国农民经济》，史建云译，江苏人民出版社1999年版，第19页。

产后继无人和"老无所依"的养老问题也愈发严重。城镇化发展已经并仍将进一步弱化乡村韧性,乡村社会面临共同体解体和民生保障缺乏的问题。

"农,天下之本",推进中国式现代化发展和实现共同富裕目标都不能以乡村衰败作为代价,国家应变局、开新局需要韧性乡村这个"压舱石"。进入21世纪后,尤其在全面取消农业税费以后,国家不断加大强农惠农富农力度,先后实施了"三大战略",包括以"生产发展、生活宽裕、乡风文明、村容整洁、管理民主"为基本要求的新农村建设战略;以实现农村贫困人口不愁吃、不愁穿和义务教育、基本医疗、住房安全有保障为基本目标的脱贫攻坚战略;以及以"产业兴旺、生态宜居、乡风文明、治理有效、生活富裕"为总体要求的乡村振兴战略。新农村建设、精准扶贫脱贫和乡村振兴战略的实施完善了乡村基础设施建设,提高了乡村民生服务水平,乡村社会韧性得到了一定程度的提升。本书遵循现代化国家建设的最深厚基础、最大发展潜力、最繁重任务在乡村的逻辑机理,先从现实维度检视当代韧性乡村的流变、民生问题,以及乡村公共性与包容性对韧性乡村的维护,再从政策维度论述国家为建构韧性乡村和保障民生安全而做出的努力,冀望乡村振兴能消除农业发展、农村建设和农民致富的不确定性,确保农民在城镇化发展和城乡融合发展中的民生安全。

一、韧性乡村的"三农"底色

学界主要从应对自然灾害、抵御外部冲击、适应新环境、恢复自身能力等韧性要素上诠释韧性乡村。有学者认为韧性乡村具有抵御外部扰动的能力,在经历灾害扰动时,乡村基本结构和功能"不发生重大变化"[1],即当遇到不确定风险包括单一自然灾害或综合风险时,乡村自然资源、经济基础和工程设施不会受到大的影响或破坏,能够在短期内恢复到原有的稳定状态。还有学者指出,韧性是乡村有机体的一般能力,韧性乡村是能够有

---

[1] W. N. Adger, Social and Ecological Resilience: Are They Related? *Progress in Human Geography*, Vol. 24, No. 3, 2000, pp. 347-364.

效处理常态化情境下乡村社会问题、纾解矛盾纠纷、避免社会动乱、供给公共服务的一种"善治状态"。① 不难看出,虽然学界对韧性乡村的理解不尽相同,但更多学者将韧性乡村看作应对非常规时期的突发事件能够"保持功能正常和结构完整能力"②的乡村。即使有学者把韧性视为常规时期的乡村治理能力,也没有在韧性乡村研究中关注乡村"系统渐进的、微小的、积累的变化"③,以至于关于韧性乡村的讨论,要么停留在乡村韧性理论的反复阐释或循环论证上,缺乏对乡村现实问题的关注;要么陷入韧性乡村建设经验的一般分析和规避乡村风险的"献计献策"中,研究缺乏历史维度和现实观照。

乡村以农业、农村和农民为基本面,韧性乡村之所以与韧性城市不同,其关键在于"三农"上,没有农业发展、农村稳定与农民增收,乡村就没有能力应对灾害、饥荒等突发性风险和抵御快速城镇化发展对乡村社会的冲击,韧性乡村也就无从谈起。诚然,韧性乡村关涉"面对风险时回应、恢复与适应能力"的韧性本意,④脆弱的乡村不具有抗常规风险和非常规或意外风险的能力;同时,乡村可以通过集体协作建构"更具韧性的新系统"⑤,也可以通过合理的治理机制提升乡村"经济韧性、社会韧性、生态韧性、组织韧性和城乡互动的扩展韧性"⑥。但是,韧性乡村的学理解释和规避风险以及保持乡村良性运行与协调发展能力的科学识别还需要追本溯源。这是因为:无论是提升乡村应对灾害或突发事件能力的"过程",还是建构维系乡村新平衡的"系统",都应该回归到农业、农村与农民的"乡村本体"上。唯有乡村振兴让"农业强、农村美、农民富",乡村才具有抵御灾害、抗击外力干扰的韧性。

---

① 王杰、曹兹纲:《韧性乡村建设:概念内涵与逻辑进路》,载《学术交流》2021年第1期。
② G. Wilson, Multifunctional 'Quality' and Rural Community Resilience, *Transactions of the Institute of British Geographers*, Vol. 35, No. 3, 2010, pp. 364-381.
③ 颜文涛、卢江林:《乡村社区复兴的两种模式:韧性视角下的启示与思考》,载《国际城市规划》2017年第4期。
④ 李南枢、何荣山:《社会组织嵌入韧性乡村建设的逻辑与路径》,载《中国农村观察》2022年第2期。
⑤ 张诚:《韧性治理:农村环境治理的方向与路径》,载《现代经济探讨》2021年第4期。
⑥ 唐任伍、郭文娟:《乡村振兴演进韧性及其内在治理逻辑》,载《改革》2018年第8期。

第一，韧性乡村以韧性农业为经济基础。作为国民经济基础的农业是国家"看家护院"的产业，是否兴旺关涉国家粮食安全"大局"和经济稳定发展"大盘"。"仓廪之所以实者，耕农之本务也"①，农业优先发展和率先实现现代化是保证饭碗牢牢端在中国人手中的先决条件，也是实现乡村全面振兴、建设中国式现代化国家的重要经济保障。唯有"农业强"，乡村才有资质成为国家经济社会发展中与城市同等重要的主体，乡村社会才能为乡村居民参与市场竞争提供"核心"竞争力，并让他们心甘情愿地留在乡村、建设乡村。

祖祖辈辈的农业劳动者们在生产中不断改良农作物品种和耕作方式，让农业保持强劲的韧性。在农业结构上，乡村农业是农林牧副渔五业并举的产业，多数地方的农民不是在单一结构下发展农业，而是在从事粮食作物耕作的同时，兼顾发展林业、牧业、副业和渔业。尽管不同乡村的主业有所不同，林业、牧业、副业和渔业在发展中也有所侧重，但乡村绝少只有一个产业，多业并举发展是农业生产保持韧性的有效措施。因为发展多种产业既可以最大程度地开发农业生产空间和充分利用乡村自然资源，又可以避免自然灾害的破坏性影响，不至于因某一产业减产或绝收而导致全年劳动"一无所获"——其他产业的生产可以弥补其损失，并让家庭生活不会因发生严重自然灾害而陷入绝境。此外，农民不仅仅在"小农业"上做到了合理配置，国家"放活"乡村经济发展后，更多乡村和更多农户在"大农业"上配置劳动力，发展乡村工业、建筑业、商业和运输业以增加经济收入，并以此来夯实粮食作物和经济作物生产基础，提高乡村农业应对自然与市场双重风险的能力。

韧性农业还来自农户的多种经营。自古以来，农户推崇"五谷丰登、六畜兴旺"。"务五谷，则食足；养桑麻、育六畜，则民富。"②在工业化不发达的乡村，农业生产高度"过密化""内卷化"，家庭成员都从事农业生产劳动，且全家人终年忙碌。例如，在长江中部地区乡村，每年自农历三月就要忙于育秧和播种；进入梅雨期后和立秋前，一边要收割早稻，一边要栽插晚稻

---

① 《韩非子》卷十七《诡使》。
② 《管子·牧民》。

秧苗;立冬前要完成晚稻收割和小麦或油菜的播种。其间,搭配种植旱地作物,如黄豆、花生、红薯、棉花、芝麻等。此外,农户还要在早晚闲暇时间里种植瓜果、辣椒、西红柿等蔬菜和饲养鸡鸭鹅、猪马牛等家禽家畜,以解决家庭人员吃菜之需。农户的多种经营,让成年农民每天都有农活做,家庭其他成员,包括老人和小孩也能参与劳动,如老人做家务、照顾婴幼儿、饲养家禽家畜,小孩放牛、看稻场、看麦场等。农户的多种经营与"自给自足"营生方式让乡村具有"有饭吃""有衣穿""有房住"的韧性。

第二,韧性乡村以韧性农村社区为重要载体。农村是乡村居民生产生活的场域,其存在形态为农村社区。相比于城市社区,农村社区是更富有"人情味"的熟人共同体,有着更强的韧性。其一,农村社区是以地缘关系为基础、以血缘关系为纽带的熟人共同体,人与人之间沾亲带故。社区里的人们会把某家子女结婚、老人离世的"红白"事视为自己家事,主动地给予人力物力上的"无私"帮助。其二,农村社区的人们在相对封闭的居住空间中生活,"从出生之时起,就休戚与共,同甘共苦"①,做着相似的同质工作,享有、遵守着同样的风俗和习惯,并形成一致的集体行动。其三,农村社区是"自然而然"的共同体,充满着脉脉温情,人们"可以无忧无虑地生活在那里","不必为依靠什么来取得幸福",也"不必证明任何东西,而且无论做了什么,都可以期待人们的同情与帮助"。② 传统的农村社区即为鲍曼所言的温暖而又舒适的"天堂"。

农村社区还是一个"生机勃勃的有机体",持久的共同生活养成居民间同甘共苦、相互协调和共同应对不确定性威胁的韧力。虽然传统农村社区的公共设施比较匮乏,在一些边远的农村社区,尤其在山区,公共设施和公共服务严重不足,但多数农村社区拥有"够用"的生活空间,其设施可以满足居民日常生产生活需要。即使发生超越家庭承载能力的"私事"或关涉整个社区发展的"共事",熟人社区中的族长、乡绅们会动员、组织社区全体

---

① 〔德〕斐迪南·滕尼斯:《共同体与社会——纯粹社会学的基本概念》,林荣远译,商务印书馆1999年版,第53页。
② 〔英〕齐格蒙特·鲍曼:《共同体:在一个不确定的世界中寻找安全》,欧阳景根译,江苏人民出版社2003年版,第3—6页。

居民协同解决,包括修族谱、建祠堂庙宇、举办庙会、祭神等活动,以及村庄中关系居民共同生活的道路、桥梁修建等公共事务。还有,熟人社会对不关心集体、不帮助别人、不孝顺长辈以及其他自私自利行为批评否定的乡土伦理,像"紧箍咒"一样,全过程、全方位地规约每一个村民的行为。农村社区的乡土伦理把乡村居民紧密捆绑到一起,不至于因某事,或好事办不了,或坏事得不到惩治而导致村庄共同体解体。

再者,农村社区的互帮互助让乡村具有"集体"韧性。有学者认为中国农民过的是"各人自扫门前雪"的生活,"彼此通力合作的机会很少"。①这一说法不完全符合中国农村社区的真实情况。以己为中心的差序格局形塑农村社区中家族群体的同宗之情,能够为社区成员尤其是困难人员克服困难提供有效保障。尽管传统社会中的国家和各级政府为社区居民提供的保障和服务很有限,社区中的"共事"和家庭中的"私事"都需要社区居民自己解决,而且有些事情的解决也很棘手,但农村社区是一个"大家庭",内部成员在串门、聊天的交往中结下的深厚情愫和时代相处结成的姻缘亲缘关系,不仅可以让社区内部有强韧的凝聚力,还可以依托联姻关系把周边若干村庄社区网罗到一起,共同化解农业生产中劳动力不足和抗击自然灾害,以及共同应对日常生活中意外事件的发生,并让农村社区及其成员生活在安全氛围中。

第三,韧性乡村以韧性农民为核心要素。不管一个国家的城镇化程度有多高,也不论有多少市民因崇尚乡村优美的生活环境而到乡村居住,农民始终是乡村建设与发展的活性要素。乡村有无韧性与韧性强弱取决于农民的韧性。没有农民们"朝披寒露晚凝霜"的辛劳,就没有了"田里稻花冉冉香",也就没有乡村社会的韧性。学界对农民有不尽相同的认知,但无论是关于生存小农、道义小农、商品小农、理性小农、社会化小农的研究,还是有关抗争农民、反抗农民的论述,都没有否定农民的勤劳、顽强与坚韧。有不少学者对小农韧性予以充分肯定,认为小农户的存在,对传承传统文

---

① 余英时:《中国思想传统的现代诠释》,江苏人民出版社1998年版,第29页。

化、维持村落社区和保护生态环境都具有十分重要的功能;①小农经济的农业生产模式"不仅是当前农业经营的基础和主流,而且也应该成为未来长期坚持的主动选择"②;小农阶级不仅不是历史的残存,反而是社会发展不可缺少的一部分,一个有小农存在的世界要比没有小农更加美好。③

小农在商品经济中并非总处于弱势地位。现实中的农民不全是站立在齐脖深的河水中,细浪都会让他们"陷入灭顶之灾"的"脆弱小农",④也并非"只能苟延残喘并慢慢地在痛楚中死去"。⑤ 多数小农并非脆弱,如陈军亚所说,中国小农具有"脆而不折、弱而不息"的特性,能够在外部环境变化和压力下拥有适应性、稳定性、灵活性、吸纳性和面对危机的自我救助性,能够以坚忍不拔的忍耐精神克服不可预知的命运和难以想象的艰苦。⑥ 中国农民是创造中国奇迹的重要主体,即农民包括小农不仅依托乡村社会的关系资源应对危机和化解困境,而且他们在生产上的勤劳、在消费上的勤俭、在日常生活上的算计、在人际交往中的互惠、在应对不可预知中的求稳、对不可驾驭的自然环境忍耐等理性,形成"叠加优势",创造了"中国奇迹"。⑦

农民具有较强韧性的内在逻辑主要在于"堂亲"关系和族外联姻"亲戚"关系形成的"基本社会圈子"以及"一报还一报"的行动策略。在传统乡村社会,互助合作主要有两种形式:一种是遇到单个劳动力无法完成的农活,感情比较好的农户就会交换劳动力,"东家干完帮西家";另一种是以人

---

① 付会洋、叶敬忠:《论小农存在的价值》,载《中国农业大学学报(社会科学版)》2017年第1期。
② 贺雪峰、印子:《"小农经济"与农业现代化的路径选择——兼评农业现代化激进主义》,载《政治经济学评论》2015年第2期。
③ 〔荷〕扬·杜威·范德普勒格:《新小农阶级:帝国和全球化时代为了自主性和可持续性的斗争》,潘璐、叶敬忠译,社会科学文献出版社2013年版,第5页。
④ 〔美〕詹姆斯·C.斯科特:《农民的道义经济学:东南亚的反叛与生存》,程立显等译,译林出版社2013年版,第1页。
⑤ 《列宁全集》第五卷,人民出版社1986年版,第238页。
⑥ 陈军亚:《韧性小农:历史延续与现代转换——中国小农户的生命力及自主责任机制》,载《中国社会科学》2019年第12期。
⑦ 徐勇:《农民理性的扩张:"中国奇迹"的创造主体分析——对既有理论的挑战及新的分析进路的提出》,载《中国社会科学》2010年第1期。

工换牛工或以人工换大型农具,解决农业生产中缺劳动力或缺耕力的问题。吴淼认为,"在合作过程中无需外在监督和正式的算计,农户间能够实现大致的平衡,从而保证了乡村社会的延续和发展"①。农村熟人社会的道义力量和伦理理性,以及出于同族、亲戚间相互扶助的传统习惯、"街坊义务"原理和绝不可让全村村民中有抛荒或庄稼烂掉的事情出现的"铁则",驱使村民明知道得不到物质回报,还是乐意出手帮助那些生活特别困难的鳏寡孤独者、病弱者、家境贫寒人家。如此,只要乡村社会中的熟人关系还在,农民就可以利用这种关系资本保持韧性,帮助他们一次又一次地越过险阻。

二、现实观照:韧性乡村流变与民生问题

改革开放前的乡村是人口流动缓慢且保持基本面长期稳定的农业社会。当时国家工业化落后,商品经济不发达,乡村人缺乏非农择业机会,只能从事农业生产劳动。改革开放后,国家把建设与发展重点放到城市,一些乡村人便在经济理性驱使下进入城市谋求更好的营生。乡村种田人减少,威胁国家粮食作物和经济作物安全以及城市粮食、副食品的供应保障。鉴于此,国家有关部门先后颁发《关于劝止农民盲目流入城市的指示》(1953)、《关于继续贯彻〈劝止农民盲目流入城市的指示〉》(1954)、《关于防止农村人口盲目外流的指示》(1956)、《关于防止农村人口盲目外流的补充指示》(1957)、《关于防止农民盲目流入城市的通知》(1957)和《中华人民共和国户口登记条例》(1958),不断加大对乡村人进城的限制。从规定城市任何单位不得擅自去农村招收工人、控制农民向城市流动,到以法规形式将城乡居民划分为非农业户口和农业户口,国家严禁乡村人向城市自由流动,乡村成为与城市割裂开来的较少流动的封闭社会。

此外,在集体化时期社队被抹上浓厚的"革命色彩","政治权力的高度渗透和严格的计划经济使农民失去了传统的自由"。② 散漫且富有独立个

---

① 吴淼:《决裂——新农村的国家建构》,中国社会科学出版社 2007 年版,第 70—71 页。
② 张乐天:《告别理想:人民公社制度研究》,上海人民出版社 2005 年版,第 203 页。

性的农民被乡村集体体制整合到社队组织中,几乎所有的经济活动都被社队组织有计划地统一安排。无论是在抢种抢收的田野中还是在"战天斗地"的农田水利设施兴修工地上,"人多、热情高、干劲大"的劳动场面彰显着乡村社会的旺盛"人气"。也就是说,集体化时期的乡村社会除了居民生活水平低、社会保障缺乏、劳作辛苦外,总体上是人口众多且"烟火气"旺盛的有机整体。即使在经济状况不好的年景里,乡村社会共同体和农业生产集体也没有因居民生活困难而失去韧性。

20 世纪八九十年代家庭联产承包责任制实行、乡镇企业发展和小城镇建设在一定程度上增强了乡村社会韧性。家庭联产承包责任制的实行解决了困扰中国人的吃饭难题,乡镇企业发展和小城镇建设拓展了乡村农业生产和经济发展空间,剩余劳动力可以到乡镇企业打工、就地过上多数农民期盼已久的城镇人生活。20 世纪 80 年代农业经济发展和农民非农就业为乡村进一步发展和农民生活进一步改善奠定了物质基础。进入 90 年代后,即使乡村遇到税费负担不断加重,部分农民尤其是中青年农民越来越多地进入城市打工等外在压力,乡村社会在总体上仍保持稳定状态。具体地说,90 年代愈发沉重的税费和汹涌澎湃的进城"大潮"使不少乡村发展的压力增大,有的乡村出现"抗税"事件和承包地因缺乏劳动力而撂荒的问题,但绝大多数乡村社会结构包括家庭结构是稳定的,没有因农业税费加重和劳动力外流而出现衰败迹象:乡村的学校仍有大量读书的孩子,乡村的集市、商店还是热闹的交易场所,每逢集市日,街道上商店、饭店、理发店、照相馆、缝纫店里人头攒动。

进入 21 世纪,大量农业人口加速流向城镇,不断加重 90 年代末已经出现"农民真苦,农村真穷,农业真危险"的"三农"问题。① 农民碰运气到城市找工作、不管承包地有无人耕种先外出,以及男女老少都外出进城,引发李昌平"我们这儿的农民快跑光了"②的感慨。城镇化发展由 20 世纪扩大非农就业、增加农户收入慢慢演化为 21 世纪初对乡村根基的动摇,农业、农村与农民的韧性都出现不同程度的降低。

---

① 李红岩、龚云、宋启发:《中国道路》,黄山书社 2012 年版,第 195 页。
② 盛明富:《中国农民工 40 年:1978—2018》,中国工人出版社 2018 年版,第 140 页。

农业的韧性因劳动力尤其是中青年劳动力离开乡村而降低。80年代实行的家庭联产承包责任制解放了农业生产力,激发起农民生产积极性,粮食产量几乎年年创新高。尽管在90年代农业税费汲取了农户部分收入,年轻农民进城打工增加了家庭成员的农业生产负担,但农业生产仍有中老年农民维护着,城镇化发展对农业发展影响不大。进入21世纪后,农业劳动收入与打工等非农业劳动收入的差距进一步拉大,"50后""60后"的农民进城让农业变成很多农户的副业。同时,年纪大的父母和照顾孩子的中年妇女体力较弱,他们难以做到精耕细作。农业韧性因乡村缺乏年富力强的劳动力而降低:一些乡村尤其是在丘陵、山区的乡村,曾种植花生、棉花、红薯、芝麻的山地变成了坟地,曾耕种水稻、小麦的良田变成了几乎不要劳动力投入的林地;更严重的是,农民为了节省劳动力成本,大量地使用化肥、农药,农地生命力和农产品质量不断下降,有些农产品还变成了有害健康的"毒品"。

农村的韧性因乡村人口流动和进城居住而变得脆弱。鲍曼认为,传统农村社区充满着温馨:如果我们跌倒了,其他人会帮助我们重新站起来;如果我们犯了错误,其他人会接受我们的解释和道歉,没有人会永远记恨在心;如果我们陷于困境而且确实需要帮助,其他人不会把要求我们用东西作抵押作为帮助条件;同时,其他人给我们的这些,不会问我们何时、如何来报答。① 然而,快速城镇化发展后的村庄日渐空心化,有的变成了半陌生社会,不能再进行有效的互帮互助。吴重庆把农村大量青壮年长期"不在场"的乡村熟人社会称为"半熟人社会",并认为半熟人社会的社区舆论失灵、面子贬值、社会资本流散,② 人们不积极或不愿意参加社区公共活动。贺雪峰也有类似的看法,认为乡村因人员流动和人口减少,公共活动已"无力调动任何一种有效的关系资源"③。乡村人口频繁流动,一年甚至好几年才能见上一面的村民,彼此间已经没有聚会、随礼、拜访等人情往

---

① 〔英〕齐格蒙特·鲍曼:《共同体:在一个不确定的世界中寻找安全》,欧阳景根译,江苏人民出版社2003年版,第3页。
② 吴重庆:《无主体熟人社会及社会重建》,社会科学文献出版社2014年版,第174—175页。
③ 贺雪峰:《新乡土中国》,北京大学出版社2013年版,第13页。

来,也没有长久的、能延续的"一报还一报"的稳定预期,人们愈发"见外",这慢慢地消磨了乡村社会的韧性。

农民的韧性也因乡村公共服务供给不足和人口老龄化而变弱。城镇化对乡村居民生活影响最大,原本滞后于城市的乡村公共设施和公共服务愈发不能满足村民的需要。这突出表现在:村庄中青年、青少年和儿童减少,乡村的一些公共设施,如学校、诊所、商店等随之减少,孩子上学、病人就医甚至居民购买一般商品都需要走很远的路,而就学就医购物不方便又进一步激化村民离开村庄的意愿。相应地,乡村中老人们或因不习惯城市生活,或因留恋村庄生活,或因无力离开村庄,他们成为乡村的主体,支撑着农业生产,看守着家园,但公共设施退化和公共服务减少使他们的生活更加不方便。尤其是合村并居和土地流转、农业规模化经营,让更多老人晚年生活空虚、寂寞;乡村为老服务缺乏,老人们自力式养老因农活和家务活减少而难以为继。① 农民的韧性减弱还表现在农民种田难上。离村农民将土地流转给种田大户或家庭农场后,农业生产的规模化、机械化、科技化程度显著增加,而小农户即散户耕种承包地愈发困难;依靠人力、畜力耕种小块土地成本高、收益低,而购买耕地、管理、收割等社会化服务又会加大成本支出,种田变得越来越"不划算"。近年来,尽管国家为小农户对接现代农业给予了诸多利好政策,地方政府也对小农户的农业生产提供多方面扶持,但在现实中,小农户在水稻、小麦等粮食作物生产上的优势仍在丧失,其韧性也被压缩。

乡村韧性降低与城镇化发展几乎是同步的,城镇化发展引发乡村连锁反应,其传导效应集中体现在乡村居民身上。在城镇化发展与乡村韧性退化叠加作用下,乡村居民未来预期不再稳定,甚至不知道自己和家人的安身之处。乡村居民的不安全感随着乡村韧性减弱不断上升,这可以从居村农民、进城农民和返乡农民身上看出。

第一,居村农民在城镇化发展中倍感焦虑,对不确定的未来产生恐慌。城镇化发展是推进或掣肘乡村的"双刃剑"。一方面,乡村社会不再被城乡

---

① 陆益龙:《后乡土中国》,商务印书馆 2017 年版,第 191 页。

二元结构固化,居民不必死守"一亩三分地",可以自由地选择职业、挣更多的钱,也可以成为城市人;另一方面,城镇化发展反复冲击村庄共同体,不仅改变了乡村人"时代定居是常态,迁移是变态"的传统观念,[①]而且村庄共同体在流动中失去了集体财力,难以对居民提供有效保护。城镇化发展已经让乡村完全地暴露在城乡逐渐对接的"大社会"和利益激烈竞争的"大市场"中,几乎所有事情都需要乡村民居自己处理,日常生活和工作的压力和风险越积越大。尤其是,村庄集体保障在城镇化发展中变得越来越弱,而国家和政府提供的社会保障又没有及时跟上,乡村居民尤其是乡村的一些老人们处于保障"空洞"中。

第二,进城农民对陌生的城市生活和从事非农职业也缺乏安全感。相比于乡村社会和农业劳动,城市生活和非农工作对乡村人是完全陌生的"新事物",对其感知、认识、熟悉需要一个长期过程。进城农民在城市每遇到一个变化都称得上是人生的一大关隘,能否跨得过去,不是自己能够控制的。尽管农业生产本身比城市非农业生产变数大,需要面对庄稼生产过程中的不确定天气因素和销售过程中的不确定市场因素,如干旱、水涝、激烈的市场竞争等都可能造成农民一年的辛勤劳作化为乌有,但庄稼绝收或产品卖不出去的情况比较少见,并且多数农民已经在漫长岁月中练就出抵御这种不确定的本领。自然灾害和市场风险对多数农民没有神秘感,危险均在意料之中。时代耕作的农民已经从前辈那里习得并汲取了应对策略,或者说,不少农民已经具有应对农业生产灾害和产品销售难的"抗体"。而城市对进城农民来说是全新的,能不能找到工作、能不能胜任新岗位以及是否能挣到钱,对他们来说是未知数,尤其缺少应对挫折的经验。再者,即使有农民已经学会了适应城市工作和生活的本领,不再为找工作、挣钱、过日常生活担忧,但他们也会因缺乏城市社会保障而处于不确定中,一旦失业或生病,就只能终止城市生活,回到他曾决意离开的乡村。进言之,只要城市社会没有完全接纳乡村人的"人",进城农民就还没有获得均等化市民权益,他们未来生活的不确定风险就始终存在着,而且这种不确定性风险

---

① 费孝通:《乡土中国 生育制度》,北京大学出版社1998年版,第7页。

是他们自身能力无法防御和抗拒的。

第三,返乡农民回到乡村也存在不安全感。20世纪八九十年代中国乡村的农业生产力水平低,多数地方的多数农户按照传统方式从事农业生产。农户家中普遍拥有牛、马、驴等耕畜和铁锨、铁钯、大镐、犁杖、锄头、镰刀、水车、平板车、脱谷机等农器具,能够进行农业生产活动。快速城镇化发展后,尤其是随着农业生产力水平逐步提高,缺乏劳动力的农户不再饲养耕畜,也不再有大农器具,农户空心化和土地流转让更多的小农户将一定数量的承包地流转出去,或采用托管方式从事农业生产。如此,返乡农民或城镇化失败的农民回到乡村想继续从事农业生产,面临进退两难的困境:进,乡村非农产业少,家乡附近难以找到能赚钱的稳定工作;退,不能及时地把流转田地要回来,继续按照传统小农方式从事农业生产。流转土地合同和家庭成员流动已经改变了农业生产方式,不能再依靠畜力和人力从事农业生产,返乡农民的生存风险比居村农民和进城农民都要大。

综上所述,韧性乡村的流变在快速城镇化后最大,居住在乡村的农民和进城打工的农民以及返乡农民都处于不确定、不安全的风险中。同时,城镇化发展造成的乡村弱韧性,以及由此产生的风险与传统农业社会不同,难以依靠乡村自身力量得以维护。下面从乡村社会内在维护机制分析城镇化中韧性乡村的自我保护。

三、公共性与包容性:韧性乡村维护机制及限度

乡村社会在城镇化发展中的不确定性和不安全性明显增大,一些乡村变得愈发脆弱,应对自然灾害和抗击市场压力的韧性不断式微。如此,乡村社会会不会在城镇化进一步发展中溃败、村庄共同体会不会终结,以及乡村居民在乡村社会还有没有美好未来,就成为韧性乡村建设需要面对的问题。现实中,乡村社会的"公共性"和"包容性"机制一直并在一定程度上维护着乡村社会稳定,使其"弱而不衰、脆而不碎"。然而,这两个机制的张力在城镇化发展中存在一定限度,只能部分地纾解乡村社会承受的外部压力。

(一) 维系乡村社会良性运行的公共性机制及其限度

与哈贝马斯从私人领域走出来、到公共领域公开活动,①以及阿伦特的"为人所见、所闻"②的公共性生活不同,中国学者一般认为,公共性与公众、共同体、公共领域、公共生活相关联,具有共在性、共处性、共和性、公有性、公用性、公利性、共通性、共谋性、共识性、公意性、公义性、公理性、公开性、公平性、公正性等特性,③是"人的共同体存在的基本属性",也是"人们共存的基本条件"。④ 不仅如此,公共性还是满足人的高层次内在需要、实现治理"善"的工具和手段,其触角伸展至社会生活各个领域,⑤为广泛的社会实践活动提供支撑。就此而言,乡村社会的公共性是韧性乡村的关键因素,如果乡村社会缺乏公共性基础,就会陷入社会无序和生活不确定中。

韧性乡村在学理上与乡村公共性形成逻辑自洽,乡土公共性将乡村人黏合到一起,并维系着乡村社会的良性运行和协调发展。例如,乡村社会基于共同利益形成的富有"人情味"的社区情感与认同,驱使乡村人主动地从私人空间中走出来,共商共谋共同体的公共事务,并主动参与社区公共活动;乡村社会世代沿袭下来的风俗习惯,规制共同体成员的社会行为,并促成共同体成员进行统一的集体行动。众所周知,国家对传统乡村建设的资金投入非常有限,传统乡村社会中几乎所有的公共设施,包括道路、桥梁、沟渠、河道、水库等都是乡村社会成员出资、出力修建而成。正是乡村社会拥有极其广泛的公共性基础,乡村社会中的"公事"和"共事"才会被乡村人看作自己的私事。就此来看,有学者认为中国农民只关心与自己相关的眼前利益,看不到长远利益,难以形成各农户间的共同利益的观点有失公允。⑥ 因为这一看法没有注意到乡村社会及其成员的公共性品质。在

---

① 〔德〕哈贝马斯:《公共领域的结构转型》,曹卫东等译,学林出版社 1999 年版,第 32 页。
② 〔美〕汉娜·阿伦特:《人的条件》,竺乾威等译,上海人民出版社 1999 年版,第 38 页。
③ 郭湛、王维国:《公共性的样态与内涵》,载《哲学研究》2009 年第 8 期。
④ 胡群英:《社会共同体的公共性建构》,知识产权出版社 2013 年版,第 92 页。
⑤ 袁祖社:《"公共哲学"与当代中国的公共性社会实践》,载《中国社会科学》2007 年第 3 期。
⑥ 曹锦清:《黄河边的中国——一个学者对乡村社会的观察与思考》,上海文艺出版社 2000 年版,第 167 页。

很多时候,乡村公共性中的"公"与"共"叠加在"私"上,且彼此没有明确界限,一并形成乡村人高度团结的品性,即孙中山说的农民在村庄"小集体"中不是散沙。① 正是由于乡村社会的这一公共性存在,动员"小私有"观念强的中国农民加入合作社比已有一定"公有"基础的俄国农民加入集体农庄的阻力小很多。② 遗憾的是,在家庭联产承包责任制实行后,特别是在快速城镇化发展后,乡村社会的公共性出现较严重的流失。

首先,乡村社会的公共空间不断缩小。传统乡村社会的公共空间多,且不乏"人气",如族田、祠堂、寺庙、社戏场,以及人民公社时期的集市、大队部、村社、学校、商店、诊所、稻场、麦场等,甚至大树下和河道旁的空地都是乡村人聚集交流的公共场所。然而,乡村人口进城以及合村并居的空间调整,使得乡村社会的公共事务和公共活动显著减少,乡村的学校、诊所、商店等公共场所也随之减少。公共空间减少带来村民公共活动减少,进而使村民"生分""见外",并变得更加"内向",遇事不想麻烦别人,也不想找亲戚和邻里帮忙,能自己解决的事情就尽可能自己想办法解决;自己解决不了的事情,也首选市场交易方式解决,不想欠别人的人情。

其次,乡村社会的公共利益减少。公共利益是乡村社会公共性存在与整体发展的前提基础,没有乡村社区的公共利益,就不能形成合作性或集体性"大家行为",也不能维系共同体团结。乡村社会的公共利益在传统社会表现为家族利益,在人民公社时期表现为社队集体利益,它们为乡村共同体运行和开展集体性活动提供公共性资源,并促进乡村社会成员主动为弱势群体和困难人群提供公益服务。然而,家庭联产承包责任制唤醒了农民的"私性",市场化发展激发了农民的"个性",城镇化发展增强了农民的"利性",农民更多地考虑个人私利和自己与别人的不同,不再关心乡村集体利益和公共利益,以至于一些乡村社会不断分化并陷入碎片状态。

最后,乡村社会的公共精神式微。"摆脱利己主义而为绝大多数公共利益着想的精神"③,是乡村人感知共同体和展现公共性魅力的价值支撑。

---

① 《孙中山全集》第 9 卷,中华书局 1986 年版,第 185 页。
② 秦晖:《思无涯,行有制》,天津人民出版社 2002 年版,第 68 页。
③ 〔美〕史蒂文·凯尔曼:《制定公共政策》,商正译,商务印书馆 1990 年版,第 207 页。

传统乡村社会生成的道德规范、"土政策"以及为人处世原则转化为规约社区成员的公共精神,如乡村社会成员的团体、合作、公正、服务精神等,捍卫着乡村社会的公共性和乡村社会共同体。然而,在乡村社会转型过程中乡村社会公共精神式微,一些乡村社会已经丢失公共性灵魂,变成自私自利的竞技场,一些乡村人不再"淳朴""善良""厚道",行为出现部分错乱。例如,个人主义意识增强,越来越多的乡村人不再关心村庄公益事业;孝文化和善文化流失,乡村中的老年人非正常死亡增加;逐利主义现象增多,一些不法村民为了获取更多利益不惜生产有毒有害产品;乡村伦理规约力减弱,一些乡村人成为打架斗殴、坑蒙拐骗、偷盗抢劫、卖淫嫖娼的违法者。

由上可见,公共性机制在维护韧性乡村上面临公共性流失问题。尽管乡村社会公共性流失是局部的、部分的,还未形成全局性问题,并且有些公共性流失不是严格意义上的失去,而是在新发展情境下的更新或调整,但乡村社会公共空间缩小、公共利益减少和公共精神式微给乡村社会运行带来诸多不确定性。韧性乡村仍需要公共性机制来维护,但我们也应该看到,城镇化发展侵蚀了乡村的公共性基础,公共性机制对韧性乡村维护作用已经小了很多。

(二)维护乡村民生安全的包容性机制及其限度

学者们主要从发展和治理两个视角研判包容性,即包容性发展和包容性治理。相比于把包容性作为工具手段的"主体多元合作、起点机会公平、过程统筹兼顾、成果收益共享"的包容性治理,[1]包容性发展更关心包容性价值理性,它将社会弱势群体的"实际需求、可行能力、发展环境与机会以及利益分配"作为包容性发展的操作性重点,[2]并采取一系列措施化解困难群体包括贫困者、老人、妇女、儿童、受灾者的生活困境。就乡村社会而言,包容性乡村包括不排斥任何村民的"包"和不歧视任何村民的"容",是

---

[1] 徐倩:《包容性治理:社会治理的新思路》,载《江苏社会科学》2015年第4期。
[2] 高传胜:《论包容性发展的理论内核》,载《南京大学学报(哲学·人文科学·社会科学)》2012年第1期。

具有容纳性、宽容性和容忍性的有机团结的共同体。具有包容性的乡村，不仅其成员的切身利益能得到有效维护，权利可以得以充分保障，而且每一个村民都能充分、广泛地参与到经济社会中，共享发展成果。① 乡村社会拥有家族包容性、集体包容性和农业包容性，但它们在城镇化发展中也出现不同程度的弱化。

首先，为村民提供生活安全的家族包容性及其减弱。中国多数村庄是家族聚合的共同体，由一个家族或以一个大家族为主、若干个小家族共同构成，家族主义衍生出家族式集体主义并建构乡村社会"韧性"，主要包括：其一，家族韧性。家族成员中的富户和大户经常为村庄做公益，包括修路建桥、做慈善，如为经济困难的学生提供上学资金，为家族事业发展捐献土地、银两。② 其二，合作韧性。乡村社会最有效的合作行为主要发生在家族成员间，"超出邻居和亲情的小圈子"，"成员相互信任和理解的纽带"就会变得脆弱。③ 徐旭初研究指出，乡村社会中农民的经济合作行动在家族内有效率，超过家族的经济合作往往很难。④ 其三，治理韧性。乡村治理根植于家族、血统，故此，国民政府曾尝试用家族制来推行新县制和实行地方自治。

家族势力在中华人民共和国成立后被国家政策多次削弱，家族包容性机制作用也随之降低。特别是在快速城镇化发展后，家族成员在流动和进城中被城镇化所分解，不再有"家"的强凝聚力，而且基于血缘关系和拟家族关系的"差序格局"被注入浓厚的利益色彩，成为"差序利益格局"，⑤家族成员行为更多地受到利益驱使。尽管家族在乡村社会仍保持一定的韧性，一些村民遇到困难时还是求助于家庭成员和家族成员，甚至一些远离

---

① 王芝华：《构建包容性社会政策价值取向的四个维度》，载《求实》2016年第9期。
② 〔美〕杨懋春：《一个中国村庄：山东台头》，张雄等译，江苏人民出版社2001年版，第135页。
③ 〔美〕R.麦克法夸尔、费正清编：《剑桥中华人民共和国史（下卷）：中国革命内部的革命（1966—1982年）》，谢亮生等译，中国社会科学出版社1992年版，第659页。
④ 徐旭初：《中国农民专业合作经济组织的制度分析》，经济科学出版社2005年版，第284页。
⑤ 杨善华、侯红蕊：《血缘、姻缘、亲情与利益——现阶段中国农村社会中"差序格局"的"理性化"趋势》，载《宁夏社会科学》1999年第6期。

家乡或进城居住的人,仍有修族谱、建族祠的念头,但乡村人口在城镇化发展中频繁流动,加上合村并居、中心社区建设等工程实施,家族成员不再聚村而居,家族中的多数人被城镇化发展带到全国各地,其包容性也在家族成员流动中不断降低,对韧性乡村的维护作用明显减弱。

其次,为乡村人提供经济安全的集体包容性及其蜕化。相比于城市人对工作单位的依赖,乡村人依赖地缘关系形成的集体进行生产经营活动,并在集体土地上壮大集体利益。村庄集体,或社队集体或村集体拥有属于村庄所有人的集体资产,为村民提供土地等劳动资料,并为村民从事生产经营活动提供保护。在人民公社时期,村民是在社队集体组织下从事农业集体劳动,劳动产品归社队所有,村民生活资料来自社队的集体分配。由于国家没有为村民建立普惠的社会保障,乡村的学校、医院、养老院等都依靠社队集体筹资建造,并为集体成员提供相应的保障。

改革开放后,国家改制了社队集体组织,乡村集体财产对村民的保护有所降低,一些地方的村集体有名无实,没有经济收入,不能为村民生活提供经济支持。尽管在20世纪八九十年代一些乡村在国家"无工不富"政策下兴办了乡镇集体企业,村民可以就近从事非农工作,但多数乡村集体企业在市场化发展中被改制为私有企业,"消解了乡村社区集体原本式微的庇护作用和土地的传统保障作用"[①];尽管改制后的企业仍坐落在村中,还向村集体"上缴"利润,村集体可以利用这些钱为村民办些实事,但多数企业不再归全体村民所有,村民失去了分享企业利润的权利;尽管承包地、宅基地、住宅以及先赋的"集体成员资格"可以让村民永久性地拥有承包地使用权、经营权和村庄居住权,也可以继续享有村集体经营的收益权,但越来越多的村民已不住在村中,对村集体利益不再"上心";尽管外出打工的村民在村中"有土地,有住房",那些在城镇化中失败的人仍有"返回家乡的权利",[②]不至于沦为"流民"和"漂泊者",但越来越多的进城村民在"给予一定的补偿金"下永久性地退出承包地、宅基地,"先天保障"不再牢靠。

最后,为村民提供吃饭安全的农业包容性及其减弱。农业是个包容性

---

① 折晓叶:《合作与非对抗性抵制——弱者的"韧武器"》,载《社会学研究》2008年第3期。
② 贺雪峰:《城市化的中国道路》,东方出版社2014年版,第11页。

非常强的产业:当经济出现衰退、萧条时,农业生产可以借势扩大生产,缓解农民进城就业的压力,并通过农产品的增量平抑物价和通货膨胀;当经济发展形势趋好,城市非农就业岗位不断增加时,农业生产可以通过提高劳动生产率的方式收缩乡村劳动力就业岗位,为其他行业发展提供更多劳动力。如此,农业包容性不仅体现在夯实国民经济基础上,为经济发展保驾护航,它还是城乡经济发展的调节器,为劳动力的城乡双向转移提供可能。

然而,城镇化进程中的农业包容性不断减弱,对韧性乡村的支撑作用乏力。其一,耕地流转、规模化经营,以及家庭农场、专业大户、专业合作社等新型农业经营主体的成长,不断压缩小农户经营的生存空间,导致更多的小农户丢下耕地、进城务工;其二,征地、拆房,以及农民上楼或集中居住,提高了小农户经营农业的经济成本,一些小农户在进城或集中居住的同时选择放弃农业生产;其三,小农户减少和农地规模化经营,压缩了农业多种经营空间,而单一品种经营难以应对自然灾害、市场竞争的风险;其四,过度的美丽乡村建设和热衷于开发乡村文旅产业的冲动,侵占了大量农田,对基本农田保护和粮食生产安全造成威胁。

综上,维护韧性乡村或进行韧性乡村建设,不能完全冀望乡村内在机制发挥作用。乡村的公共性与包容性在应对城镇化发展压力中发挥着黏合作用,它们携手维系乡村的农业、农村和农民基本面稳定,使乡村社会没有因乡村人口大量流失而出现溃败。但是,乡村社会公共性与包容性基础已经并会持续受到城镇化进一步侵蚀,乡村社会的公共空间缩小、公共利益减少、公共精神弱化,以及家族包容性、集体包容性和农业包容性降低等,都在一定程度上削弱了乡村社会的韧性。

四、从"放权"到"融合":国家建构韧性乡村的努力

中国乡村在城镇化中保有一定韧性,除了乡村公共性、包容性的维护机制仍在发挥作用外,更重要的在于国家实施了一系列发展乡村的利好政策。20世纪80年代的5个中央"一号文件"和自2004年以来每年的中央

"一号文件"都以"三农"为主题,并一直把解决好"三农"问题作为全党工作的重中之重。如果说乡村社会内在的公共性与包容性是保持乡村有机体的黏合剂,它们让乡村在城镇化发展中动而不乱,那么,国家一系列惠农、强农、富农政策就是乡村应对城镇化发展风险的一道道"防护墙"。每当乡村在城镇化发展中出现"不适症",国家都会出台相应的政策予以及时"治疗",以确保乡村有足够韧性应对来自城镇化的不确定性风险。具体地说,自20世纪80年代后,国家根据乡村发展阶段性问题,先后采取放权—少取—多予—融合等举措,来破解乡村发展体制僵化,阻断乡村资源被超额提取,在此基础上实施多项促进乡村发展的战略,全方位地建构韧性乡村。

(一)"放权"提韧性,促进乡村自主发展

20世纪80年代,国家实行的家庭联产承包责任制冲破高度集中的僵化体制,从经济上"放权"给农民发展农业生产。人民公社时期的社队集体采用"准军事化＋准行政化＋准政治化"方式治理乡村,农民的生产经营活动受到严格限制,生产什么、生产多少、怎么生产,以及如何分配、如何消费等经济活动都由政府和社队集体组织统一规定,农民没有脱离或超越集体体制的自主发展空间。集体劳作和平均分配把乡村"管死",造成农业生产出现"磨洋工""混日子"等出工不出力的"偷懒"问题和集体经济发展效率低下问题。高度集中的计划管理体制限制了农民的发展权益,乡村只能在低发展水平下保持弱韧性。以包产到户、包干到户为主要形式的家庭联产承包责任制实行,解放了农业生产力,激发起农民从事农业生产的积极性,乡村韧性也因农业生产发展得到较大提升。

1980年试行和1990年正式实行的村民自治制度突破乡村政社合一的治理体制,从政治上"放权"给农民自主治理。随着家庭联产承包责任制将农业生产经营权让渡给农户,人民公社时期建立的生产大队和生产小队的管理职能也需要从乡村退出,乡村社会治理应该有新的治理体制。村民自治制度的试行和实行将过去国家和上级政府"管不了、管不好"的事务交给农民自己,农民通过"民主选举、民主决策、民主管理、民主监督"方式进行"自我管理、自我教育、自我服务"。村民自治的实行是改革开放后国家

再一次"放权"给乡村,农民可以根据自己的需要和意愿进行自主治理乡村、建设家园。村民自治制度的实行,在一定程度上增强了乡村抵御外力干扰的能力,乡村韧性也由此得到进一步提升。

国家通过家庭联产承包责任制和村民自治制度将乡村发展权和治理权让渡给农民,乡村依托这两个基本制度得以"放活",应对不确定发展风险的韧性能力也随之显著提高。毋庸置疑,这两项制度对提高乡村韧性具有"史诗性"意义:绝大部分乡村居民在经济上摆脱了贫困,还有部分乡村居民在1990年就过上了初步小康生活;尤其是,村民自治制度把乡村治理权交给村民,广大村民可以根据自己的意愿设计乡村发展的美丽图景,此时乡村的韧性程度比人民公社时期的社队集体大大增强。

(二)"少取"强韧性,卸下乡村发展包袱

20世纪90年代,乡镇财政在经济社会发展中缺口不断增大,农民不仅要向国家缴纳农业税,还要承担基层政府运转和乡村公共事业发展的部分费用,即"三提五统"。基层政府不断加码税费负担,不少地方出现严重的乱摊派、乱收费、乱集资问题。沉重的税费部分地稀释掉家庭联产承包责任制带来的利益,农民种田的纯收益大幅减少。面对税费高、负担重的问题,有些农民采用极端方式对抗乡村官员,[①]还有部分农民,或者说是更多的农民利用城镇化发展机会,选择进城打工的方式逃避税费负担。相比而言,农民外出打工比不交税费对韧性乡村的影响更大:农民跳出乡村地界,将打工地或城市作为未来的生活预期,不愿意为乡村建设和发展出钱出力,甚至不愿意回到乡村。乡村人口从乡村流出,加大了乡村社会治理难度,不仅农业税费因农民流动变得难收,而且发展乡村公益事业的"义务工""积累工"也出现找不到农民的尴尬。

国家高度重视农民税费负担重问题,相继出台多个文件限制地方政府的收缴标准。1996年12月,中共中央、国务院下发《关于切实做好减轻农民负担工作的决定》,提出"三减""五个严禁",对收取农业税费作出"硬性"

---

① 于建嵘:《岳村政治》,商务印书馆2001年版,第145—148页。

要求。随后,国家针对农业税费乱象,于 2001 年在全国试点、推广农业税费改革,取消了屠宰税和劳动积累工、义务工,严格限制乡统筹和农村教育集资等专门向农民征收的行政事业性收费和政府性基金、集资。2006 年 1 月,国家废止《中华人民共和国农业税条例》,从根本上消除农民负担沉重的问题。取消农业税费以后,农民种田不再需要"交够国家的,留足集体的",农业生产的全部收益都归农民自己所有。农业税费制度改革再次解放农业生产力,推进了乡村经济发展。尤其重要的是,取消农业税费,卸下了乡村人用"私钱"建设家乡的包袱,可以像城市人一样,不再需要为乡村基础设施建设和公共事业发展出钱、出力。

(三)"多予"增韧性,提高乡村再生产能力

国家取消农业税费,终结了农业支持城市、农民反哺市民的历史,乡村获得了与城市几乎同等的发展权利。尤其是,2007 年 1 月国务院办公厅转发农业部制定的《村民一事一议筹资筹劳管理办法》后,国家进一步明确了筹资筹劳的公共项目、筹资筹劳的标准、数额及审核程序,杜绝了乡镇政府和行政村"乱收费"。如此,一些地方基层政府借口"巧妇难做无米之炊",不再履行发展乡村公共事业的职能,乡村公共事业发展陷入停滞状态,原本供给不足的乡村公共设施与公共服务愈发不能满足村民的需要。

为了让乡村居民分享改革开放的发展成果,补上乡村公共事业发展短板,也为了解决基层政府无钱办事的问题,国家在取消农业税费后推进新农村建设战略。与此同时,国家不断加大支持乡村发展力度,以推进城乡统筹发展。2006 年后,中国城乡关系进入"工业反哺农业、城市支持农村"的以城带乡、以工哺农的新阶段,乡村尤其乡村公共事业成为国家发展的重点。不仅如此,国家为农民种地和生活提供越来越高的"补贴",包括基本农田补贴、耕地地力保护补贴、轮作休耕补贴、农业支持保护补贴、粮食补贴、深松整地补助、农业生产者补贴、高标准农田基本建设补贴、临时性农资综合补贴等。国家将公共事业发展重点转移到乡村,以及国家不断增加对农民种地的补贴,遏制了乡村在城镇化发展中的下滑势头,避免了乡村社会出现溃败问题,并且有效地恢复了乡村自我发展能力,乡村呈现出

欣欣向荣的大好局面。

（四）"融合"增韧性，推进乡村全面振兴

国家推进城乡统筹发展、城乡一体化发展战略增强了乡村韧性。20世纪末和21世纪初，农民税费负担重和农民进城打工加剧了"三农"问题，乡村社会共同体出现离散化、碎片化和衰落迹象。为避免城镇化发展落下乡村，2003年十六届三中全会提出城乡统筹发展战略，要求逐步改变城乡二元经济结构的体制，创造条件实现城乡税制统一，把城乡之间双向流动就业作为增加农民收入和推进城镇化的重要途径。2007年党的十七大将城乡统筹发展提升为城乡一体化发展战略，即推进城乡"相互依托、优势互补、以城带乡、以乡促城，互为市场、资源共享，相互服务、共同发展"[①]。城乡一体化发展战略的实施，不仅在资金上继续增加国家对农民种田的"多予"，而且将乡村发展纳入城市发展规划中。如果说城乡统筹发展是国家将乡村落后问题提到议事日程，着力解决乡村棘手问题，如农业税费负担重问题，那么，城乡一体化战略的实施则推进了城市对乡村、工业对农业的支持，以及城市公共服务向乡村延伸和乡村与城市对接。城乡统筹发展与城乡一体化发展战略的实施，不仅意味着中央根据国家经济社会发展新情况、新趋势和新要求努力纠正1949年以来的"重城轻乡、重工轻农"的片面发展策略，中国现代化和城市发展不能落下乡村和乡村居民，而且采用有效措施补乡村发展短板、强乡村发展弱项。硬质道路村村通以及国家给农民、农业的诸多"补助"，增强了农业、农村和农民的韧性，广大农民不会因受到不确定因素影响而出现"日子难过"的问题。

城乡融合发展将彻底消除乡村"贫""弱""苦"等深层次问题，乡村有望成为和城市同等重要的韧性主体。国家实施的城乡统筹发展和城乡一体化发展战略对消除城乡二元结构、推进乡村公共事业发展、改善乡村居民民生起到了较大作用，城市文明和公共服务不断向乡村延伸，乡村居民拥有的公共服务均等化程度大幅度提高，但城乡统筹发展和城乡一体化发展

---

① 黄坤明：《城乡一体化路径演进研究：民本自发与政府自觉》，科学出版社2009年版，第39页。

的重点体现在城市向乡村"输血"上。也就是说,"促农"和"带乡"主要为了缩小城乡发展差距,而国家推进乡村充分发展的工作力度还不是很大,如美丽乡村建设是新农村建设升级版,着力改善乡村人居环境,提高乡村魅力;精准扶贫脱贫方略的实施则是为了消除乡村发展弱项、短板,不让一村、一户和一人在发展中被落下。党的十九大以后,国家发出公共资源优先投向农业农村并向乡村倾斜、城乡公共资源配置适度均衡和基本公共服务均等化、优先发展农业农村现代化、建设城乡平等有机体的号召,要求城乡在融合互动、共建共享上形成"工农互促、城乡互补、全面融合、共同繁荣"的新型工农城乡关系。城乡融合发展下形成的新型城乡关系和新型工农关系,促进了乡村充分发展,让乡村成为与城市同等重要的发展主体,并且阻断了城镇化发展对乡村资源的汲取和"破坏",提升了韧性乡村建设水平。

国家为解决乡村发展落后于城市和乡村不充分发展问题而打出的"放权""少取""多予""融合"等组合政策,纾解了乡村社会承受城镇化发展的压力,避免现代化发展出现"乡村病",而且全过程全要素地建构乡村社会,乡村的韧性得到全方位提升。尤其是,国家不断增强支农惠农力度,使韧性乡村的农业基础更加稳固:国家大力发展农业科技,促进农业科技成果转化,提高农业生产抗灾害、抗病虫害的能力,粮食产量十多年里都保持在1.3万亿斤以上;国家大力发展社会化服务,不断壮大农业社会化发展组织,健全了为小农户和新型农业生产主体提供产前、产中、产后服务以及托管服务的体系,小农户和新型农业生产主体能够有效地从事农业生产活动;国家推进农田整治,加大"集中连片、设施配套、高产稳产、生态良好、抗灾能力强"的高标准农田建设,实现农业由"被动输血"向"主动造血"转化;国家健全农村土地所有权、承包权、经营权"三权"分置政策体系,保持农业生产的土地承包关系长久不变,尤其是家庭联产承包责任制长期不变的政策,坚定了农民从事农业生产的信心,保障农民发展农业生产的积极性;国家根据农业现代化发展需要和乡村人口流动的实际情况,在不断规范土地流转、规模化经营的同时,着力培育专业大户、家庭农场、农民合作社、农业龙头企业等新型农业经营主体,使他们成为农业韧性的骨干力量。

五、乡村振兴再给力：建构韧性乡村

传统乡村社会是富有人情味且有一定韧性的共同体。虽然农民在生产力水平低和日晒、风吹、雨淋的状态下从事农业劳动异常辛苦，收获的农产品仅能勉强维持基本温饱的生活，但基于血缘关系和地缘关系上的乡村社会具有较强合作力，能够充分利用家族、亲戚、邻里等熟人关系和村庄中的公共资源化解日常生活困难。就此说，传统乡村社会算是一个韧性共同体，可以依托村庄中的个人或集体力量应对一般性的自然灾害和市场压力，并为乡村居民提供低水平的民生安全保障。

当代乡村社会被国家统辖到总体性结构中，不再是孤立、封闭、独立运行的共同体。尤其在 20 世纪八九十年代后，不仅城镇化发展为乡村人打开进入城市的大门，而且国家政策允许并支持农民在城乡间自由流动、自主择业。在此情境下，一些乡村人不再专心于农业生产，他们在经济理性驱使下进城打工，并冀望通过打工改变农民身份，成为城市人。特别是，随着城镇公共服务向进城人员全面覆盖，更多的进城打工者不把自己视为乡村人，也不愿意回到乡村、参与乡村建设和发展。受到城镇化发展和乡村人口进城的双重影响，很多地方的乡村出现碎片化、空心化问题，乡村的韧性随之下降，有些经济欠发达地区的乡村已经不能为居民提供基本的民生保障。

尽管在城镇化发展中中国乡村并没有出现如一些学者所说的"愈益衰败甚至溃败"的情况，①并且乡村的"公共性"和"包容性"仍在竭尽所能地维系着乡村社会结构，但受到城镇化发展长年"侵蚀"的乡村，其自身力量包括乡村的正式组织、非正式组织等在维护乡村社会的人群团结和秩序稳定上愈发力不从心。鉴于此，整合被城镇化解构的乡村社会，不能冀望乡村社会内在机制再发力。毕竟，维护韧性乡村的乡村内生机制，如公共性、包容性等在城镇化进程中逐渐失去了强约束力，它们只能勉强维护乡村社会的韧性关联。

正如王思斌所说，只靠乡村内在机制维护韧性乡村是难以奏效的，"必

---

① 朱学东：《黄金般的天空——我的读书笔记》，新星出版社 2016 年版，第 141 页。

须有政府的政策支持,增强农村的发展韧性"①。针对现代化和城镇化发展中的乡村问题,国家先后实施了新农村建设、美丽乡村建设、特色小镇建设、精准扶贫脱贫,以及乡村振兴等建设乡村和发展乡村的战略,致使乡村不仅从国家"放权、少取、多予"政策中获得更多利益,还从城乡统筹发展、一体化发展和城乡融合发展的递进中获得了与城市同等的发展权益。

然而,我们也要看到,当前乡村仍是城乡融合发展和中国式现代化的短板,乡村的公共设施和公共服务仍存在诸多弱项,乡村民生事业和民生保障服务仍不能满足乡村居民日益增长的美好生活需要,韧性乡村还需要国家再建构。鉴于国家正在全面推进乡村振兴战略,以及乡村振兴与韧性乡村具有的耦合性,②新时代国家建构韧性乡村可以依托乡村振兴从如下三个方面再给力:

第一,依托乡村振兴,着力消弭城乡发展差距,让乡村成为富有韧性的发展主体。乡村需要在发展和振兴中不断提升韧性。改革开放后尤其在快速城镇化发展后,国家对城乡二元体制进行了一系列改革,基本消除了城乡要素流动的制度阻梗,城乡居民收入差距也由最高的 3.33 倍缩小到 2022 年的 2.45 倍。但是,当前很多地方在发展中仍把乡村作为城市发展的"大后方"或城市建设的"后花园",没有充分认识到乡村在国家现代化发展中的主体地位。中国式现代化是乡村全面振兴的现代化,不仅需要乡村振兴发展乡村的各项事业,促进乡村发展与城市对接、并轨和融合,还需要乡村振兴提升乡村在中国现代化发展中的主体地位,促使乡村居民获得与城市居民同等的发展权和民生保障权,进而使乡村在保障民生安全上比城市更富有韧性。

第二,依托乡村振兴,着力解决"三农"新问题,让农业、农村和农民更有韧性。城镇化进程中"三农"新问题不再是"农民真苦,农村真穷,农业真

---

① 王思斌:《乡村振兴中韧性发展的经济——社会政策与共同富裕效应》,载《区域治理》2022 年第 38 期。

② 曲霞、文晓巍:《乡村振兴背景下韧性乡村的影响因素与示范带耦合分析》,载《学术研究》2022 年第 12 期。

危险"的问题,而是演变为农业边缘化、农村空心化和农民兼业化的问题。① 不彻底解决"三农"新问题,就谈不上实现乡村全面振兴。而这关涉韧性乡村中的农业、农村和农民是否具有韧性的问题。当前乡村振兴取得了阶段性重大成就,并已进入"举全党全社会之力全面推进"的阶段,②并向着让"农业更强、农村更美、农民更富"的目标迈进。不过,一些地方在乡村振兴战略实施中不以解决"三农"新问题为着力点,而把重点放到乡村环境的提档升级上,致使乡村振兴偏离了我党的"重中之重"工作。乡村振兴战略实施需要正本清源,尤其需要通过解决"三农"新问题来提升农业韧性、农村韧性和农民韧性,进而提高乡村的整体韧性。

第三,依托乡村振兴,着力发展乡村公共事业,让乡村居民享有民生保障安全。乡村在建设与发展上一直存在"重物""轻人"的错位问题,没有把乡村公共事业放到优先发展上,更缺乏根据农民日益增长的美好生活需要发展民生服务。如此,振兴乡村民生事业,满足乡村居民"幼有所育、学有所教、劳有所得、病有所医、老有所养、住有所居、弱有所扶"的基本民生需求,理当成为国家建构韧性乡村的重要内容。尽管在城镇化进程中发展乡村公共事业和增强乡村民生服务面临地广人稀且人口不断流出的现实困境,但不能借口成本高、服务效率低,就选择延缓甚至放弃发展乡村公共事业。振兴乡村公共事业和民生服务是乡村振兴的应有之义,也是国家建构韧性乡村、保障乡村居民民生安全的责任所在。乡村振兴战略的实施需要坚持以人为核心的发展理念,优先振兴乡村民生事业,不断提高乡村民生保障水平,从而使乡村更富有韧性、乡村居民生活更加安全。

---

① 吴业苗:《以人为核心:乡村振兴中的农民问题与民生改善》,载《学术界》2022 年第 3 期。
② 《中共中央国务院关于做好二〇二三年全面推进乡村振兴重点工作的意见》,载《人民日报》2023 年 2 月 14 日第 1 版。

主要参考文献

一、中文著作

1. 《建国以来毛泽东文稿(第五册)》,中央文献出版社1991年版。
2. 《刘少奇选集》下卷,人民出版社1985年版。
3. 《毛泽东选集》第四卷,人民出版社1991年版。
4. 《毛泽东选集》第一卷,人民出版社1991年版。
5. 《孙中山全集》第九卷,中华书局1986年版。
6. 曹锦清:《黄河边的中国——一个学者对乡村社会的观察与思考》,上海文艺出版社2000年版。
7. 曹卫东:《红病历》,山西人民出版社1993年版。
8. 陈桂棣、春桃:《中国农民调查》,人民文学出版社2004年版。
9. 董时进:《农村合作》,北平大学农学院1931年版。
10. 费孝通:《乡土中国 生育制度》,北京大学出版社1998年版。
11. 高峰、公茂刚、王学真:《中国农村贫困人口食物安全研究》,中国经济出版社2012年版。
12. 高化民:《农业合作化运动始末》,中国青年出版社1999年版。
13. 国务院发展研究中心课题组:《中国民生调查2018》,中国发展出版社2018年版。
14. 国务院发展研究中心课题组:《中国民生调查2019》,中国发展出版社2019年版。
15. 何兰萍、傅利平等:《公共服务供给与居民获得感》,中国社会科学出版社2019年版。
16. 贺雪峰:《城市化的中国道路》,东方出版社2014年版。
17. 贺雪峰:《乡村社会关键词:进入21世纪的中国乡村素描》,山东人民出版社2010年版。

18. 贺雪峰:《新乡土中国》,北京大学出版社 2013 年版。
19. 洪秋妹:《健康冲击对农户贫困影响的分析》,经济管理出版社 2012 年版。
20. 胡群英:《社会共同体的公共性建构》,知识产权出版社 2013 年版。
21. 黄道霞等主编:《建国以来农业合作化史料汇编》,中共党史出版社 1992 年版。
22. 黄坤明:《城乡一体化路径演进研究:民本自发与政府自觉》,科学出版社 2009 年版。
23. 〔美〕黄宗智:《长江三角洲小农家庭与乡村发展》,中华书局 2000 年版。
24. 简新华、何志扬、黄锟:《中国城镇化与中国特色城镇化道路》,山东人民出版社 2010 年版。
25. 蒋高明:《乡村振兴:选择与实践》,中国科学技术出版社 2019 年版。
26. 金耀基:《中国政治与文化》,牛津大学出版社 1997 年版。
27. 赖扬恩:《中国农村社会的结构与原动力研究》,华中科技大学出版社 2014 年版。
28. 李红岩、龚云、宋启发:《中国道路》,黄山书社 2012 年版。
29. 李俊:《从生存到发展:转型时期农民工城市创业研究》,中国经济出版社 2017 年版。
30. 李丽娜、于晓宇、张书皓、赵莹:《农村留守妇女心理健康研究》,河北科学技术出版社 2017 年版。
31. 李强等:《多元城镇化与中国发展——战略及推进模式研究》,社会科学文献出版社 2013 年版。
32. 梁漱溟:《乡村建设理论》,上海人民出版社 2011 年版。
33. 梁漱溟:《中国人:社会与人生(上、下卷)》,中国文联出版公司 1996 年版。
34. 陆益龙:《后乡土中国》,商务印书馆 2017 年版。
35. 罗平汉:《农业合作化运动史》,福建人民出版社 2004 年版。
36. 马秋帆、熊明安主编:《晏阳初教育论著选》,人民教育出版社 1993 年版。
37. 秦晖:《耕耘者言:一个农民学研究者的心路》,山东教育出版社 1999 年版。
38. 秦晖:《农民中国:历史反思与现实选择》,河南人民出版社 2003 年版。
39. 全国老龄工作委员会办公室编:《中国老龄工作年鉴(2016)》,华龄出版社 2016 年版。
40. 盛明富:《中国农民工 40 年:1978—2018》,中国工人出版社 2018 年版。
41. 石洪斌:《农村公共物品供给研究》,科学出版社 2009 年版。
42. 孙立平:《转型与断裂——改革以来中国社会结构的变迁》,清华大学出版社 2004 年版。

43. 王格芳等：《以人为核心的新型城镇化道路研究》，人民出版社 2020 年版。
44. 王浦劬、臧雷振编译：《治理理论与实践：经典议题研究新解》，中央编译出版社 2017 年版。
45. 吴淼：《决裂——新农村的国家建构》，中国社会科学出版社 2007 年版。
46. 吴业苗：《农村社区化服务与治理》，社会科学文献出版社 2018 年版。
47. 吴业苗：《人的城镇化研究》，社会科学文献出版社 2021 年版。
48. 吴重庆：《无主体熟人社会及社会重建》，社会科学文献出版社 2014 年版。
49. 伍振军等：《农村地权的稳定与流动》，上海远东出版社 2017 年版。
50. 徐旭初：《中国农民专业合作经济组织的制度分析》，经济科学出版社 2005 年版。
51. 严华、朱建纲主编：《坚持在发展中保障和改善民生》，湖南教育出版社 2018 年版。
52. 阎海军：《崖边报告：乡土中国的裂变记录》，北京大学出版社 2015 年版。
53. 杨菲蓉：《梁漱溟合作理论与邹平合作运动》，重庆出版社 2001 年版。
54. 杨立勋：《城市化与城市发展战略》，广东高等教育出版社 1999 年版。
55. 叶俊东主编：《直击痛点：大变局中的基层治理突围》，新华出版社 2019 年版。
56. 应星、周飞舟、渠敬东编：《中国社会学文选（上、下册）》，中国人民大学出版社 2011 年版。
57. 于建嵘：《岳村政治》，商务印书馆 2001 年版。
58. 余英时：《中国思想传统的现代诠释》，江苏人民出版社 1998 年版。
59. 袁吉富：《社会发展的代价》，北京大学出版社 2004 年版。
60. 詹成付、王景新编著：《中国农村社区服务体系建设研究》，中国社会科学出版社 2008 年版。
61. 张景：《流连森林》，中国社会出版社 2013 年版。
62. 张静：《现代公共规则与乡村社会》，上海书店出版社 2006 年版。
63. 张军主编：《中国经济未尽的改革——多位经济学家解读 14 项改革攻坚难题》，东方出版社 2015 年版。
64. 张乐天：《告别理想：人民公社制度研究》，上海人民出版社 2005 年版。
65. 张宿堂、张百新主编：《中国热点问题》，新华出版社 2015 年版。
66. 张英洪：《给农民以宪法关怀》，九州出版社 2012 年版。
67. 张英洪：《农民权利论》，中国经济出版社 2007 年版。
68. 章有义编：《中国近代农业史资料》（第三辑），生活·读书·新知三联书店 1957 年版。
69. 赵树凯：《农民的新命》，商务印书馆 2012 年版。

70. 中共江苏省委宣传部编:《统筹城乡发展 推进全面小康:社会主义新农村建设理论研讨会论文集》,中央文献出版社 2007 年版。
71. 中共中央文献研究室、中华全国供销合作总社编:《刘少奇论合作社经济》,中国财政经济出版社 1987 年版。
72. 中共中央文献研究室编:《陈云传(上、下)》,中央文献出版社 2005 年版。
73. 中共中央文献研究室编:《毛泽东年谱(一九四九——一九七六)》(第五卷),中央文献出版社 2013 年版。
74. 中共中央文献研究室编:《十一届三中全会以来党的历次全国代表大会中央全会重要文件选编(上、下)》,中央文献出版社 1997 年版。
75. 中国(海南)改革发展研究院编:《聚焦中国公共服务体制》,中国经济出版社 2006 年版。

二、翻译著作

1. 《资本论》第一卷,人民出版社 2004 年版。
2. 〔俄〕A.恰亚诺夫:《农民经济组织》,萧正洪译,中央编译出版社 1996 年版。
3. 〔美〕E.S.萨瓦斯:《民营化与公私部门的伙伴关系》,周志忍等译,中国人民大学出版社 2002 年版。
4. 〔美〕R.麦克法夸尔、费正清编:《剑桥中华人民共和国史(下卷):中国革命内部的革命(1966—1982 年)》,谢亮生等译,中国社会科学出版社 1992 年版。
5. 〔美〕W.阿瑟·刘易斯:《经济增长理论》,梁小民译,上海三联书店 1994 年版。
6. 〔印度〕阿比吉特·班纳吉、〔法〕埃斯特·迪弗洛:《贫穷的本质:我们为什么摆脱不了贫穷》,景芳译,中信出版社 2018 年版。
7. 〔英〕埃比尼泽·霍华德:《明日的田园城市》,金经元译,商务印书馆 2010 年版。
8. 〔美〕爱德华·格莱泽:《城市的胜利》,刘润泉译,上海社会科学院出版社 2012 年版。
9. 〔英〕安迪·班尼特、基思·哈恩-哈里斯编:《亚文化之后:对于当代青年文化的批判研究》,中国青年政治学院青年文化译介小组译,中国青年出版社 2012 年版。
10. 〔美〕戴维·奥斯本、特勒·盖布勒:《改革政府——企业家精神如何改革着公营部门》,上海市政协编译组、东方编译所译,上海译文出版社 1996 年版。
11. 〔美〕杜赞奇:《文化、权力与国家——1900—1942 年的华北农村》,王明福译,江苏人民出版社 2010 年版。
12. 〔美〕段义孚:《无边的恐惧》,徐文宁译,北京大学出版社 2011 年版。
13. 〔英〕菲利普·梅勒:《理解社会》,赵亮员等译,北京大学出版社 2009 年版。

14. 〔德〕斐迪南·滕尼斯:《共同体与社会——纯粹社会学的基本概念》,林荣远译,商务印书馆1999年版。
15. 〔德〕哈贝马斯:《公共领域的结构转型》,曹卫东等译,学林出版社1999版。
16. 〔美〕汉娜·阿伦特:《人的条件》,竺乾威等译,上海人民出版社1999年版。
17. 〔美〕李丹:《理解农民中国:社会科学哲学的案例研究》,张天虹、张洪云、张胜波译,江苏人民出版社2008年版。
18. 〔英〕罗伯特·D. 帕特南:《使民主运转起来:现代意大利的公民传统》,王列、赖海榕译,江西人民出版社2001年版。
19. 〔美〕马若孟:《中国农民经济》,史建云译,江苏人民出版社1999年版。
20. 〔美〕曼纽尔·卡斯特:《网络社会的崛起》,夏铸九等译,社会科学文献出版社2006年版。
21. 〔英〕齐格蒙特·鲍曼:《共同体:在一个不确定的世界中寻找安全》,欧阳景根译,江苏人民出版社2003年版。
22. 〔美〕乔尔·S. 米格代尔、阿图尔·柯里、维维恩·苏主编:《国家权力与社会势力:第三世界的统治与变革》,郭为桂、曹武龙、林娜译,江苏人民出版社2017年版。
23. 〔法〕让·鲍德里亚:《消费社会》,刘成富、全志钢译,南京大学出版社2014年版。
24. 〔美〕塞缪尔·P. 亨廷顿:《变化社会中的政治秩序》,王冠华等译,上海人民出版社2008年版。
25. 〔美〕史蒂文·凯尔曼:《制定公共政策》,商正译,商务印书馆1990年版。
26. 〔美〕西奥多·W. 舒尔茨:《改造传统农业》,梁小民译,商务印书馆2006年版。
27. 〔荷〕扬·杜威·范德普勒格:《新小农阶级:帝国和全球化时代为了自主性和可持续性的斗争》,潘璐、叶敬忠等译,社会科学文献出版社2013年版。
28. 〔美〕杨懋春:《一个中国村庄:山东台头》,张雄等译,江苏人民出版社2001年版。
29. 〔美〕伊利、莫尔豪斯:《土地经济学原理》,滕维藻译,商务印书馆1982年版。
30. 〔美〕约翰·罗尔斯:《正义论》,何怀宏、何包钢、廖申白译,中国社会科学出版社2009年版。
31. 〔英〕约翰·穆勒:《功利主义》,徐大建译,商务印书馆2014年版。
32. 〔美〕詹姆斯·C. 斯科特:《国家的视角——那些试图改善人类状况的项目是如何失败的(修订版)》,王晓毅译,社会科学文献出版社2012年版。
33. 〔美〕詹姆斯·C. 斯科特:《农民的道义经济学:东南亚的反叛与生存》,程立显等译,译林出版社2013年版。
34. 〔美〕珍妮特·V. 登哈特、罗伯特·B. 登哈特:《新公共服务:服务,而不是掌舵》,丁煌译,中国人民大学出版社 2010 年版。

三、学术论文

1. 蔡弘、黄鹂:《农民集中居住满意度评价体系建构——基于安徽省 1121 个样本的实证研究》,载《安徽大学学报(哲学社会科学版)》2016 年第 1 期。
2. 蔡礼强:《政府向社会组织购买公共服务的需求表达——基于三方主体的分析框架》,载《政治学研究》2018 年第 1 期。
3. 陈锋:《从整体支配到协商治理:乡村治理转型及其困境——基于北镇"钉子户"治理的历史考察》,载《华中科技大学学报(社会科学版)》2014 年第 6 期。
4. 陈浩天:《民生服务:基层善治与乡村资源整合的政治逻辑》,载《河南师范大学学报(哲学社会科学版)》2014 年第 3 期。
5. 陈家建、张琼文:《政策执行波动与基层治理问题》,载《社会学研究》2015 年第 3 期。
6. 陈建胜、毛丹:《论社区服务的公民导向》,载《浙江社会科学》2013 年第 5 期。
7. 陈靖:《城镇化背景下的"合村并居"——兼论"村社理性"原则的实践与效果》,载《中国农村观察》2013 年第 4 期。
8. 陈军亚:《韧性小农:历史延续与现代转换——中国小农户的生命力及自主责任机制》,载《中国社会科学》2019 年第 12 期。
9. 陈颀:《"公益经营者"的形塑与角色困境——一项关于转型期中国农村基层政府角色的研究》,载《社会学研究》2018 年第 2 期。
10. 陈秋红:《农民对美丽乡村建设主要责任主体的认知及其影响因素分析——基于马克思主义主体论的分析》,载《经济学家》2018 年第 6 期。
11. 陈秋红:《乡村振兴背景下农村基本公共服务的改善:基于农民需求的视角》,载《改革》2019 年第 6 期。
12. 陈伟东、张大维:《城乡社区服务设施建设一体化》,载《华中师范大学学报(人文社会科学版)》2009 年第 3 期。
13. 陈雅丽:《城市社区服务供给体系及问题解析——以福利多元主义理论为视角》,载《理论导刊》2010 年第 2 期。
14. 党国英:《论城乡社会治理一体化的必要性与实现路径——关于实现"市域社会治理现代化"的思考》,载《中国农村经济》2020 年第 2 期。
15. 董欢、郭晓鸣:《传统农区"老人农业"的生成动因与发展空间》,载《中州学刊》2015 年第 9 期。
16. 杜姣:《城市化背景下农村老人利他型自杀的形成机制分析——基于鄂中地区 S 村

的个案研究》,载《南方人口》2017 年第 2 期。
17. 杜姣:《吸附型城乡关系下的村级治理行政化——以上海地区村级治理实践为例》,载《探索》2018 年第 6 期。
18. 范毅、通振远:《合村并居助推乡村振兴亟需规范和创新》,载《人民论坛》2020 年第 22 期。
19. 方黎明、顾昕:《突破自愿性的困局:新型农村合作医疗中参合的激励机制与可持续性发展》,载《中国农村观察》2006 年第 4 期。
20. 费利群、滕翠华:《城乡产业一体化:马克思主义城乡融合思想的当代视界》,载《理论学刊》2010 年第 1 期。
21. 冯仁:《村民自治走进了死胡同》,载《理论与改革》2011 年第 1 期。
22. 付会洋、叶敬忠:《论小农存在的价值》,载《中国农业大学学报(社会科学版)》2017 年第 1 期。
23. 付秋芳、赵淑雄:《基于多目标二层规划的服务供应链服务能力协同决策模型》,载《中国管理科学》2012 年第 6 期。
24. 高传胜:《论包容性发展的理论内核》,载《南京大学学报(哲学·人文科学·社会科学)》2012 年第 1 期。
25. 高端阳、王道勇:《乡村治理中的合作场域生成——基于 T 市"三治融合"实践的分析》,载《社会学评论》2021 年第 3 期。
26. 龚丽兰、郑永君:《培育"新乡贤":乡村振兴内生主体基础的构建机制》,载《中国农村观察》2019 年第 6 期。
27. 谷家荣、杨素雯:《从"权力下乡"到"权力在乡"——滇越边境瑶族村治变迁实证研究》,载《广西民族大学学报(哲学社会科学版)》2010 年第 4 期。
28. 顾榕昌:《我国新型城镇化进程中征地农民民生保障问题研究——以广西为例》,载《战略与改革》2015 年第 5 期。
29. 桂华:《论我国农村基层治理的不均衡性——村级治理的区域类型建构》,载《北京行政学院学报》2018 年第 4 期。
30. 郭庆海:《小农户属性、类型、经营状态及其与现代农业衔接》,载《农业经济问题》2018 年第 6 期。
31. 郭湛、王维国:《公共性的样态与内涵》,载《哲学研究》2009 年第 8 期。
32. 韩俊江、王胜子:《试论我国农村医疗卫生服务体系的完善》,载《东北师大学报(哲学社会科学版)》2015 年第 2 期。
33. 何包钢:《协商民主与协商治理:建构一个理性且成熟的公民社会》,载《开放时代》

2012年第4期。

34. 何静、严仲连:《农村学前教育需要合理的质量标准》,载《现代教育管理》2014年第8期。

35. 何显明:《区域市场化进程中的"有效政府"及其演进逻辑——"浙江现象"中的政府角色之40年回顾》,载《浙江社会科学》2018年第3期。

36. 贺雪峰、印子:《"小农经济"与农业现代化的路径选择——兼评农业现代化激进主义》,载《政治经济学评论》2015年第2期。

37. 胡放之、李良:《城镇化进程中民生改善进程问题研究——基于湖北城镇化进程中低收入群体住房、就业及社会保障的调查》,载《湖北社会科学》2015年第2期。

38. 胡俊生:《农村教育城镇化:动因、目标及策略探讨》,载《教育研究》2010年第2期。

39. 姬超:《城乡结构演变视阈下的乡村治理体系优化研究》,载《农业经济问题》2018年第8期。

40. 贾燕、李钢、朱新华等:《农民集中居住前后福利状况变化研究——基于森的"可行能力"视角》,载《农村经济》2009年第4期。

41. 姜玉欣:《合村并居的运行逻辑及风险应对——基于斯科特"国家的视角"下的研究》,载《东岳论丛》2014年第9期。

42. 姜长云:《推进产业兴旺是实施乡村振兴战略的首要任务》,载《学术界》2018年第7期。

43. 解垩:《与收入相关的健康及医疗服务利用不平等研究》,载《经济研究》2009年第2期。

44. 金江峰:《服务下乡背景下的基层"治理锦标赛"及其后果》,载《中国农村观察》2019年第2期。

45. 雷万鹏:《家庭教育需求的差异化与学校布局调整政策转型》,载《华中师范大学学报(人文社会科学版)》2012年第6期。

46. 雷望红:《被围困的社会:国家基层治理中主体互动与服务异化——来自江苏省N市L区12345政府热线的乡村实践经验》,载《公共管理学报》2018年第2期。

47. 雷晓明、陈宁化:《论新农村建设中农民的主体地位》,载《农村经济》2009年第4期。

48. 李芳、李志宏:《农村空巢老年人权益保障的策略选择——城镇化视域中的再思考》,载《社会保障研究》2014年第3期。

49. 李华、俞卫:《政府卫生支出对中国农村居民健康的影响》,载《中国社会科学》2013年第10期。

50. 李南枢、何荣山:《社会组织嵌入韧性乡村建设的逻辑与路径》,载《中国农村观察》2022年第2期。
51. 李强、王昊:《什么是人的城镇化?》,载《南京农业大学学报(社会科学版)》2017年第2期。
52. 李俏、陈健、蔡永民:《"老人农业"的生成逻辑及养老策略》,载《贵州社会科学》2016年第12期。
53. 李瑞昌:《中国公共政策实施中的"政策空传"现象研究》,载《公共行政评论》2012年第3期。
54. 李涛:《中国乡村教育发展路向的理论难题》,载《探索与争鸣》2016年第5期。
55. 李铜山、周腾飞:《小农户经营困境:表象、成因及破解》,载《中州学刊》2015年第4期。
56. 李永萍:《养老抑或"做老":中国农村老龄化问题再认识》,载《学习与实践》2019年第11期。
57. 李勇华:《公共服务下沉背景下农村社区管理体制创新模式比较研究——来自浙江的调研报告》,载《中州学刊》2009年第6期。
58. 李勇华:《农村基层社会管理创新与村民自治制度的内洽性研究》,载《东南学术》2012年第2期。
59. 李勇华:《乡村治理与村民自治的双重转型》,载《浙江社会科学》2015年第12期。
60. 李长健、李曦:《乡村多元治理的规制困境与机制化弥合——基于软法治理方式》,载《西北农林科技大学学报(社会科学版)》2019年第1期。
61. 林本喜、邓衡山:《农业劳动力老龄化对土地利用效率影响的实证分析——基于浙江省农村固定观察点数据》,载《中国农村经济》2012年第4期。
62. 刘碧、王国敏:《新时代乡村振兴中的农民主体性研究》,载《探索》2019年第5期。
63. 刘利利、杨英姿:《美丽乡村建设中的主体角色定位探究》,载《福建师范大学学报(哲学社会科学版)》2019年第6期。
64. 刘奇:《别让空心化的村庄"传宗接代"》,载《中国发展观察》2020年第18期。
65. 刘祖云、姜姝:《"城归":乡村振兴中"人的回归"》,载《农业经济问题》2019年第2期。
66. 龙静云:《农民的发展能力与乡村美好生活——以乡村振兴为视角》,载《湖南师范大学社会科学学报》2019年第6期。
67. 陆益龙:《后乡土中国的自力养老及其限度——皖东T村经验引发的思考》,载《南京农业大学学报(社会科学版)》2017年第1期。

68. 毛捷、赵金冉:《政府公共卫生投入的经济效应——基于农村居民消费的检验》,载《中国社会科学》2017 年第 10 期。

69. 闵桂林、祝爱武:《新农村建设中农民主体地位实现机制研究》,载《江西社会科学》2007 年第 11 期。

70. 慕良泽:《民生政治:惠农政策的政治效应分析》,载《马克思主义与现实》2018 年第 1 期。

71. 潘宁:《21 世纪谁来当村"官"——村干部的困境与出路》,载《调研世界》1998 年第 3 期。

72. 齐燕:《过度教育城镇化:形成机制与实践后果——基于中西部工业欠发达县域的分析》,载《北京社会科学》2020 年第 3 期。

73. 秦玉友:《教育城镇化的异化样态反思及积极建设思路》,载《教育发展研究》2017 年第 6 期。

74. 仇凤仙、杨文健:《建构与消解:农村老年贫困场域形塑机制分析——以皖北 D 村为例》,载《社会科学战线》2014 年第 4 期。

75. 渠敬东:《项目制:一种新的国家治理体制》,载《中国社会科学》2012 年第 5 期。

76. 任剑涛:《克制乡村治理中的浪漫主义冲动》,载《湖北民族大学学报(哲学社会科学版)》2020 年第 1 期。

77. 任路:《"家"与"户":中国国家纵横治理结构的社会基础——基于"深度中国调查"材料的认识》,载《政治学研究》2018 年第 4 期。

78. 阮文彪:《小农户和现代农业发展有机衔接——经验证据、突出矛盾与路径选择》,载《中国农村观察》2019 年第 1 期。

79. 申端锋:《集中居住:普通农业型村庄的振兴路径创新》,载《求索》2019 年第 4 期。

80. 隋筱童:《乡村振兴战略下"农民主体"内涵重构》,载《山东社会科学》2019 年第 8 期。

81. 谭涛、张茜、史志娟、张锋:《集中居住对被拆迁农户家庭经济状况的影响——以江苏省张家港市为例》,载《农业经济问题》2014 年第 10 期。

82. 唐皇凤、冷笑非:《村庄合并的政治、社会后果分析:以湖南省 AH 县为研究个案》,载《社会主义研究》2010 年第 6 期。

83. 唐娟莉:《农民对农村医疗卫生服务满意度及其影响因素——基于 375 户农民的问卷调查数据》,载《湖南农业大学学报(社会科学版)》2016 年第 6 期。

84. 唐任伍:《我国城镇化进程的演进轨迹与民生改善》,载《改革》2013 年第 6 期。

85. 唐任伍、郭文娟:《乡村振兴演进韧性及其内在治理逻辑》,载《改革》2018 年第

8期。

86. 田先红:《地利分配秩序中的农民维权及政府回应研究——以珠三角地区征地农民上访为例》,载《政治学研究》2020年第2期。
87. 田雄:《虚置与重构:村民自治的主体缺失与制度干预——以苏北黄江县为例》,载《南京农业大学学报(社会科学版)》2015年第3期。
88. 田雄、郑家昊:《被裹挟的国家:基层治理的行动逻辑与乡村自主——以黄江县"秸秆禁烧"事件为例》,载《公共管理学报》2016年第2期。
89. 王汉生、王一鸽:《目标管理责任制:农村基层政权的实践逻辑》,载《社会学研究》2009年第2期。
90. 王会:《乡村治理中的"不得罪"逻辑》,载《华南农业大学学报(社会科学版)》2011年第3期。
91. 王杰、曹兹纲:《韧性乡村建设:概念内涵与逻辑进路》,载《学术交流》2021年第1期。
92. 王丽惠:《控制的自治:村级治理半行政化的形成机制与内在困境——以城乡一体化为背景的问题讨论》,载《中国农村观察》2015年第2期。
93. 王清:《从权宜之计到行政吸纳:地方政府回应社会方式的转型》,载《中国行政管理》2015年第6期。
94. 王思斌:《村干部的边际地位与行为分析》,载《社会学研究》1991年第4期。
95. 王伟:《山东省农村居民公共卫生服务需求及影响因素研究》,载《东岳论丛》2014年第10期。
96. 王文龙:《农业现代化转型背景下老人农业定位及其政策研究》,载《农业体制改革》2016年第6期。
97. 王文龙:《中国合村并居政策的异化及其矫正》,载《经济体制改革》2020年第3期。
98. 王香花:《后老人农业时代中国粮食安全问题探讨》,载《理论探讨》2015年第6期。
99. 王晓毅:《重建乡村生活 实现乡村振兴》,载《华中师范大学学报(人文社会科学版)》2019年第1期。
100. 王雅莉:《中国民生型城镇化的框架设计与优化路径研究》,载《城市发展研究》2013年第5期。
101. 王芝华:《构建包容性社会政策价值取向的四个维度》,载《求实》2016年第9期。
102. 魏后凯:《坚持以人为核心推进新型城镇化》,载《中国农村经济》2016年第10期。
103. 邬志辉:《城乡教育一体化:问题形态与制度突破》,载《教育研究》2012年第8期。
104. 邬志辉:《中国农村教育发展的成就、挑战与走向》,载《探索与争鸣》2021年第

4 期。

105. 吴闽川、吴志澄:《论农村医疗卫生服务能力建设的问题与对策》,载《福建论坛(人文社会科学版)》2009 年第 11 期。

106. 吴业苗:《城乡二元结构的存续与转换——基于城乡一体化公共性向度》,载《浙江社会科学》2018 年第 4 期。

107. 吴业苗:《城镇化进程中的小农户分化与升级》,载《社会科学》2019 年第 9 期。

108. 吴业苗:《村级治理的情境变化与转型路向——基于改善民生逻辑》,载《学术界》2019 年第 11 期。

109. 吴业苗:《农村扶贫的城镇化转向及其进路》,载《中国农业大学学报(社会科学版)》2018 年第 5 期。

110. 吴业苗:《农村社会公共性流失与变异——兼论农村社区服务在建构公共性上的作用》,载《中国农村观察》2014 年第 3 期。

111. 吴业苗:《行政化抑或行政吸纳:民生服务下政府参与村级治理策略》,载《江苏社会科学》2020 年第 4 期。

112. 吴毅、杨震林、王亚柯:《村民自治中"村委会自治"现象的制度经济学分析》,载《学海》2002 年第 1 期。

113. 吴重庆、张慧鹏:《小农与乡村振兴——现代农业产业分工体系中小农户的结构性困境与出路》,载《南京农业大学学报(社会科学版)》2019 年第 1 期。

114. 武小龙:《新中国城乡治理 70 年的演进逻辑》,载《农业经济问题》2020 年第 2 期。

115. 武中哲:《市场与行政:合村并居重构乡村秩序的两种形式——基于山东省诸城市的调查》,载《理论学刊》2020 年第 2 期。

116. 肖瑛:《从"国家与社会"到"制度与生活":中国社会变迁研究的视角转换》,载《中国社会科学》2014 年第 9 期。

117. 辛宝英:《城乡融合的新型城镇化战略:实现路径与推进策略》,载《山东社会科学》2020 年第 5 期。

118. 熊吉峰、郑炎成:《邓小平"两个飞跃"理论与小农经济改造》,载《江汉论坛》2003 年第 12 期。

119. 徐娜、张莉琴:《劳动力老龄化对我国农业生产效率的影响》,载《中国农业大学学报》2014 年第 4 期。

120. 徐倩:《包容性治理:社会治理的新思路》,载《江苏社会科学》2015 年第 4 期。

121. 徐勇:《"政党下乡":现代国家对乡土的整合》,载《学术月刊》2007 年第 8 期。

122. 徐勇:《论乡政管理与村民自治的有机衔接》,载《华中师范大学学报(哲学社会科学版)》1997年第1期。

123. 徐勇:《农民理性的扩张:"中国奇迹"的创造主体分析——对既有理论的挑战及新的分析进路的提出》,载《中国社会科学》2010年第1期。

124. 徐勇:《如何认识当今的农民、农民合作与农民组织》,载《华中师范大学学报(人文社会科学版)》2007年第1期。

125. 许彩玲、李建建:《城乡融合发展的科学内涵与实现路径——基于马克思主义城乡关系理论的思考》,载《经济学家》2019年第1期。

126. 许惠娇、叶敬忠:《农业的"规模"之争与"适度"之困》,载《南京农业大学学报(社会科学版)》2017年第5期。

127. 颜文涛、卢江林:《乡村社区复兴的两种模式:韧性视角下的启示与思考》,载《国际城市规划》2017年第4期。

128. 燕继荣:《服务型政府的研究路向——近十年来国内服务型政府研究综述》,载《学海》2009年第1期。

129. 杨清红:《农村医疗卫生服务的可及性研究——基于CHNS数据的实证分析》,载《暨南学报(哲学社会科学版)》2012年第8期。

130. 杨善华、侯红蕊:《血缘、姻缘、亲情与利益——现阶段中国农村社会中"差序格局"的"理性化"趋势》,载《宁夏社会科学》1999年第6期。

131. 杨善华、苏红:《从"代理型政权经营者"到"谋利型政权经营者"——向市场经济转型背景下的乡镇政权》,载《社会学研究》2002年第1期。

132. 叶敬忠:《作为治理术的中国农村教育》,载《开发时代》2017年第3期。

133. 叶敬忠、豆书龙、张明皓:《小农户和现代农业发展:如何有机衔接?》,载《中国农村经济》2018年第11期。

134. 叶敬忠、张明皓:《"小农户"与"小农"之辩——基于"小农户"的生产力振兴和"小农"的生产关系振兴》,载《南京农业大学学报(社会科学版)》2019年第1期。

135. 叶敬忠、张明皓、豆书龙:《乡村振兴:谁在谈,谈什么?》,载《中国农业大学学报(社会科学版)》2018年第3期。

136. 应小丽:《乡村振兴中新乡贤的培育及其整合效应——以浙江省绍兴地区为例》,载《探索》2019年第2期。

137. 应小丽、钱凌燕:《"项目进村"中的技术治理逻辑及困境分析》,载《行政论坛》2015年第3期。

138. 于水、孙金华:《乡村社会发展之动力:乡村集中居住》,载《甘肃理论学刊》2012年第6期。

139. 袁祖社:《"公共哲学"与当代中国的公共性社会实践》,载《中国社会科学》2007年第3期。
140. 张兵、王翌秋:《新型农村合作医疗制度的政策选择》,载《中国农村经济》2005年第11期。
141. 张诚:《韧性治理:农村环境治理的方向与路径》,载《现代经济探讨》2021年第4期。
142. 张红宇:《实现小农户和现代农业发展的有机衔接》,载《中国乡村发现》2018年第3期。
143. 张欢、蔡永芳、胡静:《社区服务创新的制度性障碍及体制挑战——以德阳市X社区服务站为例》,载《四川大学学报(哲学社会科学版)》2013年第2期。
144. 张欢、朱战辉:《农村青少年教育城镇化的家庭策略、实践困境及其出路》,载《中国青年研究》2021年第1期。
145. 张慧鹏:《现代农业分工体系与小农户的半无产化——马克思主义小农经济理论再认识》,载《中国农业大学学报(社会科学版)》2019年第1期。
146. 张军:《乡村价值定位与乡村振兴》,载《中国农村经济》2018年第1期。
147. 张康之:《论主体多元化条件下的社会治理》,载《中国人民大学学报》2014年第2期。
148. 张曙光:《中国城市化道路的是非功过——兼评贺雪峰的〈城市化的中国道路〉》,载《学术月刊》2015年第7期。
149. 张秀吉:《农村社区化建设中的利益多元与治理——以齐河县农村合村并居为例》,载《山东社会科学》2011年第2期。
150. 张云丰、王勇:《欠发达地区农村基层医疗卫生服务网络调查》,载《重庆大学学报(社会科学版)》2014年第6期。
151. 张照新、吴天龙:《培育社会组织推进"以农民为中心"的乡村振兴战略》,载《经济纵横》2019年第1期。
152. 赵丹:《教育均衡视角下农村教师资源配置的现实困境及改革对策——小规模和大规模学校的对比研究》,载《华中师范大学学报(人文社会科学版)》2016年第5期。
153. 赵德余:《土地征用过程中农民、地方政府与国家的关系互动》,载《社会学研究》2009年第2期。
154. 赵海:《农民集中居住模式调查——对江苏省昆山市的调查分析》,载《调研世界》2012年第11期。

155. 赵海林:《农民集中居住的策略分析——基于王村的经验研究》,载《中国农村观察》2009 年第 6 期。

156. 赵黎:《发展还是内卷?——农村基层医疗卫生体制改革与变迁》,载《中国农村观察》2018 年第 6 期。

157. 赵月枝、沙垚:《被争议的与被遮蔽的:重新发现乡村振兴的主体》,载《江淮论坛》2018 年第 6 期。

158. 折晓叶:《合作与非对抗性抵制——弱者的"韧武器"》,载《社会学研究》2008 年第 3 期。

159. 折晓叶、陈婴婴:《项目制的分级运作机制和治理逻辑——对"项目进村"案例的社会学分析》,载《中国社会科学》2011 年第 4 期。

160. 郑风田、傅晋华:《农民集中居住:现状、问题与对策》,载《农业经济问题》2007 年第 9 期。

161. 郑适、周海文、周永刚、王志刚:《"新农合"改善农村居民的身心健康了吗?——来自苏鲁皖豫四省的经验证据》,载《中国软科学》2017 年第 1 期。

162. 郑卫东:《"双轨政治"转型与村治结构创新》,载《复旦学报(社会科学版)》2013 年第 1 期。

163. 钟伟军:《地方政府在社会管理中的"不出事"逻辑:一个分析框架》,载《浙江社会科学》2011 年第 9 期。

164. 周黎安:《行政发包制》,载《社会》2014 年第 6 期。

165. 周雪光:《国家治理逻辑与中国官僚体制:一个韦伯理论视角》,载《开放时代》2013 年第 3 期。

166. 周雪光、练宏:《中国政府的治理模式:一个"控制权"理论》,载《社会学研究》2012 年第 5 期。

167. 朱政、徐铜柱:《村级治理的"行政化"与村级治理体系的重建》,载《社会主义研究》2018 年第 1 期。

四、外文资料

1. G. Wilson, Multifunctional 'Quality' and Rural Community Resilience, *Transactions of the Institute of British Geographers*, Vol. 35, No. 3, 2010.

2. Henri Lefebvre, *The Production of Space*, translated by Donald Nicholson-Smith, Blackwell, 1991.

3. J. Davis, P. Caskie, and M. Wallace, Economics of Farmer Early Retirement

Policy, *Applied Economics*, Vol. 41, No. 1, 2009.
4. Min Li, Terry Sicular, Aging of the Labor Force and Technical Efficiency in Crop Production: Evidence from Liaoning Province, *China Agricultural Economic Review*, Vol. 5, No. 3, 2013.
5. N. Backes, Reading the Shopping Mall City, *Journal of Popular Culture*, Vol. 31, No. 3, 1997.
6. R. Penchansky. W. Thomas, The Concept of Access: Definition and Relationship to Consumer Satisfaction, *Medical Care*, Vol. 19, No. 2, 1981.
7. R. S. Downie, *Government Action and Morality*, Macmillan, 1964.
8. Snow David, Robert Benford, Master Frames and Cycles of Protest, in Aldon Morris, Carol McClurg Mueller (eds.), *Frontiers in Social Movement Theory*, Yale University Press, 1992.
9. W. N. Adger, Social and Ecological Resilience: Are They Related? *Progress in Human Geography*, Vol. 24, No. 3, 2000.
10. W. Yip, W. C. Hsiao, Non-evidence-based Policy: How Effective is China's New Cooperative Medical Scheme in Reducing Medical Impoverishment? *Social Science & Medicine*, Vol. 68, No. 2, 2009.
11. Xiaoyun Sun, Sukhan Jackson, Gordon Carmichael, and Adrian C. Sleigh, Catastrophic Medical Payments and Financial Protection in Rural China: Evidence from the New Cooperative Medical Scheme in Shandong Province, *Health Economics*, Vol. 18, No. 2, 2008.
12. Xuedan You, Yasuki Kobayashi, The New Cooperative Medical Scheme in Rural China, *Health Policy*, Vol. 91, No. 1, 2009.

后 记

"60后"的我亲身感受了乡村民生状况。远的不说,20世纪八九十年代的乡村民生问题仍比较突出。"交通基本靠走,治安基本靠狗,娱乐基本靠酒,照明基本靠油,取暖基本靠抖,挖掘基本靠手,耕地基本靠牛",是那个年代很多乡村生活的真实写照。尽管家庭联产承包责任制解决了中国绝大多数农民的温饱问题,但由于地方政府财政压力大,难以承担起乡村全部的基础设施建设和公共服务供给,很多关涉民生的项目和事务都需要农民出资、出力来办。农民收入低且农业税费重,日常生活存在诸多问题,尤其是从事农业生产劳动特别辛苦。

我老家在安徽中部农村,自小就目睹父母和乡亲们"晴天一身灰、雨天一身泥",冒着酷暑和严寒、起早贪黑地从事农业劳动的场景。记忆最深刻的要算是"双抢"。长江中下游农村的"双抢"在7月中旬开始至立秋前结束,约有20多天。因要在如此短的时间里完成早稻收割和晚稻秧苗的栽插,顾名思义为"双抢"。"双抢"应该是长江中下游农村最繁忙的时节:如果成熟的早稻不及时收割,遇到梅雨就可能发芽并烂在田里;如果立秋前不能将晚稻秧苗栽插完,迟一天就少一成的收成。与梅雨、高温抢时间的"双抢",要求每一个农户投入全部人力。

我自家庭联产承包责任制实行时起就参加"双抢",直至父亲去世后承包地流转给他人耕种才停止。"双抢"中,上半夜需要人工脱谷,下半夜需要起早拔秧苗,中间能睡多长时间就不得而知了。在强一阵、弱一阵的梅雨缝隙间和在上蒸下煮的酷暑中干农活的情境,现在回忆起仍心有余悸。那时的农村几乎没有机械,所有的农活都要靠人力。在淹至膝盖深的泥田里弯腰驼背地一刀一刀地割稻已是不易,还要将水淋淋的秸秆一抱一抱地送到田埂上扎成捆,再把扎成捆的带稻穗的秸秆肩挑到门前的打谷场上就更是艰难。这些力气活,需要有足够大的手力、脚力和肩力。

相比而言,将百余斤重、带稻穗的秸秆肩挑到打谷场上是更折煞人的活。虽然在大田里捆扎稻穗秸秆要在泥水中走上成百上千个来回,但肩挑滴水的秸秆更是重体力活。再长的路也得咬牙挺住,途中不能停下来,否则就会造成脱粒损失。脱粒是"小气"农民最不能允许的,因为他们所有的忙碌就是为了多打粮。我父亲手气差,抓阄分到的田块只有少部分距离打谷场近,最远的村最东头和最西头都有我家的田,距离打谷场都在 2 里以上。在高温下将 100 多斤重的两捆秸秆挑着走 2 里以上的路,而且不少还是上坡路,实在是不容易的。至今,很多老人仍在说"双抢不是人干的活"。

我结婚后的第二年暑假,爱人听我说父母干"双抢"非常辛苦,很支持我回家帮忙。她是县城人,从小就不会干农活,不知道农村"双抢"是什么。"双抢"开始才几天,她就饶有兴致地带着礼物赶到乡下"慰问"我和家人。原打算住上几天,顺便做些家务活,但她帮我母亲烧了一天的土灶锅后,第二天就跑回去了。说天气太热,实在受不了。

或是出于对农业劳动和农民生活的真实体验,我的一些研究都关涉到乡村民生问题。鉴于农民在风吹、日晒和雨淋下干农活着实不易,小农在小块农田里做农活难以让家人过上美好生活的现实,我们坚持认为不能为了城市人或进城工作的人留住乡愁,就"残忍"地让农民继续待在乡村,守着小块农田延续小农生活。如果说在农业生产力水平低下状态下农民耗身体、拼体力地从事农业劳动有着迫不得已的苦衷,那么,时至农村机械化、信息化、城镇化发展水平比较高的今天,还要求农民继续从事重体力农活,就多少有些"不厚道"了。当前,改善乡村民生不仅要发展民生服务,保障农民享有"幼有所育、学有所教、劳有所得、病有所医、老有所养、住有所居、弱有所扶"的权益,尤其需要推进农业现代化发展,让广大农民从繁重的体力劳动中解放出来。这应该仍是很多乡村最难解的民生问题,需要国家和地方政府"亮实招、做实事、下实功、施实策"。

值得肯定的是,进入 21 世纪后国家推进"新农合"、取消农业税费,并相继实施了新农村建设、新型城镇化发展、精准扶贫脱贫和乡村振兴战略,乡村基础设施和民生服务都得到大幅度提升。如今的乡村民生状况已不同于20世纪八九十年代，也比21世纪初的民生状况有较大的改进，而且如今的农民尤其是新生代农民，也没有必要再像我儿时和我父辈们那样生活。但中国式乡村振兴和中国式城镇化仍在发展过程中，乡村民生的新情况、新问题、新挑战还有很多，需要国家和政府拿出新的应对策略。本书鉴于新情境下的农民民生需求和民生服务供给情况，从四个方面展开研究，冀望在中国式现代化中进城农民和居村农民都能过上体面、有尊严的生活。

我在做国家社科重点项目"公共服务均等化视阈下'人的城镇化'实践问题与体制创新研究"时已经将农民民生问题带入城镇化研究中，并在公开发表论文和出版的著作《人的城镇化研究》（入选"2019年国家哲学社会科学成果文库"）中提出依托城镇化发展有条件地终结小农、减少农业人口、解决农村贫困问题等观点。本书是我从事国家社科项目"美好生活视域下乡村民生新需求与公共服务提升研究"的成果，在深度上算是对人的城镇化研究的进一步拓展和提升。当然，从本书研究的内容看，改善乡村民生还有一些待解问题，全面推进乡村振兴、建设中国式现代化和实现共同富裕目标仍需要不断加强民生服务供给，以满足农民日益增长的美好生活需要。

本书成果中已有10多篇论文发表在CSSCI期刊上，其中3篇论文被《人大报刊复印资料》全文转载。主要有：《韧性乡村：当代流变与国家建构——兼论城镇化中的民生安全》，载《社会科学》2023年第9期；《"民生为先"：乡村治理的基本遵循》，载《社会科学战线》2022年第6期（《人大报刊复印资料·中国政治》2022年第9期转载；《新华文摘》"论点摘编"、《政治学文摘》2022年第4期摘编）；《以人为核心：乡村振兴中的农民问题与民生改善》，载《学术界》2022年第3期；《民生改善与乡村居住空间治理——以合村并居为例》，载《求实》2022年第2期；《城镇化中老人农业的民生痛点及其纾解》，载《兰州学刊》2021年第8期；《行政化抑或行政吸纳：民生服务下政府参与村级治理策略》，载《江苏社会科学》2020年第4期[《中国社会科学（内部文稿）》2019年第6期转载]；《乡村民生改善的城镇化向度》，载《浙江社会科学》2020年第5期；《村级治理的情境变化与转型路向——基于改善民生逻辑》，载《学术界》2019年第11期（《人大报刊资料复印·中国政治》2020年第3期转载）；《乡村振兴的问题情境与实践面向》，载《兰州学刊》2019年第11期；《城镇化进程中的小农户分化与升级》，载《社会科学》2019年第9期；《乡村振兴中的农民问题与政府应对》，载《河北学刊》2024年第1期（待发）；等等。此外，发表在《深圳社会科学》2021年第4期上的论文《农村医疗卫生服务改进：农民需要与国家政策》，被《人大报刊复印资料·社会保障制度》2021年第11期全文转载。

  本书是我与期刊编辑老师、出版社编辑尹璐老师共同劳动的成果，衷心感谢编辑们对我研究的悉心指导与鼎力支持。

吴业苗
2023年10月20日